Jan von Flocken

KATHARINA II.

Jan von Flocken

KATHARINA II.
Zarin von Rußland

Biografie

Bechtermünz Verlag

Das Frontispiz zeigt Katharina II. als junge Zarin im Jahr 1766.

Genehmigte Lizenzausgabe für
Weltbild Verlag GmbH, Augsburg 1998

Einbandgestaltung: Studio Höpfner-Thoma, München
Umschlagmotiv: Katharina II. als Prinzessin,
ARTOTHEK Kunstdia-Archiv J. Hinrichs, Peissenberg
Gesamtherstellung: Wiener Verlag, Himberg bei Wien
Printed in Austria
ISBN 3-8289-0290-1

I. Eine anhaltinische Prinzessin

»Kein Junge war dreister als ich, darauf war ich stolz; und wenn ich Furcht hatte, verbarg ich sie häufig, so sehr schämte ich mich ihrer. Ich konnte mich gut verstellen ...«

Katharina II., Memoiren

Jungfer Naseweis

Preußens Soldatenkönig Friedrich Wilhelm I. zeigte sich sichtlich verärgert. »Dieses Kind ist naseweis!« wetterte er und stieß seinen Stock auf das Parkett eines fürstlichen Empfangssaales. Ausgerechnet von einer vorlauten vierjährigen Prinzessin mußte er sich Kritik an seiner preußischen Generalsuniform gefallen lassen, die er seit dem ersten Tag der Regierung trug und in hohen Ehren hielt. Man hatte dem Mädchen eingeschärft, allen Erwachsenen die Rockschöße zu küssen, doch Friedrich Wilhelm I. führte ein sparsames Regiment, und sein Rock war so knapp bemessen, daß die kleine Prinzeß ihn nicht erreichen konnte. Als der Monarch keine Anstalten machte, sich zu ihr herabzubeugen, rief sie zornig und laut: »Weshalb trägt der König einen so kurzen Rock? Er ist doch reich genug, um einen längeren zu haben!« Den Eltern war diese Szene äußerst peinlich. Zum erstenmal in ihrem Leben hatte die junge Prinzessin Sophie von Anhalt-Zerbst-Dornburg einen preußischen Monarchen brüskiert, aber es sollte beileibe nicht das letztemal sein. Jahrzehnte später, als alle Welt sie unter dem Namen Katharina II., Zarin von Rußland, kannte, würden noch zwei weitere Preußenkönige ihre liebe Not mit dieser Frau haben.

Der geschilderte Vorfall spielte sich 1733 im Schloß zu Stettin ab. Diese Stadt war nebst ihrer starken Festung erst neunzehn Jahre zuvor an Preußen gelangt und stand unter dem Befehl des Gouverneurs Christian August von Anhalt-Zerbst-Dornburg. Er gehörte einer der zahlreichen anhaltinischen Nebenlinien an und mußte wie die meisten nichtregierenden Kleinfürsten Deutschlands für seinen standesgemäßen Lebensunterhalt selbst sorgen. 1708 war er knapp achtzehnjährig in preußischen Kriegsdienst getreten. Als Gardehauptmann focht er 1709 bei Malplaquet in einer der blutigsten Schlachten des 18. Jahrhunderts gegen die Franzosen; 1711/12 zeichnete er sich in Italien aus und wurde schließlich 1715 preußischer Oberst und Chef des Infanterieregiments Anhalt-Zerbst mit Standquartier im pommerschen Stettin. Der ein wenig steife und bedächtige Christian August (seit 1720 Generalmajor) entschloß sich nur schwer zum ehelichen Stand. Schließlich arrangierte seine Familie 1727 eine Heirat mit der wesentlich jüngeren Prinzessin Johanna Elisabeth von Holstein-Gottorp, einem hübschen fünfzehnjährigen Mädchen. Es wurde eine mehr von Konventionen als von Zuneigung geprägte Ehe, für das 18. Jahrhundert nichts Ungewöhnliches.

Die Herzöge von Holstein-Gottorp gehörten, anders als die Anhaltiner, zu den einflußreichen Fürstengeschlechtern Deutschlands, verwandt und verschwägert mit den russischen Zaren sowie den Königen von Schweden, mit Erbansprüchen auf Oldenburg und Schleswig. Dennoch blieb die Verbindung einer holsteinischen Prinzessin mit dem kleinen Fürstenhaus Anhalt im Rahmen adliger Gepflogenheiten. Nur Johanna Elisabeth seufzte insgeheim über diese Ehe, die ihr wie eine Mesalliance erschien. Gewiß, Christian August war ein grundsolider preußischer General und trug einen Fürstentitel, aber mehr eben nicht. Überdies trennte das Ehepaar ein Altersunterschied von zweiundzwanzig Jahren. »Mein Vater zum Beispiel war sehr sparsam, meine Mutter dagegen recht verschwenderisch und freigebig«, wußte die spätere Zarin Katharina II. zu berichten. »Meine Mutter liebte Vergnügungen und die große Welt außerordentlich, mein Vater schätzte Zurückgezogenheit. Sie war heiter und mutwillig, er ernst und von großer Sittenstrenge.« Johannas unermüdliche Energie richtete sich von Anbeginn auf ihre Nachkommen. Sie plante glänzende Heiraten, noch ehe die Kinder auf der Welt waren. Zudem verbesserten sich die gesellschaftlichen Aussichten ihres Gemahls von Jahr zu Jahr, weil sein Vetter, der regierende Fürst Johann August, keine Erben besaß. Deshalb sehnte Johanna einen Sohn herbei, der die Linie Anhalt-Zerbst forsetzen sollte. Als am 2. Mai 1729 statt dessen ein Mädchen geboren wurde, nahm sie es fast als persönliche Beleidigung auf. Dieses kleine Wesen, das zwei Tage später in der evangelischen Marienkriche auf den Namen Sophie Auguste Friederike getauft wurde, brachte ihre gesamte Planung durcheinander. Das Mädchen mußte seine so vorwitzig-unerwünschte Geburt die ganze Jugend hindurch entgelten, denn weder die Mutter noch ein anderer konnten ahnen, daß hier in der grauen Oderstadt die künftige Zarin von Rußland zur Welt gekommen war.

Sophie wuchs in bescheidenen Verhältnissen auf. Ihr Vater war 1729 lediglich Kommandant der Festung Stettin und bewohnte mit seiner Familie ein Mietshaus in der Großen Domstraße. Erst 1733 avancierte er zum Gouverneur der Stadt und zog in das Schloß um, einen eher nüchternen Zweckbau. Dort amtierte er als vielbeschäftigter General bis 1742, einem Jahr, das für alle von entscheidender Bedeutung wurde. Am 7. November starb Johann August, regierender Fürst zu Anhalt-Zerbst, kinderlos. Man einigte sich rasch auf eine gemeinsame Thronfolge seiner Vettern Johann Ludwig und Christian August. Nun besaßen die Eltern der jungen Sophie die lang ersehnte Residenz; Ende des Jahres zog man von Stettin in das Barockschlößchen der Hauptstadt Zerbst. Mit Tatkraft und patriarchalischer Fürsorge regierte der neue Fürst sein winzi-

Das Stettiner Stadtschloß, Innenhof

ges Land. Am 17. Dezember 1742 wurde er zum fünftenmal Vater und nannte seine Tochter Elisabeth – ein mit Vorbedacht gewählter Name, denn Patentante dieses Kindes war die gleichnamige Kaiserin von Rußland, jene mächtige, ferne Elisabeth, die noch öfter Schicksal für das Haus Anhalt-Zerbst spielte. Keine zwölf Monate vergingen, dann griff der lange Arm aus Sankt Petersburg in die deutsche Provinz, er griff nach Sophie. Die Folgen ahnte selbst diese aufgeweckte, eigenwillige und egozentrische Kind-Frau nicht, mochte sie auch noch so intensiv von Macht und Herrlichkeit dieser Welt träumen. Was ihr bis zum dreizehnten Lebensjahr widerfahren war, gehörte ohnehin weniger in das Kapitel der Jugendträume als vielmehr zum Bereich einer Schule des Lebens.

Ein Kind will erwachsen werden

Fürst Christian August, der pflichtbewußte General, hielt auf Zucht und Ordnung, ohne sie zum Selbstzweck zu erniedrigen. In seinem Haushalt herrschten Disziplin, Pünktlichkeit und Ordnung, ebenjene »preußischen« Tugenden, die Europa bald schätzen, aber auch fürchten lernen sollte. Der Fürst besaß nicht nur solch friderizianische Offizierseigenschaften. Wenn er Zeit erübrigen konnte, zeigte er sich seinen Kindern als besorgter und warmherziger Vater. Ihm verdankte Sophie den Hang zum exakten und verantwortungsbewußten Handeln sowie einen enormen Arbeitseifer, der sie später als Herrscherin auszeichnete. Wesentlich geringeren Erfolg hatten hingegen die Versuche Christian Augusts, seiner Tochter die lutheranische Lehre einzupflanzen. Deren starre und nüchterne Regeln beeindruckten die lebhafte Phantasie Sophies kaum. Vielmehr liebte sie es, ihre Religionslehrer durch spitzfindige theologische Fragen in Verlegenheit zu setzen. So wollte sie beispielsweise wissen, was eigentlich vor der Schöpfung der Welt existiert habe, und mokierte sich über die Antwort: »Das Chaos.« Bei anderer Gelegenheit verteidigte sie tugendhafte Helden des Altertums, die man doch nicht der Verdammnis überliefern könne, nur weil ihnen die christliche Offenbarung unbekannt gewesen sei. Das zeigt schon recht deutlich eine Neigung, weniger durch tiefsinnige Gedanken als durch effektvolle Geistesblitze zu glänzen, eine Eigenschaft, mit der die spätere Zarin namhafte Gelehrte in Erstaunen versetzen sollte. Der Hang zu Religiosität wurde ihr gewiß bereits als Kind ausgetrieben.

Katharinas Eltern Christian August von Anhalt-Zerbst-Dornburg . . .

. . . und Johanna Elisabeth von Holstein-Gottorp

Mit der ihr eigenen Resolutheit übertrug Sophie diese Abneigung gegen das Lutheranertum auf alle anderen Glaubensformen und näherte sich wohl schon in jungen Jahren dem Atheismus, freilich ohne dies nach außen deutlich werden zu lassen.

Die Kunst der Heuchelei lernte sie von der Mutter. Besser müßte man sagen, sie lernte sie wegen ihrer Mutter. Johanna war eine launenhafte, ruhelose, zuweilen hysterische Person. Da ihr Ehemann für das Herzoghaus Holstein-Gottorp nur eine recht mittelmäßige Partie darstellte, zerfraß sie der Ehrgeiz. Wenigstens ihre Töchter sollten durch Heiraten reich oder mächtig werden und nicht das Schicksal einer »armen Offiziersfrau« teilen. Vor allem Sophie wurde deshalb wie eine Marionette dressiert und gedrillt, aber dies geschah ohne rechtes System. In einem Augenblick wurde das Mädchen übermäßig verzärtelt, im nächsten wegen geringfügiger Vergehen hart bestraft. Johanna besaß weder Geduld noch Fähigkeit zur Erziehung, und der kleinen Sophie blieb bald nichts anderes übrig, als gegenüber ihrer Mutter die Rolle einer gehorsamen und liebenden Tochter zu spielen, was sie bald mit großer Perfektion tat. »Ihre Erziehung war allein von der Mutter besorgt, die sie sehr scharf hielt und ihr nicht die geringsten Äußerungen von Stolz, wozu sie wohl einige Neigungen hatte, durchgehen ließ«, berichtet Ulrike von Mellin, eine Jugendgefährtin Sophies. Gegen diesen vermeintlichen Stolz der Tochter war auch die Anweisung gerichtet, allen vornehmen Besuchern den Rock zu küssen, was zu dem oben geschilderten Auftritt mit König Friedrich Wilhelm I. führte.

Als Ende 1730 endlich der erhoffte männliche Erbe Wilhelm Christian geboren wurde, folgten bald Demütigungen und Zurücksetzungen. Alles drehte sich um diesen kränklichen Prinzen, demgegenüber die Schwester lediglich ein Wesen zweiten Ranges darstellte. »Ich war nur geduldet und wurde oft streng und hart behandelt und nicht immer gerecht;

Zerbster Schloß

ich fühlte das, ohne jedoch über meine Empfindungen schon ganz klar zu sein«, erinnerte sich Sophie.

Unter diesen Bedingungen wundert es kaum, wenn die kleine anhaltinische Prinzessin sich schon früh vom Elternhaus, von der Heimat, ja von ihrer ganzen Kindheit distanzierte. Hat sie in dieser Zeit tatsächlich schon ausschließlich von Krone, Herrschaft und Macht geträumt, wie in ihren Memoiren zu lesen? Man ist fast geneigt, es zu glauben, denn welche Perspektiven hätten das Mädchen in ihrer Stettiner oder Zerbster Umgebung halten sollen? Daß aus Sophie später die Kaiserin Katharina II. wurde, ist eher zufällig, doch sicher kann man annehmen, daß sie mit ebenso großer Begeisterung Herrscherin von Portugal oder Norwegen geworden wäre. Nur im Ausland, unter gänzlich veränderten Umständen, losgelöst von allem, was sie mit ihrem früheren Leben verband, konnte sich ihr die Chance einer Selbstverwirklichung bieten. Diese Situation unterschied sich jedoch nur wenig vom Schicksal vieler deutscher Duodezprinzessinnen, die sich in ihren Residenzen langweilten.

Die heranwachsende Sophie wurde zunächst Ammen, Zofen und Gouvernanten überlassen. Schon mit fünf Jahren bekam sie einen Schreiblehrer und einen Tanzmeister. »Aber ich glaube, das war fortgeworfenes Geld, denn richtig lernte ich schreiben und tanzen erst viel später«, heißt es in den Memoiren. Dennoch war sie nach dem Zeugnis ihrer Lehrer eine brave und fleißige Schülerin, deren außergewöhnliches Gedächtnis auffiel. Ein besonders gutes Verhältnis entwickelte sich zu der Gouvernante Babette Cardel, einer Hugenottin, die der kleinen Sophie französische Kultur und Literatur erschloß. Nur einer verzweifelte am Unvermögen seines Schützlings: der Musiklehrer Johann Georg Roellig. Vergeblich versuchte er, Sophie irgendeine Melodie nahezubringen – bis an ihr Lebensende blieb die künftige Zarin bei der Anschauung: »Ich muß sagen, selten ist Musik anderes als Lärm für meine Ohren.«

Die Prinzessin, von Eltern und Freunden gewöhnlich »Fiekchen« genannt, war ein unbändiges lebhaftes Mädchen. Sie kletterte auf Bäume, schoß auf Vögel und tobte mit einer Rotte von Bürgerkindern durch die Straßen Stettins. Bei diesen wilden Vergnügungen soll sie oft den Anführer gespielt haben, aber das mag nachträgliche Interpretation sein. Sophies Kammerfräulein Baronesse von Printzen erinnerte sich: »Zur Zeit ihrer Jugend nahm ich an ihr einen ernsten, berechnenden und kalten Verstand wahr, welcher im übrigen nichts Besonderes erwarten ließ, nichts Glänzendes darbot, aber allerdings gleichweit entfernt war von Verirrung, Laune oder Leichtsinn. Ich hielt sie für ganz gewöhnlich begabt.«

Sophies Geschwister waren allesamt von Krankheiten gezeichnet. Ihr Bruder Wilhelm Christian hinkte und wurde mit knapp zwölf Jahren vom Flecktyphus dahingerafft, die beiden Schwestern starben schon im zarten Kindesalter. Nur der ebenfalls kränkliche 1734 geborene Friedrich August überlebte seine Jugend. Sophie, die im späteren Leben eine recht robuste Gesundheit besaß, gab als Kind zu vielen Sorgen Anlaß. Lange Zeit litt sie so schlimm an skrofulösen Ekzemen, daß man ihr regelmäßig das von Schorf durchsetzte Haar abschneiden mußte. Im Alter von sieben Jahren zog sie sich eine Brustfellentzündung mit anschließender Rückgratverkrümmung zu. »Endlich, nach langen Leiden, konnte ich aufstehen, und als ich angekleidet wurde, zeigte sich, daß ich fast die Form eines Z angenommen hatte: Meine rechte Schulter war höher als die linke, die Wirbelsäule hatte Zickzackform, und die linke Seite war hohl.« Mehr als drei Jahre lang mußte das Mädchen ein unbequemes Korsett tragen, das der Henker von Stettin (offenbar Experte in solchen Fällen) angefertigt hatte. Während dieser Zeit lernte es Sophie, Schwierigkeiten zu meistern, sie entwickelte eisernen Willen, Zähigkeit und Geduld. Die Zehnjährige besaß nun zwar wieder einen geraden Wuchs, war aber infolge der langwierigen Krankheit erschreckend abgemagert und sah nach eigenen Worten wie eine Vogelscheuche aus. Sie ist nie eine Schönheit gewesen, auch in späteren Jahren nicht, als zahlreiche Bewunderer sie umschwärmten; während ihrer frühen Jugend jedoch hielt man sie für das häßliche Entlein der Familie. Daß Sophie diesen körperlichen Makel nicht als schicksalhaft hinnahm, sondern verbissen dagegen ankämpfte, ist bezeichnend für ihren Charakter. Wenn sie schon nicht durch äußere Vorzüge glänzen konnte, dann durch Gaben des Geistes. Sie wollte um jeden Preis auffallen und gefallen. Während ihrer Pubertät, die offenbar recht früh einsetzte, verstand sie es zunehmend besser, sich in Szene zu setzten, und wurde eine zwar nur mäßig hübsche, aber interessante und angenehme Erscheinung.

Sophie besaß schöne dunkelblaue Augen, kastanienbraunes Haar, das selten gepudert wurde, ihre schlanke biegsame Figur sah vielversprechend aus, selbst die lange gerade Nase und das recht spitze Kinn störten kaum. »Die extreme Häßlichkeit, mit der die Natur mich bedacht hatte, verging.« Johanna sah es mit Freuden. Endlich konnte die lebenshungrige, extravagante Dame mit ihrer Tochter wieder auf Reisen gehen und sie gleichsam auf dem Heiratsmarkt präsentieren. Man besuchte das republikanische Hamburg und das glanzvolle Braunschweig, wo Verwandte residierten. Natürlich führte der Weg auch in die preußische Hauptstadt Berlin. Dort lernte Sophie den Prinzen Heinrich kennen, mit dem sie drei Jahrzehnte später über die Teilung Polens verhandeln sollte.

Im Jahre 1739 besichtigte die Familie das norddeutsche Städtchen Eutin. Dort wurde der zehnjährigen Sophie ein Verwandter ihrer Mutter vorgestellt, Herzog Karl Peter Ulrich von Holstein-Gottorp. Der kleinen Sophie war bewußt, daß dieser blasse schüchterne Knabe eine bedeutende Persönlichkeit sein mußte, besaß er doch berechtigte Ansprüche auf den schwedischen Thron und galt überdies, da er ein Enkel Peters des Großen war, als potentieller Anwärter auf den Zarenthron von Rußland. »Er machte einen wohlerzogenen und aufgeweckten Eindruck, doch man bemerkte bereits die Neigung für den Wein und den Widerwillen gegen alles, was ihm irgendwie unbequem schien«, erinnerte sich die spätere Zarin in ihren Memoiren von 1771. Schon damals fiel ihr auf, daß Peters Schritte dauernd überwacht wurden und es ihm gänzlich an persönlicher Freiheit fehlte. Die Familienfama sagte ihm Starrsinn und Jähzorn nach, aber Sophie nahm es leicht und kümmerte sich zunächst nicht weiter um den linkischen Peter. Ihr Interesse erwachte jedoch sofort, als man zuweilen Andeutungen über eine mögliche Ehe mit Peter machte. Das Ganze war nicht viel mehr als Hofklatsch, aber er setzte sich offenbar in Sophies Gedächtnis fest: »Ich wußte, daß er über kurz oder lang König von Schweden sein würde, und obwohl ich noch ganz ein Kind war, schmeichelte doch der Titel Königin meinem Ohr.«

Zunächst vergaß Sophie den holsteinischen Jüngling, denn andere Bewerber stellten sich ein, darunter ein verarmter Prinz von Sachsen-Gotha, den man abwies. Ernster zu nehmen war der Heiratsantrag ihres Onkels Georg Ludwig, der sich offenbar heftig in sie verliebt hatte. »Derartiges hatte ich ganz und gar nicht erwartet... Die Liebe kannte ich gar nicht und hätte sie nie bei ihm vermutet«, kommentierte die erstaunte Sophie. Für sie war diese Angelegenheit ein unschuldiger Scherz, denn bei aller kindlichen Koketterie war sie völlig unaufgeklärt und wußte kaum um die körperlichen Unterschiede zwischen Mann und Frau. Als ihre Mutter sie kurz darauf von dem Maler Balthasar Denner porträtieren ließ und im März 1743 das Bildnis an Rußlands Zarin nach Sankt Petersburg sandte, nahm alle Welt dies als Höflichkeitsgeste. Nur einer beobachtete mit gespannter Aufmerksamkeit jeden Schritt der Familie Anhalt-Zerbst: Preußens junger König Friedrich II., der mit Prinzessin Sophie seine ganz eigenen Pläne hegte. Während die Vierzehnjährige ihre unbeschwerte Jugend langsam zu genießen begann, wurde sie unversehens zum Gegenstand eines hintergründigen diplomatischen Spiels.

Preußens König überlegt

Das Jahr 1743 neigte sich dem Ende zu, als der preußische Außenminister Heinrich Graf von Podewils seinem König über Prinzessin Sophie von Anhalt-Zerbst zu berichten wußte,

»daß sie groß für ihr Alter und schön, eigentlich schon vollkommen erwachsen« sei. Friedrich II. durfte über diese Mitteilung zufrieden sein, bezeugte sie doch offensichtlich die Heiratsfähigkeit des jungen Mädchens. Und heiraten sollte sie unbedingt ihren Vetter zweiten Grades Karl Peter Ulrich, den schüchternen Holsteiner, der tatsächlich seit einem Jahr als Zarewitsch Pjotr Fjodorowitsch in Petersburg residierte und den sein Vormund, die Kaiserin Elisabeth, schleunigst verehelichen wollte. Sie selbst war erst Ende 1741 durch einen Militärputsch an die Macht gelangt. Mittlerweile vierunddreißigjährig, galt es als sicher, daß sie trotz des Umgangs mit zahlreichen Liebhabern nie Kinder haben würde. Um die Erbfolge für ihren noch schwankenden Thron zu festigen, holte sie im Februar 1742 den jungen Peter aus seiner Holsteiner Heimat nach Rußland und ernannte ihn zum Großfürsten. Als Enkel Peters des Großen besaß er Ansprüche auf die Krone, welche mindestens ebenso berechtigt waren wie jene seiner Tante Elisabeth. Peter war also in russischen Augen auch ein gefährlicher Prätendent, den man besser unter Aufsicht hielt. Wie sich bald erweisen sollte, lehnte der unfreiwillige Thronfolger seine Rolle als Faustpfand ab und sträubte sich hartnäckig gegen alle Versuche, aus ihm einen Russen zu machen. In der Hoffnung, er werde sein Schicksal als verheirateter Mann williger tragen, beschloß Elisabeth, ihm eine Ehefrau auszusuchen. Ihre Sondierungen wurden von Berlin aus sorgfältig gelenkt, denn Friedrich II. war an einer Verständigung mit Rußland stark interessiert. Wenn es ihm gelänge, eine ihm ergebene Thronfolgerin in Petersburg zu etablieren, so könnte das für Preußen von großem Vorteil sein.

Viel Zeit durfte man sich nicht lassen, denn schon war eine sächsische Prinzessin als Peters Ehefrau im Gespräch, und ausgerechnet Sachsen, den Verbündeten des Erzfeindes Habsburg, wollte Friedrich in Rußland keinesfalls zum Zuge kommen lassen. Seine Aufmerksamkeit richtete sich schon lange auf die Dynastie Anhalt-Zerbst. Mit Vorbedacht hatte der König 1742 den braven Durchschnittsgeneral Fürst Christian August zum Feldmarschall befördert. Er wußte zudem, daß Sophies Mutter Preußen leidenschaftlich zugetan war, und betrachtete Johanna als wertvolle Unterhändlerin für ein eventuelles Bündnis mit Rußland. Und Sophie schien ihm eine geeignete Kandidatin – ihrer Herkunft nach weder zu mächtig noch zu unbedeutend; als preußische Generalstochter bot sie die Gewähr unbedingter Zuverlässigkeit. Friedrichs Botschafter in Petersburg Axel von Mardefeld verbündete sich mit französischen Diplomaten, denen eine sächsische Thronfolgerin ebenfalls unwillkommen war. Dabei nutzte man die familiären Sentiments der Zarin aus, denn sie war einst mit einem früh verstorbenen Prinzen von Holstein-Gottorp verlobt gewesen, dem Bruder von Johanna. Deren Tochter Sophie wäre also beinahe eine Nichte der Zarin geworden – ein Argument, das seine Wirkung nicht verfehlte. Elisabeth, die Widerspruch nur schwer ertrug, rechnete gewiß auch damit, daß eine Prinzessin aus zweitrangigem Hause fügsamer sein würde als ein stolzes Königskind. Vollends überzeugte sie ein Bildnis Sophies, das bezeichnenderweise der preußische Hofmaler Antoine Pesne mit höchst schmeichelhaftem Pinsel entworfen hatte. Zumindest kennenlernen und prüfen wollte die Kaiserin dieses aparte Fräulein aus Deutschlands Provinz.

In Zerbst beging man unterdessen das Weihnachtsfest 1743 mit unbeschwerter Freude und genoß den bescheidenen Wohlstand der anhaltinischen Residenz. Hintergedanken hegte dabei wohl nur Johanna, die ahnte, daß ihre Korrespondenz mit Friedrich II. bald Früchte tragen würde. Sie bewahrte aber Stillschweigen, auch gegenüber der Tochter Sophie, die nicht nur allerlei Grillen im Kopf trug, sondern sich mittlerweile auch den Ehrgeiz ihrer Mutter zu eigen machte. Pünktlich am ersten Tag des Jahres 1744 geriet das ruhige Zerbster Leben in Bewegung. Ein Brief aus Rußland ebnete Sophie den ersten Schritt in die Weltgeschichte.

Der Ruf aus Rußland

»Am 1. Januar 1744 saßen wir bei Tisch, als meinem Vater ein großes Paket Briefe überbracht wurde. Er riß den ersten Umschlag auf und gab meiner Mutter einige für sie bestimmte Briefe. Ich saß neben ihr und erkannte die Handschrift des Oberhofmarschalls des Herzogs von Holstein.« Soweit diese Erinnerung der späteren Zarin Katharina an einen entscheidenden Tag ihres Lebens. Verfasser des besagten Briefes war Otto von Brümmer, Erzieher des russischen Thronfolgers, der sein Schreiben ganz bewußt nicht an das Familienoberhaupt, sondern an Johanna gerichtet hatte. Sophie bemerkte sofort die große Erregung ihrer Mutter, denn Brümmer überbrachte die schon halb erwartete Einladung nach Rußland. Darin hieß es nahezu im Kommandoton: »Auf ausdrücklichen und besonderen Befehl Ihrer Kaiserlichen Majestät habe ich Ihnen mitzuteilen, Madame, daß die erhabene Kaiserin es wünscht, daß Eure Durchlaucht, begleitet von der Prinzessin, Dero ältesten Tochter, sich so bald wie möglich und ohne Zeitverlust in unser Land begibt...« Es war ein zwölf Seiten langer Brief, voll gängelnder Instruktionen: Fürst Christian August durfte »auf keinen Fall an der Reise teilnehmen«, die Größe des Gefolges (höchstens zehn Personen) wurde vorgeschrieben und befohlen, das Ziel der Fahrt geheimzuhalten. Ein Wechsel über 2000 Rubel für die Reisekosten war dem Schreiben gleich beigelegt. Als sollte dem Wunsch der Zarin weiterer Nachdruck verliehen werden, erreichte kurz darauf ein Brief Friedrich II. die Fürstin von Anhalt-Zerbst. Darin bemerkte der Preußenkönig recht deutlich, er sei schon immer vom Wunsch beseelt gewesen, Sophie »die Wege zu einem außerordentlichen Glück zu ebnen. So habe ich mich gefragt, ob es nicht möglich wäre, sie mit ihrem Vetter dritten Grades, dem Großfürsten von Rußland, zu verheiraten.«

Christian August war über die beiden Briefe entsetzt. Ihm

Jugendbildnis Katharinas

erschien es höchst unwürdig, seine Tochter in Petersburg zur Begutachtung vorzuführen. Selbst wenn Sophie Gnade vor den Augen der Zarin fände, welcher Art würde ihr Leben im weit entfernten Rußland sein? Zumindest vom Treiben am Zarenhof hatte der Fürst nicht viel Gutes gehört. Außerdem schreckte ihn als überzeugten Lutheraner die Aussicht, sein Kind möglicherweise dem russisch-orthodoxen Glauben zu überlassen. In Petersburg wußte man genau um diese Haltung Christian Augusts, weshalb man ihn ausdrücklich nicht eingeladen hatte. Mit Mühe gelang es Johanna, ihren Gemahl umzustimmen. Sie sah endlich eine Gelegenheit, das Provinznest Zerbst zu verlassen und in der weiten Welt ihr diplomatisches Geschick zu erproben. Rußlands glanzvolle Metropole Petersburg lockte mit Ehren, Gunst, Reichtum und Intrigenspiel. Freilich, ganz ohne Bedenken blieb selbst Johanna nicht. Was, wenn ihre Tochter mißfiel, wenn sie kurzerhand wieder nach Deutschland zurückgeschickt würde? Machte man sich dann nicht aller Welt zum Gespött? Sophie aber schien fest entschlossen, den Schritt nach Rußland zu wagen, sie äußerte, »daß ich mich mutig genug fühle, mich den Gefahren auszusetzen, daß mein Herz mir sagt, alles wird gut gehen«.

Gegen Ehrgeiz war offenbar kein Kraut gewachsen. Christian August überließ seiner Tochter die Entscheidung, sagte, er wolle sich keinesfalls einmal vorwerfen, sie um ihr Glück gebracht zu haben. Sollte Sophie unverrichteterdinge zurückkehren, so werde sie in Zerbst jederzeit willkommen sein. Als sorgsamer Vater entwarf der Fürst eine Instruktion für seine Tochter, die ihr im umständlichsten Amtsdeutsch Verhaltensregeln auferlegte. Vor allem von Sparsamkeit und Gehorsam war darin die Rede, aber auch vom Seelenheil. »Meine Tochter zu zwingen oder zuzureden, eine fremde Religion, darin sie selbst Irrtümer findet, anzunehmen, ist nimmer zu raten.« Christian August muß ein guter Mensch gewesen sein, der einzige wohl, den Sophie aufrichtig liebte, und der Gedanke, ihn verlassen zu müssen, »berührte mich in diesem Augenblick so schmerzlich, daß ich anfing zu weinen«. Dennoch zog es sie unwiderstehlich nach Rußland. Schon am 4. Januar konnte Johanna an Friedrich II. schreiben: »Ich bin entschlossen und fest überzeugt, daß alles nach dem Willen der Vorsehung geschieht.«

In großer Eile wurden nun Reisevorbereitungen getroffen. Am 10. Januar 1744, nur neun Tage nach Erhalt der Einladung, verließ die Familie Zerbst und begab sich nach Berlin. Dieser Umweg war dringend geboten, denn Friedrich II., der heimliche Drahtzieher des russischen Heiratsprojektes, mußte seine Abgesandten noch prüfen. Die Mutter auf ihre Fähigkeiten zur Hofintrige, die Tochter auf ihre äußere Erscheinung.

Von Berlin nach Petersburg

Am Abend des 11. Januar traf die Familie Anhalt-Zerbst in Berlin ein. Kurz darauf verlangte Friedrich II., Prinzessin Sophie zu sehen. Doch zunächst hieß es, sie sei krank, dann wurde behauptet, sie besäße kein Hofkleid, was sogar stimmte. Offenbar genierte sich Johanna, ihre Tochter vorzustellen, weil der Preußenkönig sie vielleicht doch weniger reizvoll finden könnte als auf dem Gemälde von Pesne. Aber Friedrich ließ sich nicht lange hinhalten. Am 14. Januar schickte er ostentativ eine Hofrobe und befahl Sophie zu einem Maskenball. Im Berliner Opernhaus saß sie bebend vor Erwartung an seiner Seite, und der zweiunddreißigjährige Monarch, im Ruf eines Frauenverächters stehend, bot all seine Galanterie auf. »Er sprach beständig mit mir, fragte mich nach tausenderlei... Anfangs war ich sehr schüchtern ihm gegenüber, aber nach und nach gewöhnte ich mich, und schließlich unterhielten wir uns ganz freundschaftlich, so daß die ganze Gesellschaft große Augen machte ...« Die vierzehnjährige Prinzessin rief bei Friedrich II. einen denkbar günstigen Eindruck hervor: frisch und natürlich, dabei redegewandt und sogar geistvoll – der König durfte sich zu seiner Wahl und zu seinem politischen Gespür gratulieren. Gemeinsam mit ihrer Mutter könnte sie den Kern einer preußenfreundlichen Partei in Rußland bilden.

Schon am 16. Januar verließ die Reisegesellschaft Berlin wieder. In Schwedt an der Oder nahm Sophie kummervollen Abschied von ihrem Vater. »Es war das letztemal, daß ich ihn sah, und ich weinte bitterlich.« Christian August gab seiner Tochter praktische Ratschläge auf den Weg, unter anderem auch »wie man sein Taschengeld spart«, was allerdings tauben Ohren gepredigt war, ebenso wie die Mahnung, sich nie in politische Angelegenheiten zu mischen. Da man ihn in Rußland partout nicht empfangen wollte, blieb der Fürst von Anhalt-Zerbst schweren Herzens zurück.

Inkognito, unter dem Namen einer Gräfin von Reinbeck, näherte sich Johanna mit ihrer Tochter der russischen Grenze. Über Stargard und Danzig erreichte man Königsberg, von wo aus Sophie am 29. Januar ihren ersten Brief an den Vater schrieb.

Zwei Tage später wurde in zwei geräumigen Kutschen die Grenze bei Memel passiert. Endlos und monoton dehnte sich die Fahrt, begleitet von eisigem Wind und nasser Kälte, meist übernachtete man in elenden Bauernhütten und vermißte schmerzlich die ordentlichen preußischen Posthäuser. Kurlands Hauptstadt Mitau kam am 5. Februar in Sicht, dort war die erste russische Garnison stationiert.

In jenen Tagen, so berichten Katharinas Memoiren, »sah ich den schrecklichen Kometen, der im Jahre 1744 erschien. Ich habe nie einen größeren gesehen, und man hätte meinen können, er wäre der Erde sehr nahe.« Der Komet Chéseaux mit seinen fünf Schweifen war Anfang 1744 in den nördlichen Breiten tatsächlich deutlich zu erkennen. Vielleicht dachte die schon als junges Mädchen recht belesene Sophie, während sie einem neuen Leben entgegenfuhr, an Shakespeares Worte aus »Heinrich VI.«:

> »Kometen, Zeit- und Staatenwechsel kündend,
> Schwingt die kristallnen Zöpf' am Firmament.«

II. Sophie wird Katharina

»Unsere Tochter macht hier einen sehr guten Eindruck, die Monarchin hat sie zärtlich lieb, und der Thronfolger liebt sie; die Sache ist gemacht!«

Johanna von Anhalt-Zerbst an Ihren Gemahl, 29. Februar 1744

Im Angesicht der Zarin

Kanonensalven begrüßten am 9. Februar 1744* die Prinzessinnen von Anhalt-Zerbst vor den Toren von Riga. Man nahm für drei Tage im Stadtpalais Quartier; Ruhe war dringend nötig, denn der ungewohnte nordische Winter hinterließ erste Spuren. Sophie konnte mit ihren erstarrten Füßen kaum laufen und hatte sich unterwegs auch noch durch schlechtes Bier den Magen verdorben. Vielleicht war dies der Grund, daß sie die Pracht russischer Paläste nicht so enthusiastisch zur Kenntnis nahm wie ihre Mutter. Johanna zeigte sich überwältigt, vor allem, als man, über Dorpat und Narwa fahrend, am 14. Februar Sankt Petersburg erreichte. Es muß eine märchenhafte Reise gewesen sein, denn ab Riga waren die schwerfälligen Kutschen durch Prunkschlitten der Zarin ersetzt worden, ausgestattet mit Federbetten, Damastkissen und seidenen Decken. Angetan mit den geschenkten Mänteln aus Zobelpelz, wurden die deutschen Gäste von einer Schwadron Kürassiere zur russischen Hauptstadt geleitet, und Johanna schwärmte in Briefen an ihren Gemahl, daß man sie bediene wie eine Königin.

* Nach alter Zeitrechnung (dem bis 1917 in Rußland gebräuchlichen Julianischen Kalender) war es der 29. Januar. Die weitere Datierung erfolgt ausschließlich nach dem heute gültigen Gregorianischen Kalender.

Das alte Winterpalais in Petersburg

Petersburg brachte jedoch auch gelinde Enttäuschungen. Der Zarenhof weilte in Moskau, folglich konnte man die Wunder des alten Winterpalastes nebst einer Parade persischer Elefanten nicht lange genießen, denn Johanna setzte allen Ehrgeiz daran, ihre Tochter noch vor dem Geburtstag des Großfürsten Peter am 21. Februar der Zarin zu präsentieren. Eile schien geboten, und man fuhr weiter durch die maßlosen Weiten Rußlands, während jedem die Zunge vor Kälte am Gaumen klebte. Endlich, fünfzig Tage nach Erhalt der Einladung, kam Moskau in Sicht. Am Abend des 20. Februar stan-

Moskau im 18. Jahrhundert

den die Prinzessinnen vor dem hölzernen Annenhofpalast und wenig später vor Rußlands Zarin Elisabeth, der Herrscherin über das größte Reich der Erde und 17 Millionen Untertanen.

Sowohl Johanna als auch Sophie kannten höfischen Glanz, aber was sie nun erlebten, versetzte beide in ehrfürchtiges Staunen. Sie erblickten eine schöne blonde Frau von barokken Formen, mit blendendem Teint und majestätischem Gestus; Kaskaden von Diamanten funkelten über einem silberschimmernden Reifrock. Es war eines von insgesamt 15000 Kleidern, die Rußlands Kaiserin besaß. Daß Elisabeth ihre Audienz im Schlafzimmer abhielt, erstaunte manchen, wird der völlig faszinierten Sophie aber kaum aufgefallen sein. Die

Straßenverkauf vor dem Moskauer Kreml

Zarin schien ihr einem Märchen entstiegen, zumal sie sich sehr freundlich und liebevoll mit den Ankömmlingen unterhielt. Am Hofe einer solchen Fürstin zu leben, mußte das nicht alle Träume einer jungen deutschen Provinzprinzessin erfüllen? Aber Sophie wußte nur, was sie sah, sie kannte weder Rußland noch die Zarin und mußte zunächst Illusion für Wirklichkeit halten.

Wenn das Charakterbild der Kaiserin Elisabeth in der Geschichte schwankt, wenn ihre Person oft gänzlich unterschiedliche Bewertungen erfuhr, dann liegt das im gegensätzlichen Wesen dieser Frau begründet. Sie war völlig unberechenbar und von ihrer Umwelt oft schwer zu ertragen. Auch selbstbewußte Naturen zitterten vor ihr, konnte doch der Herrscherin

Zarin Elisabeth von Rußland um 1745

warmherzige Güte und tränenreiche Sentimentalität jäh umschlagen in keifende Gemeinheit und böse Niedertracht. Nichts an ihr verkörperte Ruhe oder Stetigkeit. Perioden indolenter Trägheit wechselten mit hektischer Betriebsamkeit. Die Frömmigkeit der Zarin war tief und brünstig, ebenso tief und brünstig wie ihre Sittenlosigkeit. Elisabeths Leben bildete eine Abfolge von Ausschweifung und Buße, von Sünde und Vergebung. 1744 lagen diese Eigenschaften noch nicht offen zutage – aber Elisabeth befand sich schon auf dem Weg zur Alkoholikerin; übermäßiges Trinken veränderte ihre Persönlichkeit zum Schlechten. Auch die bald einsetzenden äußerlichen Veränderungen dieser schönen Frau lagen im Schnaps begründet.

Die russischen Romanows waren eine weithin degenerierte Dynastie, in der Peter der Große eine absolute Ausnahme darstellte. Körperliches Siechtum und geistiger Verfall prägten die Familiengeschichte. Zarin Elisabeth besaß eine bestürzende Unbildung. In ihrem ganzen Leben hatte sie bis auf die Bibel und einige religiöse Traktate kein Buch gelesen. So wußte sie beispielsweise nicht, daß England auf einer Insel lag, und erstaunte sehr, als man ihr diese Tatsache eines Tages mitteilte. Jedwede geistige Beschäftigung war ihr zuwider, oft blieben die Staatsgeschäfte monatelang unerledigt, dafür verflossen ihre Tage zwischen Liebesabenteuern, Maskeraden, Wallfahrten und belanglosem Klatsch. Zu ihrer Ehrenrettung sei angemerkt, daß die russische Führungsschicht im 18. Jahrhundert generell ein höchst niedriges Bildungsniveau aufwies. Nicht wenige Adlige muß man als Analphabeten bezeichnen, was Katharina in ihren Memoiren mit spöttischer Verwunderung konstatierte.

Zarin Elisabeth litt unter Verfolgungswahn, der im Laufe ihres Lebens eskalierte. Fühlte sie sich bedroht, dann neigte sie zu erschreckenden Grausamkeiten. Die Hofdame Natalja Lopuchina bekam das 1743 zu spüren. Man beschuldigte sie völlig zu Unrecht der Spionage, außerdem (das mag der

Auspeitschung der Hofdame Natalja Lopuchina

eigentliche Grund gewesen sein) hatte sie mehrfach mokante Bemerkungen über Elisabeths Garderobe gemacht. Die Zarin hielt sich treulich an das Gelöbnis, während ihrer Regierungszeit niemanden hinzurichten, aber der unglücklichen Lopuchina wurde die Zunge herausgeschnitten, ihre Familie und sie wurden öffentlich ausgepeitscht und nach Sibirien verbannt. Soweit konnte der russische Absolutismus gehen.

Elisabeth hatte es nie gelernt, sich zu zügeln. Die 1709 geborene Tochter Peters des Großen wuchs ohne jede Erziehung auf und gab schon in jungen Jahren Stoff zu schlüpfrigem Tratsch. Eine verschwenderische Spielernatur, wurde sie das Liebchen der Garderegimenter, flirtete, trank und schlief wahllos mit Offizieren und Soldaten, später mit Kutschern, Kellnern und Lakaien. Sie war außerordentlich eitel und gab Unsummen für Kleider aus; ständige Geldverlegenheit brachte sie noch als Zarin in die peinliche Lage, daß ein Pariser Modesalon ihr jeglichen Kredit verweigerte. Für Politik hingegen interessierte sich Elisabeth kaum. Als 1741 die Regentin Anna Leopoldowna durch einen Staatsstreich gestürzt wurde, fand sich Elisabeth nur höchst widerwillig bereit, den Thron zu besteigen. Erst die Drohung, man werde sie andernfalls in ein Kloster sperren, wirkte überzeugend. Viele begrüßten diesen Regierungswechsel, denn die neue Zarin beendete eine jahrelange Herrschaft deutscher Günstlinge in Rußland. An deren Stelle traten unter Elisabeth neue Favoriten wie der aus Hannover gebürtige Hugenotte Johann Heinrich Lestocq, ein Glücksritter – Leibarzt, Geliebter und intimer Berater gleichermaßen. Er beeinflußte Elisabeths Politik in den ersten Jahren ebenso wie der französische Botschafter de la Chétardie. Beide hatten auch das anhaltinische Heiratsprojekt nach Kräften gefördert und auf die Zarin, welche oftmals gutgläubig bis zur Selbstaufgabe war, in diesem Sinne eingewirkt.

Zur Herrscherin eigentlich nur wenig geeignet, besaß Elisabeth eine wertvolle Eigenschaft: Sie verstand es, Talente herauszufinden und fähigen Männern die Regierungsgeschäfte zu übertragen. Bestes Beispiel dafür war der profilierteste russische Politiker dieser Zeit, Alexej Bestushew-Rjumin. Der Zweiundfünfzigjährige wurde 1744 Staatskanzler und somit Leiter der Außenpolitik. De facto war er jedoch Premierminister – ein verschwiegener, treuer Diener, dabei von finsterem Naturell und maßlos ehrgeizig. Viele fürchteten diesen

Rußlands Kanzler Alexej Bestushew-Rjumin

unheimlichen Mann mit seinem nahezu zahnlosen Mund. »Die Flecken in seinem Gesicht mit dem leichenblassen Teint ließen ihn noch fürchterlicher erscheinen, wenn er zornig wurde, was ziemlich oft vorkam«, berichtet ein Zeitgenosse. »Und wenn er lachte, so war es ein teuflisches Lachen.« Bestushew stand 1744 erst am Anfang der Karriere, weshalb er seine politischen Vorstellungen noch nicht durchsetzen konnte. Von Anbeginn war er gegen eine Heirat des Thronfolgers mit Sophie von Anhalt-Zerbst gewesen, weil er wußte, daß Friedrich II. dahintersteckte. Bestushew erwies sich als ebenso dezidierter Preußengegner wie eingefleischter Freund Österreichs. Eine Allianz mit Habsburg oder dessen Verbündetem Sachsen-Polen schien ihm besser, aber er verlor zunächst den Kampf. Voll Ingrimm sah Bestushew nun in Sophie und ihrer Mutter preußische Agenten, denen es das Handwerk zu legen galt.

Nächst Bestushew war der mächtigste Mann in Rußland Graf Alexej Rasumowski. Dieser ukrainische Bauernsohn hatte die Zarin einst mit seiner wundervollen Stimme bezaubert. Vom frommen Chorgesang holte ihn Elisabeth an den Hof und wenig später in ihr Bett. Bald galt er als offizieller Liebhaber der Kaiserin, die ihm – ungewöhnlich genug – Jahre hindurch treu blieb. Es ging sogar das Gerücht, beide hätten insgeheim geheiratet, wofür aber keine Beweise existieren. Alexej Rasumowski entwickelte als unbestrittener Günstling erstaunlicherweise kaum politischen Ehrgeiz. Ebenso gutmütig wie arglos trug er sein delikates Amt mit Würde und störte sich nicht daran, in Hofkreisen als »nächtlicher Kaiser« verspottet zu werden. Daß die Familie Rasumowski durch ihn zu Ehre und Ansehen gelangte, versteht sich, insbesondere sein Bruder Kyrill sollte für Katharina II. später eine wichtige Gestalt werden.

All diese Männer – Bestushew, Lestocq, Rasumowski und viele andere – lernte Sophie kennen. Aber eigentlich durfte nur einer sie entscheidend interessieren, der zukünftige Ehemann. Am Vortag seines 16. Geburtstages, dem 21. Februar 1744, stand Peter ihr gegenüber: ein blonder schmalschultriger Jüngling mit langem blassem Gesicht, voll nervöser Energie, redselig und sichtlich erfreut, bei seiner Braut auf höfliches Interesse zu stoßen. »Ich schwieg und hörte ihm zu: das gewann mir sein Vertrauen«, erinnerte sich Katharina II. Jahrzehnte später.

Welche Erwartungen hegten Sophie und ihre Mutter, was dachten sie über Peter, welche Vorstellungen verbanden sich mit seiner Person? Die Antwort ist einfach: Beide verschwendeten keinen Gedanken an ihn, zumindest hielten sie nichts Schriftliches darüber fest. In ihren Briefen und Aufzeichnungen wurde vielerlei erörtert, von Angelegenheiten der Garderobe bis zu Religionsfragen, allein über Peter liest man nichts. Was war er für Sophie? Ein Name? Ein Titel? Selbst in ihren ausführlichen Memoiren gibt sie mit keinem Wort zu erkennen, ob sie bei dem Gedanken an ihren Bräutigam irgend etwas – Freude, Furcht oder Hoffnung – empfunden hat. Vielleicht erinnerte sie sich vage an den schüchternen Knaben, der ihr fünf Jahre zuvor in Eutin vorgestellt worden war. Mit Sicherheit jedoch wußte Sophie sehr wenig von jenem traurigen Zerrbild einer Kindheit, die Rußlands Thronfolger durchlebt hatte; gänzlich unvorbereitet ging sie in ihr eheliches und politisches Schicksal.

Der freudlose Großfürst

Unglück und Einsamkeit hießen die beiden Schatten im Dasein des Herzogs Peter von Holstein-Gottorp; treulich begleiteten sie ihn bis an sein Lebensende. »Armes Kind, du bist nicht zum Glück bestimmt«, soll seine Mutter, eine russische Großfürstin, gesagt haben. Sie starb, als Peter kaum drei Monate alt war. Sein Vater, Herzog Karl Friedrich von Holstein-Gottorp, ein mißmutiger, liebloser Mensch, überließ den Jungen Gouvernanten, Dienstboten und ausgedienten Offizieren. 1739 verlor der Elfjährige auch seinen Vater. Für das Waisenkind hatte der Onkel und Vormund Prinz Adolf Friedrich nur wenig Verwendung. Aus purer Gleichgültigkeit stellte er Peter unter die Aufsicht von Erziehern schlimmster Sorte. Sein Hofmeister Otto von Brümmer war ein despotischer, primitiver Zuchtmeister, ein Rohling, der den kleinen Prinzen schlug und hungern ließ. Die Lehrer überforderten Peter, dessen Frustration sich in Neurosen und demonstrativen Wutausbrüchen entlud. Konnte er eine Aufgabe nicht lösen, so zwang man ihn, stundenlang auf getrockneten Erbsen zu knien. Seine Lehrer erniedrigten und reizten ihn; gute Anlagen (beispielsweise ein Talent für Fremdsprachen) wurden dadurch verkrüppelt. Bald bot er »das unerfreuliche Bild eines nervösen und unaufmerksamen Kindes«, ein Spätentwickler mit etlichen infantilen Zügen. Welcher Gegensatz: Zu Zeiten, als die Prinzessin Sophie von Anhalt-Zerbst fröhlich im Stadtgarten von Stettin mit ihren Altersgenossen spielte, mußte Peter wie unter Arrest sitzen und durfte selbst zur Sommerszeit sein Zimmer nicht verlassen.

Nur zwei Tröstungen blieben, die Musik und das Militär. Seine größte Passion wurde das Geigenspiel. Obwohl er darin nie Unterricht erhielt, brachte es Peter zu geläufiger Perfektion auf der Violine. Als Zar spielte er im russischen Hoforchester die erste Geige – es muß also durchaus nicht stimmen, was die gänzlich unmusikalische Katharina in den Memoiren über das mißtönende Gefiedel ihres Gemahls berichtet.

Im Soldatenspiel fand Peter Ausgleich zu den Unterdrükkungen seines Schulalltags. Er liebte alles Militärische und betrachtete seinen neunten Geburtstag, als man ihn zum Leutnant beförderte, als schönsten Tag seines Lebens. »Vor Freude über dieses unerwartete Avancement konnte er, wie er mir selbst erzählt hat, kaum einen Bissen essen«, schrieb der spätere Erzieher Jacob von Stählin.

Anfang 1742 wurde der dreizehnjährige Peter als Großfürst und Thronfolger nach Rußland geholt. Man darf sicher sein, daß er sich kaum darüber gefreut hat. Seine Heimatstadt Kiel war zwar wenig mehr als ein Gefängnis gewesen, aber was nun kam, konnte nicht besser werden. Erzogen als streng lutheranischer Herzog von Holstein, hatte man ihm jahrelang die Russen als lächerliche Barbaren hingestellt. Seine Tante Elisabeth kannte er überhaupt nicht, und als Begleiter wurde ihm ausgerechnet der Raufbold Brümmer zugeteilt. Erfüllt von Vorurteilen und Widerwillen gegen Rußland, trat Peter die Reise an. Die Zarin, anfangs voller Güte und Herzlichkeit gegen den Sohn ihrer früh verstorbenen Schwester, verlor rasch die Geduld. Der unliebenswürdige Knabe wurde ihr zuwider, wenn er noch zu etwas nutze sein sollte, dann mußte er schnell heiraten und einen männlichen Nachkommen zeugen. Hinzu kam, daß Peter von äußerst schwacher Gesundheit war, ein Erbe der schlechten Behandlung in Holstein. Im Herbst 1743 schwebte er nach einer Lungenentzündung zwischen Leben und Tod. Elisabeth, großherzig, wie sie sein konnte, übernahm persönlich die Krankenpflege ihres widerborstigen Neffen.

Was Peter am meisten verübelt wurde, war seine ausgesprochene Abneigung gegen den russisch-orthodoxen Glauben. Als überzeugter Lutheraner fühlte er sich befremdet von einer Kirche, deren Geistliche meist völlig ungebildet waren, und von einer Religion, der äußere Hülle die Hauptsache, Gebräuche und Zeremonien mehr als geistige Inhalte bedeuteten. Es erschreckte und belustigte Peter, daß in Rußland blutig-fanatische Glaubenskämpfe darum geführt wurden, ob beim Gottesdienst ein doppeltes oder ein dreifaches Halleluja gebracht, ein achtspitziges oder ein vierspitziges Kreuz benutzt werden sollte. Das niedrige Niveau einer von strengem Formalismus geprägten Religionsauffassung stieß ihn ab, und so hatte er, wie sein Erzieher Stählin berichtet, »immer die deutsche Bibel und das Kieler Gesangbuch bei sich, in welchem er sich einige der schönsten Lieder gewählt hatte, die er meist auswendig konnte«.

Elisabeth verfiel regelmäßg in Wut oder Trübsinn, wenn ihr Widerstand entgegentrat. Peters Unwillen gegenüber der orthodoxen Kirche kommentierte sie mit den Worten: »Er ist eine Mißgeburt, der Teufel soll ihn holen!« Sie selbst war erfüllt von naiver Frömmigkeit, durchsetzt mit altmoskowitischem Aberglauben. Jedwede religiöse Toleranz lag ihr fern; während ihrer Herrschaft wurden Katholiken und Protestanten gleichermaßen unterdrückt, für unerlaubtes Sprechen in der Kirche kam man an den Pranger. 1742 ließ Elisabeth alle Juden aus Rußland vertreiben. In ihren Augen konnte Peters Festhalten an seinem Glauben nur bösartige Ketzerei sein, und so mußte der junge Großfürst stundenlang über russischen Gebetbüchern sitzen und unter Tränen der Wut aus ihnen eine Sprache lernen, die ihm verhaßt war. Aus Trotz brachte er dann oft keinen einzigen russischen Satz zustande.

Peter, dieser ohnmächtige Rebell, war weder flexibel noch anpassungswillig; unfähig zu jedem Kompromiß, trug er sein Herz auf der Zunge und benahm sich »diskret wie ein Kanonenschuß«. Er liebte es, seine Mitmenschen durch skurriles Betragen und bizarre Einfälle zu schockieren, dies war seine ganz eigene Rache an einer Umwelt, der er ein erzwungenes Dasein als Thronfolger verdankte. Wenn man ihn schon nicht aus Rußland entließ, so wollte er doch jedermann beweisen, wie fehl er sich am Platze fühlte. Im Gewand des Narren durfte er manche Wahrheit ungestraft sagen, und in diesem Sinne wußte Peter seine selbstgewählte Hamlet-Rolle auszunutzen. Elternlos aufgewachsen, schuf er sich allmählich in Friedrich dem Großen von Preußen seinen bewunderten Über-Vater und pflegte diese Haltung, je stärker er Elisabeth damit verletzen konnte. Sein Ersatz-Vaterland wurde Holstein, eine Heimat, an die ihn nur wenig gute Erinnerungen banden. Rußland hingegen stellte eine feindselige Scheuche dar, Zielscheibe von Spott und Haß. Was für ein Thronfolger und was für ein späterer Zar!

Von diesem komplizierten Psychogramm des Großfürsten konnte Sophie natürlich nichts wissen. Sehr richtig erkannte sie, daß Peter weniger eine Gemahlin als eine Spielkameradin suchte, daß er für sein Alter noch recht kindisch war. »Ich schien ihm zu gefallen; ich kann aber weder sagen, daß er mir gefiel, noch, daß er mir nicht gefiel«, meinte Sophie. »Ich verstand nur zu gehorchen, und verheiraten mußte mich meine

Mutter; ich glaube, in Wahrheit lag mir aber an der russischen Krone mehr als an seiner Person.« Zielstrebige Gedanken einer Vierzehnjährigen, die sich anschickte, weniger einen Mann als ein ganzes Land zu erobern.

Entscheidung für Rußland

Seltsamerweise brachte eine schwere Erkrankung der jungen Sophie große Sympathien ein. Während ihrer ersten Wochen in Moskau betrachtete sie diskret, aber wachen Sinnes den Reigen von Gesichtern und Namen ihrer Umgebung. Zunächst geblendet vom Glanz des Zarenhofes, begann sie sich zu informieren und ein eigenes Urteil zu bilden. Die Mutter konnte ihr dabei keine Hilfe sein. Johanna stolperte sogleich ins Dickicht der Geheimdiplomatie. Sie hielt sich für einen politischen Kopf und wollte dem König von Preußen ihre Nützlichkeit beweisen. Ohne zu bedenken, daß die Wände überall Ohren hatten, intrigierte sie mit ausländischen Gesandten gegen den Kanzler Bestushew. Von der Zarin, die gut informiert war, wurde sie zunehmend kühler behandelt. Doch Johanna ließ nicht vom dilettantischen Ränkespiel und nervte ihre Umgebung zusätzlich durch ständige Streitereien um Protokollfragen. Daß sie damit die Stellung der eigenen Tochter untergrub, kam ihr nicht in den Sinn.

Peter konnte seiner Braut nur wenig helfen. Er benahm sich sehr freundlich und bedachte Sophie mit kindlichen Aufmerksamkeiten, war aber am russischen Hof ein Fremdkörper. Sophie brauchte kühle Berechnung und ruhige Überlegung in all ihrem Tun, während der Großfürst sie durch seine spontanen Eingebungen oft in Verlegenheit und Verwirrung setzte. Er redete arglos daher, während Sophie sich mit dem Problem ihres Religionswechsels plagte. Die väterlichen Ermahnungen standen gegen ihren Ehrgeiz, eine möglichst perfekte Russin zu werden. Ohne Übertritt zum orthodoxen Glauben hätte sie den Thronfolger nicht heiraten können, also ließ sie sich bekehren. Simon Todorski, der bemerkenswert aufgeklärte spätere Erzbischof von Pskow, unterrichtete sie in den Dogmen seiner Kirche und fand eine gelehrige Schülerin. Ihr Eifer ging soweit, daß sie in nächtlicher Kälte aufstand, um Russisch zu lernen. Die Folge war eine lebensgefährliche Rippenfellentzündung. Geschüttelt von Fieberanfällen, schien Sophie ihre Umwelt kaum wahrzunehmen, aber als die Mutter ihr einen lutheranischen Priester zur geistlichen Stärkung ans Bett holen wollte, entgegnete sie: »Wozu das? Rufen Sie lieber Simon Todorski. Mit ihm will ich gerne sprechen.« War dies spontane Eingebung oder tiefempfundenes Bedürfnis? In jedem Fall hätte sie nichts Klügeres tun können. Ihr Eifer für die orthodoxe Religion geriet zur rührenden Sensation; Zarin Elisabeth besaß nun den Beweis für die Richtigkeit ihrer Brautwahl. Sophies russophile Neigungen, so glaubte sie, würden ein Gegengewicht zu Peters preußisch-deutschen Allüren bilden. Zunächst aber mußten alle um das Leben der Kranken bangen, die man sechzehnmal zur Ader ließ. Nach zwei Wochen war die Krisis überwunden, und Elisabeth schenkte ihrem Schützling wertvollen Brillantschmuck.

Wohlwollend und freundlich geriet der Empfang auch, als Sophie am 2. Mai (»mager geworden wie ein Gerippe«) wieder in der Öffentlichkeit erschien. Kurz darauf teilte sie dem Vater ihren Entschluß zum Religonswechsel mit, »da ich zwischen dem orthodoxen und dem lutherischen Glauben fast keinen Unterschied sehe«, eine reichlich kühne Feststellung. »Die äußeren Zeremonien sind sehr abweichend, aber die Roheit des Volkes zwingt die Kirche dazu«, heißt es weiter in dem Brief, der Christian August in Zerbst sicher nur wenig gefiel. Am 9. Juli 1744 wurde Sophies Glaubenswechsel vollzogen. Im weißen Gewand der Neugetauften leistete sie das Glaubensbekenntnis in erstaunlich guter russischer Aussprache. Anschließend erhielt sie entsprechend den Gebräuchen der orthodoxen Kirche einen neuen Namen: Katharina. Als Vatersnamen (der nur adligen Personen zustand) wählte man für sie Alexejewna. Warum man ihr einen Vater Alexej andichtete, ist schwer zu sagen, der Grund dürfte wohl eine Laune der Zarin gewesen sein. »Alle Beteiligten vergossen einen Strom von Tränen«, meldete Preußens Botschafter Mardefeld. »Allein die junge Prinzessin hat nicht eine während des feierlichen Aktes vergossen.«

Am Tag darauf fand die Verlobung mit Peter in der Moskauer Uspenski-Kathedrale statt. Katharina war nun Großfürstin und durfte sich »Kaiserliche Hoheit« nennen. Ihre Entscheidung für Rußland war gefallen, würde sich Rußland auch für sie entscheiden?

Krise vor der Hochzeit

»Bisher hatte man lediglich von Festen, Vergnügungen und Behaglichkeit gesprochen, jetzt wurde nur noch von Streit und Zank, von Parteinahme und Feindschaft geredet.« Dies waren Eindrücke, die Katharina nach ihrer Verlobung empfangen mußte. Ihre Mutter trug daran nicht geringe Schuld, da sie sich im selbstgelegten Intrigennetz ständig mehr verstrickte. Zum Eklat kam es schließlich, als ein Brief des französischen Gesandten de la Chétardie von Bestushews Leuten abgefangen und dechiffriert wurde. In dem Schreiben hieß es über die Zarin, sie sei leichtsinnig, faul, zerstreut und schrecke vor jeder ernsten Frage zurück. Dabei berief sich Chétardie auf Äußerungen Johannas, die er als Geheimagentin des Preußenkönigs bezeichnete. Außer sich vor Wut, ließ Elisabeth den französischen Botschafter innerhalb von vierundzwanzig Stunden des Landes verweisen. Die Prinzessin von Anhalt-Zerbst hatte jeglichen Kredit in Rußland verloren

Johann Heinrich Lestocq

und erreichte das Gegenteil ihrer Bemühungen: Bestushew, der die ganze Sache aufgedeckt hatte, wurde zum Großkanzler befördert. Mächtiger denn je lauerte er auf eine Gelegenheit, über die Ungeschicklichkeit der Mutter auch Katharina zu Fall zu bringen.

Der Schlag fiel unvorbereitet auf die junge Großfürstin. Während ihr Verlobter den neuesten Klatsch der Dienerschaft auftischte, erschien unversehens Elisabeths Berater Lestocq und forderte Katharina barsch auf, ihre Koffer zu packen, das Lachen werde ihr schon bald vergehen. Peter verlangte eine Erklärung, die Lestocq mit unheildrohender Miene verweigerte. Endlich traten die Hauptpersonen auf: Elisabeth, hochrot im Gesicht und wütenden Blickes, hinter ihr die völlig geknickte Johanna mit verweinten Augen. War nun das Ende aller Träume gekommen? Um Haaresbreite entging Katharina einem demütigenden Schicksal. Bei aller hochgradigen Erregung mußte sich die Zarin sagen, daß die Auflösung einer eben erst geschlossenen Verlobung Rußland der Lächerlichkeit preisgeben würde. Sie ließ also die Tochter nicht die Sünden ihrer Mutter entgelten; nachdem sie Johanna noch einmal gründlich abgekanzelt hatte, schloß sie Frieden mit Katharina. Der Schreck saß dennoch tief. Was band Katharina noch an ihre Mutter, von der sie wenig Zärtlichkeit, aber viele Unannehmlichkeiten erfuhr? Je eher diese Rußland verließ, desto besser. Und Peter? Hatte er nicht nur sehr lau gegen die entwürdigende Behandlung seiner Braut protestiert? Zeitlebens eitel und empfindlich, mißverstand Katharina seine Schüchternheit als Gefühlskälte. Peter stand auch in dieser Hinsicht das Glück nicht zur Seite.

Bald nach diesen Vorfällen begab sich der Hof für einige Wochen in die Ukraine. Die Reise nach Kiew vermittelte Katharina neue Eindrücke vom Land ihrer Wahl. Erste Vorstellungen vom russischen Großreich – riesige Landmassen, unübersehbare Felder, grenzenlose Wälder – wurden ergänzt durch den Anblick schlechter grundloser Wege, ärmlicher Dörfer mit barfüßigen Kindern, des prunkenden Reichtums der Ikonen und Meßgewänder in Kiews Kirchen neben der zerlumpten Armut der Gläubigen. Hinter der Pracht von Thron und Altar namenloses Elend. Vielleicht gab diese Reise im Herbst 1744 Katharina die ersten unbewußten Anstöße für ihre Beschäftigung mit sozialen Fragen.

Im Oktober war man wieder in Moskau, zwei Monate darauf ging es nach Sankt Petersburg. Diese Reise wurde für Peter verhängnisvoll. Am 30. Dezember fiel er bei einer Rast im Dorf Chotilowo in Ohnmacht, bald zeigte sich hohes Fieber. Katharina wurde der Zutritt zu seinem Zimmer verboten, denn Peter wies alle Zeichen einer Pockeninfektion auf. Nur wenige Krankheiten können den Menschen äußerlich so sehr entstellen wie diese. Der Großfürst wurde isoliert, und Eli-

sabeth, die schöne stolze Zarin, blieb bei ihm und übernahm ohne Furcht vor Ansteckung die Krankenpflege. Als Peter glücklich wieder gesundete, war von seinem feingeschnittenen Jünglingsantlitz nicht mehr viel übriggeblieben. Das Gesicht des unglücklichen jungen Mannes sah erschreckend aus: von Pockennarben bis zur Unkenntlichkeit zerfurcht, den geschorenen Kopf von einer unförmigen Perücke bedeckt. »Das Blut erstarrte mir zu Eis bei seinem Anblick«, beschrieb Katharina das Wiedersehen mit dem künftigen Gemahl am 20. Februar 1745. Sie konnte ihren Abscheu nicht verbergen, und mehrere äußerst herzlose Bemerkungen aus den Memoiren lassen darauf schließen, daß sie weniger Mitleid für Peter als für sich selbst empfand. Katharina glaubte sich gestraft, weil sie einen so häßlichen Menschen heiraten mußte.

Daß Peters Selbstbewußtsein dadurch litt, daß sein seelisches Gleichgewicht weiter aus den Fugen geriet, ist unzweifelhaft. Der frühreifen Intelligenz Katharinas konnte er nur wenig entgegensetzen. Erst Ende Juni 1745, als er für mündig erklärt wurde, begann eine bessere Zeit. Nun durfte er sein Herzogtum Holstein (das bisher von einer Ratsversammlung verwaltet wurde) selbständig regieren. In Kiel ertönten aus Freude Böllerschüsse, weil Peters Herrschaft das Land vor einem Einmarsch der Dänen bewahrte. Triumphierend bemerkte der Großfürst zu Brümmer und dessen Gehilfen Bergholz: »Jetzt ist die Reihe an mir, zu befehlen. Ich werde mich bemühen, Sie nach Holstein zurückzuschicken.« Als Brümmer den Siebzehnjährigen daraufhin nach erprobtem Muster mit Fäusten und Ohrfeigen traktieren wollte, zog Peter seinen Degen und drohte, er werde ihn beim nächsten derartigen Versuch durchbohren. Bald darauf mußte Brümmer Rußland verlassen.

Während Katharina mit wachsender Begeisterung auf einem Kasernenhof Reitunterricht nahm (eine Beschäftigung, die in Deutschland für Frauen unüblich war), liefen die Vorbereitungen zur Hochzeit. Elisabeth konnte den Termin nicht mehr erwarten, obwohl viele Ärzte es wegen Peters schwacher Gesundheit für notwendig hielten, noch ein Jahr zu warten. Die Zarin erhoffte die baldige Geburt eines gesunden Erben, um den Bestand ihrer Dynastie zu sichern. Dabei setzte sie sich über die Tatsache hinweg, daß zur Voraussetzung einer glücklichen Ehe auch ein Minimum an körperlicher Anziehungskraft oder emotionalem Kontakt gehört. Elisabeth wollte nicht begreifen, daß sie es im Grunde mit zwei unschuldigen Kindern zu tun hatte. Ihr Wille war Gesetz, und so vollzog sich am 1. September 1745 in Petersburg unter größtem Pomp die Hochzeit.

120 Staatskarossen brachten das junge Paar zur Kathedrale der Mutter Gottes von Kasan, wo in einer nahezu dreistündigen Zeremonie die Ringe getauscht wurden. Wer als erster bei dieser Gelegenheit seine Blicke vom Priester abwendet, so ein alter russischer Aberglaube, werde auch zuerst sterben. Als man dem Brautpaar dies zuflüsterte, drehte sich Peter um und zischte, man solle ihn mit derartigem Unsinn verschonen. Katharina hingegen starrte unter ihrem weiß-silbernen, edelsteinbesetzten Schleier unentwegt auf den ehrwürdigen Erzbischof von Nowgorod, der sie und Peter unter Glockengeläut zu Mann und Frau erklärte.

III. Die Großfürstin

> »Ich habe achtzehn Jahre lang ein Leben geführt, von dem zehn andere verrückt geworden und zwanzig an meiner Stelle vor Gram gestorben wären.«
>
> *Katharina II., Memoiren*

Ihre neue Welt

Großfürstin Katharina wußte sich dem luxuriösen Petersburger Lebensstil schnell anzupassen. »Weil ich das Prinzip hatte, den Menschen zu gefallen, nahm ich ihre Sitten und Gewohnheiten an.« Lebens- und Herrschaftsregeln einer absolut regierenden Zarin führte Elisabeth ihr jeden Tag vor Augen. Es war die unangefochtene Autorität einer Fürstin, die im Interesse des Adels ein Riesenreich von mehr als fünfzehn Millionen Quadratkilometern regierte. Was Katharina kennenlernte, war vorrangig die Denkweise einer großgrundbesitzenden Aristokratie, einer Gruppe innerhalb der russischen Adelsklasse, die sich von der Masse des niederen und mittleren Adels oft sichtbar unterschied. Der sagenhafte Reichtum dieser aristokratischen Oberschicht wurde ausschließlich von Leibeigenen erarbeitet; Rußland stellte das klassische Land der Bauern dar, von gut siebzehn Millionen Einwohnern lebten nur 328000 in jenen zwölf Städten, die diesen Namen überhaupt verdienen. Die Leibeigenschaft war in Rußland stark differenziert. Ob ein Bauer dem Staat gehörte oder einem adligen Gutsherrn (Dworjanin), der Kirche oder der kaiserlichen Familie, ob er zum »Inventar« einer Manufaktur zählte oder (auch das gab es) sich die persönliche Freiheit erhalten konnte – all das machte nicht unbeträchtliche Unterschiede aus. Die verelendeten Fronbauern, meist der Kirche oder dem Dworjanin gehörig, beneideten die Obrokbauern, welche selbständiger wirtschaften konnten und ihren Herren einen regelmäßigen Geldbetrag (obrok) zahlen mußten. Sie gingen sogar nicht selten in die Städte und verdingten sich dort als Industriearbeiter – dabei blieben sie jedoch nach wie vor Eigentum der Grundbesitzer.

Die überwiegende Masse der russischen Bauernschaft lebte in unglaublichem Elend und war vollkommen rechtlos. Was sie von den Bauern anderer Länder unterschied, war die Tatsache, daß sie mit dem Gutsherrn unmittelbar nur wenig in Berührung kamen. Rußland kannte das Einzelbauerntum kaum, es herrschte die Dorfgemeinde vor, an deren Spitze der gewählte Starost. Dieser verantwortete gegenüber dem Grundbesitzer die pünktliche Lieferung aller Abgaben. Dafür stand die Gemeinde als Ganzes ein, wobei es zur Natur der Sache gehörte, daß die reicheren Dorfbewohner am meisten zum gemeinsamen Unterhalt beitragen mußten. Es war also durchaus von Vorteil, wenn der Bauer sich nach außen möglichst erbärmlich präsentierte, denn je ärmer er schien, desto geringer waren die Forderungen an ihn. Von Zeit zu Zeit wurde das Dorfgemeindeland entsprechend der Zahl aller männlichen Familienangehörigen neu verteilt. Das erklärt einerseits den beträchtlichen Kinderreichtum der russischen Bauernfamilien, andererseits aber auch das distanzierte Verhältnis zum (ständig neu verteilten) Grund und Boden. Häufige Klagen über Faulheit der russischen Bauern rühren aus diesen Verhältnissen her.

1747 erlaubte ein Ukas der Zarin Elisabeth den Grundbesitzern ausdrücklich, ihre Leibeigenen gemeinsam mit Vieh und Arbeitsgeräten auf dem Markt zu verkaufen. Gehandelt wurde mit »Seelen«, worunter man die erwachsenen männlichen Bauern verstand, Frauen und Kinder zählten überhaupt nicht. Aus finanziellen Gründen hatte der russische Staat seit Peter dem Großen die feudale Abhängigkeit immer stärker zementiert, denn je umfassender die Macht des Grundherrn über seine Bauern, desto gesicherter auch das Einkommen des Staates. Der Gutsbesitzer trieb direkt die Abgaben seiner ihm gehörenden »Seelen« ein, er trug die Verantwortung, daß diese Kopfsteuer als Haupteinnahmequelle des Staates pünktlich nach Petersburg floß. Gleichzeitig hatte er auch Rekruten für die Armee zu stellen. Der Zarensoldat kämpfte seit Anfang des 18. Jahrhunderts auf zahllosen Schlachtfeldern, denn Rußland griff mehr und mehr in die internationale Politik ein. Das ehrgeizige Bestreben Peters I., sein Land zur europäischen Großmacht zu erheben, forderte blutigen Tribut. Viele Bauern entzogen sich ihren drückenden ökonomischen und militärischen Verpflichtungen durch Flucht in die Grenzgebiete des Russischen Reiches, wo zahlreiche freie Kosakengemeinschaften entstanden. In der Regierungsperiode Elisabeths kam es wieder häufiger zu spontanen Aufständen der geknechteten Bauernschaft.

Während die Masse des russischen Volkes in ihrem Elend dahinlebte, wurde der Staat von Cliquenkämpfen und Palastrevolten erschüttert. Die gewaltsame Inthronisierung der Zarin Elisabeth 1741 war der fünfte Staatsstreich innerhalb von sechzehn Jahren! Verhängnisvoll hatte sich das Gesetz Peters des Großen von 1722 ausgewirkt, wonach jeder Zar seinen Nachfolger selbst bestimmen und diese Entscheidung jederzeit auch wieder rückgängig machen konnte. Ein permanentes Gerangel um persönliche Macht war die Folge, ein Kampf, der kaum etwas mit den Interessen des Staates gemein hatte. Die Regierung Rußlands geriet zum Lotteriespiel. Unter den Nachfolgern Peters des Großen stieg der Einfluß dubioser Glücksritter und Abenteurer ins ungemessene. Zu den unerfreulichsten Kapiteln gehört die Herrschaft Anna Iwanownas (1730 bis 1740) und ihres Favoriten Ernst Johann von Biron, ein Regiment der Willkür, das gelegentlich an Zeiten Iwans des Schrecklichen erinnerte. Biron hatte viele baltendeutsche Günstlinge an den Hof geholt, die sich bei den

Russen durch dünkelhaften Stolz verhaßt machten. Nach der Machtübernahme Elisabeths wurden alle Deutschen (darunter auch verdienstvolle Staatsmänner wie Burchard von Münnich und Heinrich Ostermann) nach Sibirien verbannt. Das brachte der neuen Zarin viel Popularität ein, sie geriet aber ziemlich zu Unrecht in den Ruf, eine »nationalrussische« Politik zu betreiben. Gerade unter Elisabeth erlangten ausländische Ratgeber zunehmend Gehör; bis 1761 war Rußland oftmals ein wenig selbständiger Partner fremder Mächte, erst Frankreichs, dann Österreichs. Die »Nationalrussin« Elisabeth ernannte überdies Peter, der nur zur Hälfte Russe war, zum Thronfolger und verheiratete ihn mit einer Deutschen. Alexej Bestushew, damals noch Vizekanzler, bemerkte wenige Monate nach Elisabeths Regierung, »wenn nicht bald tatkräftig eingegriffen werde, müßte man gewärtig sein, daß alles drunter und drüber gehe«. Ab 1746 setzte er sich allmählich durch und erreichte es, daß die Zarin seinen Intentionen bedenkenlos folgte.

Für Katharina und Peter gehörte Bestushew zu den gefährlichsten Gegnern. Dessen Argwohn war hellwach geworden, als Friedrich II. von Preußen in einem Brief seine Genugtuung über die Heirat Katharinas ausgedrückt hatte mit der Bemerkung, er habe Rußland »eine Fürstin von Ihrem Verdienst besorgt, eine Gattin für das Ehebett des Großfürsten«. Bestushew gelang es rasch, die Zarin mißtrauisch zu stimmen. Er erinnerte an die Vorfälle mit Katharinas Mutter. Johanna hatte Rußland zwar schon Anfang Oktober 1745 verlassen müssen, aber wer garantierte, daß die Tochter nicht ihre propreußischen Gesinnungen teilte? Der junge Hof, wie man den Haushalt des Großfürstenpaares nannte, konnte unversehens zum Herd von Komplotten werden. Nicht nur diese Frage beunruhigte Elisabeth. Als sich nach neun Monaten bei Katharina keine Schwangerschaft einstellte, wurde die Zarin ärgerlich und witterte Widersetzlichkeit. Völlig richtig vermutete sie, daß die Ehe überhaupt noch nicht vollzogen war.

Schuld daran mußte ihrer Meinung nach vor allem Katharina sein, und sie überschüttete die Siebzehnjährige mit Vorwürfen. Ihr wurde schriftlich befohlen, sie solle »durch ihr Betragen, ihren Geist und ihre Tugenden in dem Großfürsten eine aufrichtige Liebe erwecken, sein Herz erwärmen, so daß auf diese Weise der so sehnlich erwünschte Erbe des Reiches und ein Sproß Unseres Hohen Hauses produziert werde«. Leichter gesagt als getan, wenn man Katharinas gänzliche Unerfahrenheit im Sexuellen berücksichtigt. Noch am Vorabend der Hochzeit hatte sie ihre Mutter gefragt, was eigentlich nächtens zwischen Mann und Frau vor sich gehe. Die Antwort lautete kurz: Sie werde das noch früh genug selbst in Erfahrung bringen und solle sich im übrigen gefälligst um wichtigere Dinge kümmern. Unwissend und naiv, wie sie war, konnte Katharina gar keine verführerische Gattin sein.

Über Peter ist viel gerätselt worden, ob er impotent oder steril gewesen sei. Ganz offensichtlich stimmt beides nicht. Der Großfürst litt an einer Phimosis (Vorhautverengung), die ihm den Vollzug der Ehe zunächst unmöglich machte. Erst Jahre nach der Hochzeit befreite ihn eine Operation von diesem Hemmnis. Aber ungeachtet dieser mangelnden biologischen Voraussetzung, war Peter aufgrund seiner vielen Krankheiten körperlich und geistig zurückgeblieben. Frauen interessierten ihn zunächst nur platonisch, lieber spielte er Theater auf seiner Marionettenbühne oder exerzierte mit zahllosen Bleisoldaten.

Elisabeth zeigte sich nicht gewillt, diese eheliche Untätigkeit hinzunehmen. Es galt, kindischen Trotz zu brechen. Plötzlich sah die Zarin alles in düsterem Licht. Was tat sich da am jungen Hof? Peter, der Widerspenstige, trug in seinen Privatgemächern heimlich die blaue holsteinische Uniform. Auch wenn ihm das als souveränem Herzog zustand, er brüskierte Rußland. Katharina, die Verschwendungssüchtige, stürzte sich in Schulden. Zwar gab sie ihr Geld fast nur für andere aus (sich die Gunst ihrer Mitmenschen zu erkaufen, sollte ein bestimmender Wesenszug werden), aber sie schien damit die Staatsfinanzen übermäßig zu strapazieren. Elisabeth geriet in ihrem Ärger außer Kontrolle, sie drohte, den Großfürsten ins Gefängnis zu werfen, sagte ihm »beleidigende und schockierende Dinge, die ihm sowohl Verachtung wie Zorn bewiesen«. Peter, der seine Tante ärgerte, wo er nur konnte, meinte erschrocken und belustigt zugleich: »Sie benimmt sich wie eine Furie.« Das Lachen verging beiden, als Elisabeth im Sommer 1746 am jungen Hof ein unbarmherzig-strenges Reglement einführte.

Ebenso kleinlich wie bösartig waren die Instruktionen, welche Bestushew mit der Zarin ausgeheckt hatte. Zunächst wurden alle Personen entfernt, die mit Peter und Katharina freundschaftliche Beziehungen pflegten. Das betraf die liebenswürdige Zofe Maria Shukowa ebenso wie den treu ergebenen Diener Timofej Jewreinow. Der Kammerherr Sachar Tschernyschow (unter Katharina II. lange Jahre Kriegsminister) mußte gehen, weil sein Bruder der Großfürstin unschuldige Liebesbriefe schrieb; Peters Intendant Gustav Cramer mußte verschwinden, weil er ein Modell seiner Heimatstadt Kiel angefertigt hatte; Fürst Wassili Repnin, der kultivierte Oberhofmeister, wurde verbannt, weil er Peter holsteinische Uniformen beschaffte. An seine Stelle setzte Bestushew das Ehepaar Tschoglokow als drangsalierende Aufpasser und engstirnige Vormünder. Die vierundzwanzigjährige Maria Tschoglokowa, eine ungebildete und geschwätzige Person, ständig schwanger, sollte »nach Kräften und unausgesetzt über die eheliche Treue der beiden Kaiserlichen Hoheiten wachen«. Nikolai Tschoglokow, nach Katharinas Einschätzung »ein alberner Geck, hochmütig und hämisch und zum mindesten genauso boshaft wie seine Frau, die das nicht zuwenig war«, verbrachte seine Zeit meist mit Kartenspiel, wenn er nicht gerade ausführliche Dossiers an Bestushew über das Verhalten des Großfürstenpaares verfaßte.

Schlimmer noch empfanden beide die Instruktion der Zarin. Darin wurde zunächst reichlich Tadel ausgegossen und dann ihr weiteres Benehmen reglementiert. An Peter monierte man »schändliche Vertraulichkeit mit den Zimmerbedienten und anderen gemeinen Dienerschaften«, er erlaube sich »unanständige Späße« und betrage sich »unehrerbietig gegen Personen geistlichen Standes«. Der Großfürst wurde unter anderem ermahnt, hinfort streng die Fastengebote der Kirche einzuhalten. Das bedeutete mehrfach im Jahr eine tagelange Ernährung nur von Pilzen, eingelegten Gurken und Trockenfisch. Man kann sich vorstellen, wie solche Maßnahmen Peters Enthusiasmus für die orthodoxe Religion förderten!

Katharina erhielt den Befehl, »den Wünschen ihres Mannes gehorsamer als bisher nachzukommen, sich gefällig, angenehm, verliebt, ja sogar, wenn nötig, leidenschaftlich zu zeigen«. Besonders hart traf sie das Verbot, ihrem Vater zu schreiben. Briefe nach Zerbst wurden vom russischen Außenministerium entworfen, Katharina durfte sie lediglich unterzeichnen. Als Christian August im März 1747 starb, war sie außer sich vor Kummer. Eine Woche nach Erhalt der Todesnachricht befahl die Tschoglokowa im Namen der Zarin, ihre Trauer zu beenden, weil es sich für eine Großfürstin nicht gehöre, einen Vater zu beweinen, der kein König gewesen sei.

Es verwundert unter solchen Umständen kaum, wenn Katharina oft der Verzweiflung nahe war. Als Frau von Peter enttäuscht, von Elisabeth schikaniert, ohne Freunde oder Vertraute, langweilte sie sich bei endlosen Hofzeremonien. Mit achtzehn Jahren litt Katharina häufig unter Depressionen und weinte oft stundenlang in ihrem Zimmer. Doch allmählich setzte sie sich auch zur Wehr, dachte an ihre Rolle als zukünftige Zarin und beschloß, sich geistig zu rüsten. Ab 1748 begann die Persönlichkeit der Großfürstin Katharina Alexejewna deutliche Konturen anzunehmen.

Der russische Hof unter Kaiserin Elisabeth bot ein Bild, das zwischen sybaritischem Luxus und wüsten Sitten schwankte. Neureiches Protzertum überlagerte jedwedes Raffinement. Die Zügellosigkeit der Herrscherin übertrug sich auf ihre Höflinge, deren Treiben zuweilen an ein Narrenhaus erinnerte. An manchen Tagen ließ Elisabeth alle männlichen Schranzen in überdimensionalen Reifröcken antreten und erstickte fast vor Lachen, wenn diese beim Tanz übereinanderstolperten. Bei anderer Gelegenheit mußten sich die Hofdamen ihre Köpfe kahlscheren lassen, und die Zarin setzte ihnen unförmige schwarze Perücken auf. Katharina besaß zeitlebens einen ausgeprägten Sinn für Humor, aber derart abgeschmackte Scherze stießen sie ab. Ihr widerstrebte dieses Sichgehenlassen an einem Hof, an dem »man die Kunst der Konversation nicht kannte, wo man sich gegenseitig aufrichtig haßte, wo Lästern Geist war und wo das geringste ernste Wort als Verbrechen und Majestätsbeleidigung galt«. Die Unbildung war allgemein, in keinem der zahlreichen Zarenpaläste gab es eine Bibliothek. »Von Kunst und Wissenschaft wurde nicht gesprochen, denn alle waren gänzlich unwissend. Man konnte wetten, daß die Hälfte der Gesellschaft kaum lesen konnte, und ich bin nicht so ganz sicher, ob ein Drittel des Schreibens kundig war!« Soweit Katharinas Memoiren. Natürlich nahm sie höfischen Luxus nur zu gern in Kauf und gab ihre jährliche Apanage von 30000 Rubel mit vollen Händen aus, aber solches Leben zwischen Trunk, Maskeraden und Hasardspiel genügte ihrem regsamen und bildungshungrigen Geist keinesfalls.

Schon bald nach ihrer Ankunft in Rußland traf Katharina mit dem schwedischen Gesandten Henning Adolf von Gyllenborg, einem früheren Bekannten aus Hamburg, zusammen. »Besinnen Sie sich wieder auf Ihre Natur und Ihre Anlagen! Ihre Talente sind Ihnen gegeben, um Großes zu leisten«, mahnte Gyllenborg und versorgte die Großfürstin mit Literatur. Katharina las zunächst Plutarchs »Lebensbeschreibungen berühmter Männer« und die »Ursachen der Größe und des Verfalls der Römischen Republik« von Montesquieu. Später beschäftigten sie die elfbändige »Allgemeine Geschichte Deutschlands«, ein modernes, 1748 erschienenes Werk des Franzosen Joseph Barre, Tacitus' »Annalen« und die »Geschichte Heinrichs IV.« von Hardouin de Péréfixe. Aus letzterem Werk stammte ihre Vorliebe für den guten König, der wie sie selbst aus pragmatischen Gründen seinen Glauben gewechselt hatte. Mit größter Aufmerksamkeit nahm Katharina den Esprit im Briefwechsel der Marquise de Sévigné auf. Deren Schreibstil, eine Mischung von Scharfsinn, Ironie und Eleganz, sollte ein Vorbild für die Korrespondenz der späteren Zarin werden.

Katharinas Abgott aber wurde Voltaire. Seine Werke führten sie ein in die Gedankenwelt der fortschrittlichen französischen Aufklärung, ihm verdankte sie Kraft und Tiefe ihrer Gedanken. Noch durfte sie mit dem als Freigeist Verpönten keinen Briefwechsel führen, aber seine heimlich mit Hilfe des preußischen Botschafters beschafften Bücher, unter ihnen der antiklerikale »Essay über die Sitten und den Geist der Völker«, sog Katharina gierig in sich hinein. Sie las weiter Montesquieus »Geist der Gesetze« (»er sollte das Brevier jedes vernünftigen Herrschers sein«) und den »Dictionnaire« von Pierre Bayle, vom Vorläufer der Enzyklopädisten.

Die Beschäftigung mit dem Gedankengut der Aufklärung führte Katharina zu bemerkenswerten Schlußfolgerungen. Sie begann über die Auswüchse des Absolutismus nachzudenken und träumte von einem Regime der Weisheit und Gerechtigkeit. In ihren höchstwahrscheinlich um 1758 verfaßten »Aperçus« stellte die künftige Zarin beispielsweise fest: »Es ist gegen die christliche Religion und die Gerechtigkeit, Menschen, die alle mit der Geburt die Freiheit mitbringen, zu Sklaven zu machen ... Ich will, daß man den Gesetzen gehorche, aber ich will keine Sklaven.« Und weiter hieß es: »Sie mit einem Schlag zu befreien wäre nicht das Mittel, die Liebe der Landbesitzer zu gewinnen, die von Starrsinn und Vorurteilen erfüllt sind.« Solche Gedanken im klassischen Land der Leibeigenschaft niederzuschreiben war ebenso genial wie gefährlich, aber Katharina ging mit ihrer Meinung nicht hausieren. Sie suchte oft die Einsamkeit. Im Frühjahr und Sommer, die meist in Oranienbaum, vierzig Kilometer westlich von Petersburg, verbracht wurden, begab sie sich allein auf Entenjagd oder galoppierte stundenlang (zum Ärger der Zarin im Herrensitz) über die Felder und holte sich oft Sonnenbrand.

Der Großfürst drillte inzwischen seine uniformierten Lakaien und freute sich am Soldatenspiel, das er sehr ernst nahm. Katharina schrieb in ihren Memoiren, Peter habe, wenn überhaupt, höchstens seichte Romane gelesen. Das stimmt ebensowenig wie vieles andere, was sie über ihren Mann behauptete. Jacob von Stählin, 1742 bis 1745 Peters Erzieher und danach sein Bibliothekar, weiß gänzlich anderes zu berichten: »Sein Gedächtnis war vortrefflich bis auf die äußerste Kleinigkeit. Er las gerne, zumal Reisebeschreibungen und Kriegsbücher.« Der Großfürst studierte alle neu erschienenen Buchkataloge und versah sie mit Randbemerkungen. Für Bücher gab er 7000 Rubel im Jahr aus und ließ 1746 die Bibliothek seines verstorbenen Vaters aus Kiel nach Petersburg kommen. Stählins Schilderungen widersprechen Katharinas Einschätzung, Peter sei »von gewalttätigem Charakter und beschränktem Geist« gewesen, in vielem. Ihre Memoiren, geschrieben in drei verschiedenen, einander zuweilen widersprechenden Fassungen, haben von Peter ein wirkungsvolles Zerrbild gezeichnet, das man mit großer Vorsicht betrachten muß. Zuweilen erinnern Katharinas Schilderungen an die Aussage einer beleidigten Ehefrau im Scheidungsprozeß: ungerecht, rachsüchtig und gänzlich subjektiv. Peter tritt in ihren Erinnerungen hervor als widerlich-monströser Kobold, der, umwabert von Schnaps- und Tabakdunst, junge Hunde mißhandelt und Ratten nach Kriegsrecht am Galgen aufhängt.

In solch vergröbernden Schilderungen widerspiegeln sich sowohl Katharinas Enttäuschung über ihre gescheiterte Ehe als auch das Bestreben, den 1762 verübten Mord an Peter nachträglich zu rechtfertigen, indem sie ihn als menschliches Ungeheuer darstellte. Gewiß, er war ein äußerst komplizierter Charakter: aufbrausend, unberechenbar, zuweilen albern und vor allem von einer lärmenden Taktlosigkeit. Katharina mußte sich ermüdende Diskurse über kriegswissenschaftliche Probleme anhören und, was sie weitaus mehr strapazierte, Peters Erzählungen von seinen neuesten Liebschaften ertragen. Anfang der fünfziger Jahre holte Peter (nach einer Operation seiner Phimosis) alles Versäumte kräftig nach. Ob er auch mit seiner Frau schlief, ist einigermaßen zweifelhaft, in jedem Fall ließen ihre weiblichen Reize ihn weiterhin kalt; wie das Katharinas ausgeprägte Eigenliebe verletzte, liegt auf der Hand. Ihr erschien Peter als bösartiger Trunkenbold, ein Bild, das in den Memoiren häufig auftaucht. Griff der Großfürst zur Flasche, dann geschah das eher mit Maßen. Er vertrug Alkohol nur schlecht und trank deshalb fast ausschließlich leichtes englisches Bier oder mit Wasser verdünnten Burgunder. Wenn Peter übermäßig rauchte, dann in der Meinung, die Pfeife gehöre zu einem rechten Soldaten, und überdies konnte er die Zarin damit ärgern, an deren Hof Tabak als einziges aller Laster verpönt war. Der Großfürst spielte seine Narrenrolle zuweilen täuschend echt; nur Stählin, der ihn sehr gut kannte, meinte, daß Peter vor allem »Nachahmung fremder Lächerlichkeiten« betrieb, und bemerkte: »Sein Verstand war fein genug, zumal zum Disputieren.«

Ohne Zweifel litt Katharina unter ihrer unglücklichen Ehe mehr als Peter. Dessenungeachtet hielt sie ihm sieben Jahre lang die Treue und lehnte standhaft zahlreiche Avancen ab. Erst 1752 trat der erste Liebhaber in ihr dreiundzwanzigjähriges Leben. Das stimmt kaum mit der landläufigen Vorstellung von Katharina als »Lustweib« überein. Daß diese erste Liaison ausgerechnet von der Zarin sorgfältig eingefädelt wurde, ist ein Kuriosum. Elisabeth mußte voller Verzweiflung erkennen, wie unfruchtbar die von ihr gestiftete Ehe blieb. Aber sie gab die Hoffnung nicht auf; ein Thronfolger mußte her, und wenn Peter sich nicht fähig oder willens zeigte, dafür zu sorgen, dann eben ein anderer. Die Tschoglokows ließen weisungsgemäß in ihrer Wachsamkeit nach, und im September 1752 stellte sich Lew Naryschkin, ein munterer witziger Bursche, als Kammerherr (und Kuppler der Zarin) am jungen Hof vor. Er wurde bald ein enger Vertrauter des Großfürstenpaares und führte seinen Freund Sergej Saltykow ein. Nach wenigen Begegnungen war es um Katharinas Selbstbeherrschung geschehen.

Sergej Saltykow gehörte einer der ältesten Adelsfamilien Rußlands an. Der Sechsundzwanzigjährige soll laut Katharinas Memoiren »schön wie die Sonne« gewesen sein, eine Vorstellung, die das einzige von ihm erhaltene Porträt nicht recht glaubhaft macht. Aber er besaß andere Qualitäten. Saltykow verstand es, sich den läppischen Vergnügungen und Trinkgelagen des Hofes zu entziehen, er plauderte geistreich und kannte sich in französischer Literatur aus – mit seinem geradlinigen Charme genau der richtige Mann, um Katharina den Kopf zu verdrehen. In ihrer jugendlichen Verliebtheit merkte sie nicht, daß Saltykow vor allem ein eitler Wüstling war, in dessen Sammlung eine Großfürstin noch fehlte. Er genoß es als prickelnden Reiz, die Frau des Thronfolgers zu seiner Mätresse zu machen. Peter tolerierte das Verhältnis gern, befreite es ihn doch von lästigen ehelichen Pflichten. Im Dezember 1753 wurde Katharina mit an Sicherheit grenzender Wahrscheinlichkeit von Sergej Saltykow schwanger, erlitt aber auf dem Weg nach Moskau eine Fehlgeburt. Eines schien also klar: Katharina war in der Lage, Kinder zu gebären und Rußland den so dringend benötigten Erben zu geben. Die Zarin schöpfte neue Hoffnung. Vielleicht eine Sorge weniger in einer Zeit, wo sich die Wolken am politischen Horizont ständig verdüsterten. Von Jahr zu Jahr wurde Elisabeth kränker, sie mußte mit ansehen, wie Katharina sich aus dem Feld von Philosophie und Liebe schließlich auch ins Gefilde der Politik vorwagte.

Endlich ein Thronerbe

»Als ich fühlte, daß ich in Rußland festen Fuß gefaßt hatte, stellte ich folgende Erwägungen an, oder ich kam vielmehr zu dem Entschluß, den ich nie auch nur einen Augenblick aus dem Auge verloren habe:

1. dem Großfürsten zu gefallen,
2. der Kaiserin zu gefallen,
3. der Nation zu gefallen.«

Eine anspruchsvolle Aufgabe hatte sich Katharina gestellt und eine unlösbare zugleich. Rußland, die Zarin und Peter – das war eine zu komplizierte Formel, als daß sie aufgehen konnte. Wenn Katharina versuchte, Rußland zu gefallen, so zog sie sich den Zorn des Großfürsten zu, der alles Russische verabscheute. Wenn sie Peter gefällig war, dann würde Elisabeth darin antirussische Umtriebe argwöhnen. Katharina mußte sich entscheiden, doch wofür? Peter stellte zweifellos das schwächste Glied der Kette dar, aber er würde eines Tages Zar werden. Elisabeth besaß die Macht, aber deren Jahre schienen gezählt. Als Katharina aus ihrem Liebesrausch mit Sergej Saltykow erwachte (im Juni 1753 hatte sie eine zweite Fehlgeburt), mußte sie feststellen, daß sich in der russischen Politik entscheidende Wandlungen vollzogen hatten.

Ende 1748 war es Alexej Bestushew gelungen, seinen größten Rivalen, den Hannoveraner Lestocq, zu entmachten und nach dem üblichen harten Verhör in ein entlegenes Provinznest zu verbannen. Rußlands Außenpolitik steuerte daraufhin immer stärker ins Fahrwasser Österreichs, die Beziehungen mit Frankreich und vor allem Preußen verschlechterten sich. Elisabeth billigte diesen Kurs, obwohl sie den ehrgeizigen Bestushew nicht besonders mochte, sie duldete ihn wegen seines Wissens und seiner politischen Erfahrung. Überdies entwickelte die Zarin einen geradezu pathologischen Haß gegen Friedrich II., denn »er macht alles Heilige lächerlich und geht nie in die Kirche«. Dem notorischen Spötter in Potsdam lieferte Elisabeths zwischen Frömmelei und Unzucht schwankender Lebenswandel reichlich Stoff für Sarkasmen. »Hure des Nordens« nannte er sie in einem Brief, und als die Kaiserin davon erfuhr, drohte sie Preußen furchtbare Rache an.

Aus zwei Gründen machte sich Bestushew jedoch Sorgen um das Gedeihen seiner antipreußischen Politik. Zum einen stand es mit Elisabeths Gesundheit seit Mitte der fünfziger Jahre nicht zum besten. Geplagt von Melancholie, Schlaflosigkeit und neurasthenischen Anfällen, gab sie sich maßloser Freß- und Trunksucht hin. Die immer dicker werdende Zarin war gelegentlich so bezecht, daß ihre Zofen sie aus den Kleidern herausschneiden mußten, weil sie weder stehen noch sitzen konnte. Wenn sie stürbe und an ihrer Stelle der Preußenanhänger Peter den Thron bestiege, dann konnte sich Bestushew auf das Schlimmste gefaßt machen. Der zweite Grund, der den Kanzler beunruhigte, war Elisabeths neuer Liebhaber und Günstling Graf Iwan Schuwalow, kunstsinnig und freundlich, aber ausgesprochen frankophil und ein erklärter Feind Bestushews. Gemeinsam mit seinen Vettern Alexander (dem Leiter der berüchtigten Geheimkanzlei) und Pjotr versuchte er, die russische Politik wieder auf Frankreich und Preußen zu orientieren. Alexander Schuwalow, ein Meister finsterer Verschlagenheit, wurde 1754 anstelle des verstorbenen Nikolai Tschoglokow Hofmarschall des Großfürsten, dem er schon als künftigem Zaren zu schmeicheln wußte.

Graf Iwan Schuwalow

Katharina, die bisher allen und allem gegenüber größte Vorsicht gewahrt hatte, schien Bestushew eine geeignete Verbündete gegen die Ambitionen der Schuwalows. Seit 1753 näherte er sich der Großfürstin, die zu verstehen gab, daß sie »ihm weniger fern stehe als früher«. Offensichtlich sah Katharina eine Chance, ihr Los, das dem einer Staatsgefangenen glich, mit Hilfe des mächtigen Kanzlers zu mildern. »Sie wird schon noch sehen, daß ich gar nicht so ein reißender Wolf bin, wie man mich ihr geschildert hat«, meinte Bestushew zu Saltykow, von dem er wußte, daß Katharina zum drittenmal ein

Kind erwartete. Diesmal schien es eine normale Schwangerschaft zu werden. Im August 1754 bezog die kaiserliche Familie das Sommerpalais. Elisabeth bestand darauf, daß die Entbindung in ihren Privatgemächern stattfinde. Ihr schien es egal, wenn alle Welt munkelte, Vater des Kindes wäre nicht der Großfürst, sondern Sergej Saltykow. War er es wirklich? Vieles spricht dafür, ebensoviel dagegen. Da man den genauen Hergang nie erfahren wird, muß die offizielle Version gelten, daß Peter einen Thronerben gezeugt hatte.

Neun Jahre nach ihrer Hochzeit, am 1. Oktober 1754, gebar Katharina wunschgemäß einen Sohn, der auf den Namen Paul Petrowitsch getauft wurde. Es war eine lange und schmerzvolle Entbindung. Kaum hatte man den Säugling gewaschen, gewindelt und gesalbt, erschien Elisabeth und nahm ihn der Mutter fort. Katharina blieb völlig verlassen im Wochenbett zurück, sie lag zwischen zwei schlecht schließenden Fenstern in eisigem Luftzug und wußte kaum, was mit ihrem Kind geschehen war. »Ich kam in der Zeit vor Ermattung und Durst fast um ... Dann sah ich den ganzen Tag keine lebende Seele, ebensowenig erkundigte sich jemand nach meinem Befinden.« Endlich nahm sich eine Kammerfrau ihrer an. Sechs Wochen vergingen, ehe Katharina ihren Sohn einen kurzen Augenblick besuchen durfte; in den nächsten sieben Monaten sah sie ihn nur noch zweimal. Sie hatte viel Stoff zum Nachdenken während dieser Zeit. Mußte sie sich nicht wie ein überflüssiges Werkzeug vorkommen? Der Geliebte Saltykow war ihr schon lange untreu geworden, jetzt, nachdem er seine Pflicht und Schuldigkeit getan, schob ihn die Zarin auf einen Ehrenposten nach Schweden ab. Ihr Kind war für sie verloren, dafür sorgte Elisabeth, die womöglich beabsichtigte, den kleinen Paul statt seines Vaters zum Thronerben zu erklären. Unter diesen Umständen würde Katharina nie Zarin werden. Peter nahm die Geburt eines möglicherweise illegitimen Kindes zwar gelassen hin, kümmerte sich aber nach wie vor kaum um seine Frau. Langsam gewann der beleidigte Stolz in Katharina die Überhand und erstickte ihre Emotionen.

Als natürliches unverdorbenes Mädchen war Sophie einst offenen Sinnes nach Rußland gekommen, nun, zehn Jahre später, wurde Katharina hart, kalt und doppelzüngig. Wenn sie in den nächsten Kapiteln ihres Lebens als Frau agierte, die unter einer liebenswürdigen Hülle Diplomatin, Heuchlerin, Erpresserin und Usurpatorin gleichermaßen war, dann sollte man nie vergessen, daß Katharina auf diesen Weg gezwungen wurde. Ihre Selbstachtung hatte genügend gelitten, die letzten mütterlichen Gefühle trieb ihr Elisabeth aus. In Zukunft wollte sie auf niemanden mehr Rücksicht nehmen. »Kurz gesagt, ich hielt mich aufrecht und schritt erhobenen Hauptes, eher wie der Führer einer großen Partei als wie ein gedemütigtes und unterdrücktes Wesen, einher.«

Im Dickicht der Politik

Katharina wollte nicht länger die Rolle einer unterwürfigen Großfürstin spielen und bemerkte gleichzeitig, daß auch ihr Gemahl ganz allmählich Politik zu machen begann. Mit Hilfe der Schuwalows hatte er Elisabeth im Sommer 1755 die Erlaubnis abgetrotzt, einige Bataillone Holsteiner Truppen (gut 1000 Mann) nach Oranienbaum kommen zu lassen. Ihr Kommandant Graf Christian August von Brockdorff schürte sowohl Peters militärische Leidenschaften als auch dessen Ressentiments gegen alles Russische. Jeden Tag wurde exerziert und paradiert; der Großfürst, nun auch öffentlich in holsteinischer Uniform, befehligte das Ganze und umgab sich ständig mit den Offizieren seiner Heimattruppe. »Diese verfluchten Deutschen sind alle an den König von Preußen verkauft; es sind Verräter«, murrten in Oranienbaum stationierte russische Soldaten. Katharina distanzierte sich nach außen, so gut es eben ging, vom Treiben ihres Mannes. Um Bestushew gefällig zu sein (den sie zuweilen schon als ihren besten Freund bezeichnete), machte sie die Schuwalows zur Zielscheibe von zahlreichen Spötteleien, allen voran Alexander, der an einem nervösen Gesichtszucken litt. Unbemerkt von der Öffentlichkeit, versuchte Katharina aber auch, sich Peter unentbehrlich zu machen. Sie half ihm bei der Regierung Holsteins. Ende 1755 unterzeichnete der Großfürst sogar eine Urkunde, die seine Frau zur Leitung der Geschäfte unter Vorbehalt seiner Unterschrift ermächtigte.

Die Jahreswende 1755/56 stand ganz im Zeichen der Vorbereitung eines europäischen Krieges. Preußen und Österreich, deren Dauerkonflikt um Schlesien immer noch schwelte, hielten Ausschau nach Verbündeten. Habsburg gedachte Revanche zu nehmen für seine Niederlagen von 1742/1745 und orientierte sich auf eine Allianz mit Rußland, und Frankreich. Unklar blieb dabei noch die Haltung Großbritanniens; wenn London sich einer großen antipreußischen Koalition anschloß, dann war Friedrich II. isoliert und verloren. Um die Haltung der Briten entbrannte deshalb ein harter diplomatischer Kampf, in den Katharina mit aller unerfahrenen Leidenschaft eines politischen Neulings eingriff.

Im Juni 1755 wurde Charles Hanbury-Williams neuer britischer Botschafter in Rußland. Dieser kultivierte Gentleman mit perfekten Manieren, erfahrener Diplomat und gewandter Dichter, trug in seinem Gepäck höchst heikle Instruktionen. Er sollte versuchen, Rußland, ungeachtet der Aversionen Elisabeths gegen Preußen, in einem kommenden Krieg neutral zu halten. Was diese Mission besonders schwierig gestaltete, war die Tatsache, daß sich Großbritannien insgeheim schon für ein Bündnis mit Friedrich II. entschlossen hatte. Hanbury-Williams wollte diese Quadratur des Kreises durch eine russisch-englische Defensivallianz lösen, die am 30. September 1755 geschlossen wurde. Darin verpflichtete sich Großbritannien, jährlich 500000 Pfund für die Verteidigung Hannovers

Botschafter Sir Charles Hanbury-Williams

durch russische Truppen zu zahlen, falls diese britische Besitzung in Deutschland von Preußen angegriffen würde. Doch kaum vier Monate später wurde dieser Beistandspakt Makulatur. Am 16. Januar 1756 besiegelte die sogenannte Westminster-Konvention ein Bündnis zwischen Preußen und Großbritannien, das eindeutig gegen Österreich und Frankreich gerichtet war. Die Empörung über Londons Doppelspiel schlug in Rußland hohe Wellen. Eine Ministerkonferenz unter Vorsitz der Zarin beschloß am 19. Februar 1756, den Transit russischer Truppen durch Polen zu erlangen, um Preußen anzugreifen. Der Krieg hatte noch gar nicht begonnen, da stand Rußland schon im gegnerischen Lager. Hanbury-Williams mußte nun alles in seinen Kräften Stehende tun, um den Schaden zu begrenzen. Vielleicht konnte er mit geeigneten Bundesgenossen am Petersburger Hof den russischen Kriegseintritt verzögern. Großfürst Peter, als Preußenfreund zu sehr exponiert, war wenig nützlich, wohl aber seine Frau, die sich neuerdings so trefflich mit dem Kanzler Bestushew verstand. Englands Botschafter beschloß, Katharina durch zwei wirkungsvolle Mittel in seine Netze zu ziehen: viel Geld und einen schönen Mann.

Am Petersburger Hof gab sich Katharina lebenslustig und verschwenderisch. Sie liebte den Luxus und konnte überdies nicht rechnen. 1756 beliefen sich allein ihre Spielschulden auf 17000 Rubel, was die Zarin mit großem Mißfallen kommentierte. Die verklausulierten Angebote des britischen Gesandten müssen Katharina süß in den Ohren geklungen haben, denn schon in ihrem ersten Brief an Hanbury-Williams vom 14. August 1756 erklärte sie: »Ich werde in Zukunft alles aufschreiben, was Ihrer Aufmerksamkeit wert ist, weil ich glaube, keinen treueren, aufrichtigeren und gleichfalls geistvolleren Freund zu haben als Sie.« Und wenige Tage später heißt es: »Das Vertrauen, das Sie wegen der preußischen Angelegenheit offensichtlich in mich setzen, erfüllt mich mit dem Wunsch, Ihren Erwartungen gerecht zu werden.« Der Engländer machte Katharina gegenüber keinen Hehl aus seiner Aufgabe, die preußischen Interessen zu verfechten, wofür er in Rußland Agenten und Mittelsmänner brauche. Dabei half ihm sein Sekretär, der dreiundzwanzigjährige polnische Edelmann Stanislaw Poniatowski. Hübsch, gebildet und gut erzogen, wurde er von dem unentbehrlichen Lew Naryschkin bei Katharina eingeführt, die sofort Gefallen an dem Polen fand. Poniatowski war zum politischen Intrigenspiel nicht recht geeignet, eher ein reiner Tor, der in Katharina *die* Liebe seines Lebens fand und sie anbetete. Dennoch darf man vermuten, daß er die Großfürstin im Alkoven zusätzlich für die preußisch-englische Sache zu begeistern wußte.

Das Getändel wurde bitterer Ernst, als am 29. August 1756 die Truppen Friedrichs II. in Sachsen einmarschierten, fünf Wochen später ein österreichisches Hilfskorps schlugen und schließlich am 16. Oktober die gesamte sächsische Armee bei Pirna gefangennahmen. So begann der Siebenjährige Krieg, in dem Preußen sich mit einem Präventivschlag zunächst den strategischen Vorteil der Überraschung sicherte. Rußland trat im Januar 1757 formell der antipreußischen Koalition bei, traf aber schon Monate vorher Maßnahmen für einen künftigen Krieg. Während der Regierung Elisabeths, die Unsummen für Kleider und Festlichkeiten ausgab, waren das russische Heer, vor allem aber die Marine unglaublich vernachlässigt worden. Die schlecht ausgebildeten und ausgerüsteten Soldaten (viele von ihnen mußten mit Bastschuhen in den Kampf ziehen) wurden von ungebildeten Offizieren befehligt. Zwar gab es – ein Novum in europäischen Armeen – einheitliche Gewehre, aber der Troß sowie eine unerhört korrupte Intendantur lähmten die Beweglichkeit. Deshalb konnten die Heere der Zarin auch erst 1757 in den Krieg eingreifen. Hanbury-Williams beschloß, diese Atempause zu nutzen. Katharina hatte ihm schon im Juli erklärt, daß in Petersburg nichts ohne Geld gehe. Wenige Wochen später erhielt sie ein erstes »Darlehen« von 44000 Rubel. Diese und weitere Raten gingen nicht nur in die Tasche der Großfürstin; sie übernahm es auch, Bestushews Sekretär Dmitri Wolkow zu bestechen, und endlich meldete sogar der Kanzler selbst seine Geldforderungen an. Englands Botschafter wurde, wie man sehen wird, bestens mit politischen Informationen versorgt.

Was Katharina trieb, war objektiv gesehen Hochverrat. Ihre Geschäfte mit Hanbury-Williams entzogen sich dem Licht des Tages und setzten sie tausend Gefahren aus. Aber die Gerechtigkeit gebietet es, festzustellen, daß nicht nur Geld und Liebesnächte Triebfedern ihres Handelns waren,

Großfürst Peter um 1755

sondern auch ehrliche politische Überzeugungen. Sie verurteilte Rußlands Kriegführung gegen Preußen, weil es zwischen beiden Ländern keinen ernsthaften Konfliktstoff gab. »Dieses große Reich bedarf des Friedens«, schrieb sie, und: »Nach außen hin kann uns der Friede ein größeres Gewicht verschaffen als der Zufall eines stets verderblichen Krieges.« Sie bedauerte, daß »durch die Intrigen der Höfe von Wien, Frankreich und Sachsen aus Rußland, das dem Vertrage nach nur ein Bundesgenosse war, eine kriegführende Partei« gemacht wurde. Elisabeths Politik schien ihr »schlecht verstanden und falsch ausgelegt«. Damit befand sich Katharina sogar in Übereinstimmung mit ihrem Mann, der den Kriegsräten der Zarin ganz unverblümt erklärte, »man werde sich dereinst über diese Allianz mit Österreich und Frankreich noch hinter den Ohren kratzen«. Aber Peter, der glühende Preußenfreund, legte sich Zurückhaltung auf. Zwar feierte er jeden preußischen Schlachtensieg mit Trinkgelagen und Liedern, trug umgekehrt bei Niederlagen Friedrichs II. Trauerflor, aber das war eher harmlos, verglichen mit Katharinas Zetteleien. »Es ist nicht der geringste Schatten mehr übrig von Treue, Ehre, Vertrauen, Scham und Gerechtigkeit«, berichtete Hollands Botschafter de Swart 1757 aus Petersburg.

Im Netz der Intrigen verfing sich zunächst Feldmarschall Stepan Apraxin, Oberbefehlshaber der russischen Truppen im Westen, mit dem Katharina schon am 31. August ein erstes Sondierungsgespräch führte. Er sollte den Krieg gegen Preußen möglichst lau und zögernd beginnen, ein Ansinnen, das der alte Militär zunächst ablehnte. Wenig später wurde er aber doch unsicher. Katharina berichtete Hanbury-Williams am 17. September: »Apraxin sprach mich gestern vor seiner Abreise. Ich sagte ihm: ›Ich finde keinen Gefallen an diesem Krieg. Nichts ist so gut wie der Frieden.‹ Er antwortete: ›Wenn der König von Preußen mich angreift, werde ich kämpfen. Wenn nicht, dann halte ich mich ruhig!‹« Ursache für Apraxins veränderte Haltung war mit Sicherheit der sich ständig verschlechternde Gesundheitszustand Elisabeths. Viele rechneten mit ihrem baldigen Tod; daß Peter dann als Zar jene Leute bestrafen würde, die Preußen allzu eifrig bekriegten, schien klar. Von diesen Überlegungen ging auch Bestushew aus, den sein politischer Instinkt mit zunehmendem Alter (er war vierundsechzig) langsam im Stich ließ. Er arbeitete ein Geheimprojekt aus, das vorsah, Peter von der Thronfolge auszuschließen und statt seiner Katharina als Regentin für ihren Sohn Paul einzusetzen. Als er diesen Plan der Großfürstin offerierte, reagierte sie klugerweise sehr zurückhaltend und verlangte mehrfache Änderungen.

Der baldige Tod von Rußlands Zarin war Gegenstand zahlreicher Spekulationen, niemand konnte voraussehen, daß diese erstaunliche Frau noch fünf Jahre am Leben bleiben würde. Immer wenn Katharina und Hanbury-Williams auf die körperlichen Leiden Elisabeths zu sprechen kamen, war ein Zug genußvoller Schadenfreude unverkennbar. »Sie hat allerhand Beschwerden in ihren Beinen, und ihr Husten ist wieder schlimmer geworden. Dennoch schleppt sie sich zu den Mahlzeiten«, schrieb Katharina am 11. Oktober. »Das Ganze wird wohl mit einem Schlaganfall enden«, entgegnete Hanbury-Williams. »Ich bin hocherfreut, daß Sie über ihr Befinden so gut unterrichtet sind.« Fast triumphierend klang der Bericht vom 6. Dezember: »Sie kann nicht drei zusammenhängende Worte sprechen, ohne zu husten oder außer Atem zu kommen. Unter diesen Bedingungen kann sie wohl kaum behaupten, sie fühle sich gesund, es sei denn, sie hält uns beide für taub und blind. Ich muß lachen, wenn ich Ihnen das berichte.« Falls diese giftigen Zeilen je in Elisabeths Hände gelangt wären – man mag sich die furchtbaren Folgen selbst ausdenken.

Mit Katharinas Hilfe ließ sich schließlich auch Bestushew bestechen und wusch seine Hände rein mit der Bemerkung: »Wenn ich auch den König von Preußen nicht liebe, so will ich doch alles für den König von England tun.« Der alte Fuchs veranlaßte Katharina, einen fingierten Brief an Apraxin zu schicken, in dem der General zu tatkräftiger Kriegführung gegen Preußen ermuntert wurde, ein Schreiben, das ihr ein Jahr später den Kopf retten sollte. In Wirklichkeit gab Katharina ganz andere Instruktionen an Apraxin und drohte ihm im November sogar mit der Ungnade Peters nach einem bevorstehenden Thronwechsel. Von Bestushew erfuhr sie Einzelheiten über die Ministerkonferenzen und leitete diese getreulich an den britischen Botschafter weiter. Vor allem aber hoffte Katharina nach den schnellen preußischen Siegen im Herbst 1756 auf baldigen Frieden, der Rußlands militärisches Eingreifen unnötig machte. Hanbury-Williams übersandte ihr Geheimdokumente, aus denen hervorging, daß Österreich »den Angriff mutwillig herausgefordert hat«, und berichtete von einem Friedensangebot Friedrichs II. an die Alliierten. Aber diese Erwartungen erfüllten sich nicht. Nachdem die Österreicher am 6. Mai 1757 bei Prag eine erneute Niederlage hinnehmen mußten, marschierten russische Truppen einen Monat später in Ostpreußen ein, eroberten am 5. Juli die Festung Memel und rückten auf Königsberg vor. Offenbar hatte sich Apraxin entschlossen, doch der Zarin zu gehorchen. Am 30. August kam es bei Groß-Jägersdorf zur Schlacht. Die Preußen wurden zwar geschlagen, aber die russische Armee erlitt derartig hohe Verluste, daß ihr Sieg wenig Freude bereitete.

Die Zarin war inzwischen durch den ehrgeizigen Vizekanzler Michail Woronzow äußerst mißtrauisch gestimmt worden. Offen bezeichnete sie Bestushew als preußischen Spion. Auch Hanbury-Williams geriet in die Schußlinie. Im April 1757 warnte ihn Katharina, »daß ein Geheimbefehl, der sich teilweise gegen Sie richtet, erlassen wurde, alle Briefe der ausländischen Gesandten zu öffnen«. Die russische Sommeroffensive machte das Scheitern der Mission des englischen Botschafters offenkundig, er konnte seinem Bundesgenossen Preußen nicht mehr helfen. Im September 1757 wurde er zur

Persona non grata erklärt und mußte Rußland verlassen. Sicherheitshalber nahm er alle Katharina belastenden Papiere mit nach London. Aus Kummer über sein Versagen fiel Hanbury-Williams in Schwermut und endete 1759 durch Selbstmord. Ein trauriger Epilog und vielleicht auch ein Menetekel für die Situation Katharinas, vor der sich urplötzlich ein Berg von Gefahren türmte.

Angstvolle Zeiten

Zunächst ahnte die Großfürstin noch nichts von den drohenden Wolken über ihrem Haupt. Sie genoß die Liebe mit Stanislaw Poniatowski. Der schöne Pole durfte, unterstützt von Bestushew, in Rußland bleiben. Wir verdanken ihm eine Schilderung von Katharinas Erscheinung, die damals als Achtundzwanzigjährige wohl den Höhepunkt ihrer Schönheit erreichte: »Der blendend weiße Teint und die lebhaften Farben kontrastierten mit ihrem schwarzen Haar; sie hatte große blaue, sehr ausdrucksstarke Augen, schwarze und sehr lange Wimpern, eine schmale Nase, einen Mund, der zum Küssen lockte, vollendet schöne Hände und Arme; sie war schlank, eher groß als klein, ihr Gang war leicht und doch voller Hoheit, der Klang ihrer Stimme angenehm...« Wenn Poniatowski, der sie wohl durch die Brille des Verliebten sah, Katharina »eher groß als klein« fand, so war das eine Täuschung. »Ihre unnachahmliche Art, den Kopf sehr hoch zu tragen, rief selbst bei denen, die gegen einen solchen Irrtum hätten geschützt sein sollen, mitunter den Eindruck hervor, daß sie ihre ganze Umgebung überrage.« So sah es Darja Denissowa, seit 1752 Ehrendame der Großfürstin. Ein weniger wohlwollender Beobachter schildert Katharina 1759: »Man kann durchaus nicht sagen, daß sie eine blendende Schönheit ist: eine lange, feine, aber nicht biegsame Taille, eine edle Haltung, aber ein affektierter Gang, ungraziös, eine enge Brust, ein langes Gesicht, besonders das Kinn, ein stehendes Lächeln auf den Lippen, aber ein flacher eingedrückter Mund... Sie ist eher hübsch als häßlich, aber man kann nicht von ihr hingerissen sein.« Wie dem auch sei, Stanislaw, dieser träumerisch-gefühlvolle Jüngling, zeigte sich hingerissen von seiner Katharina, die ihm am 20. Dezember 1757 eine Tochter namens Anna gebar. Auch dieses Kind, das nur knapp anderthalb Jahre lebte, erkannte Peter als legitim an.

Poniatowski war es, der Katharina von einem spektakulären Ereignis zu berichten wußte. Am 19. September hatte die Zarin in der Pfarrkirche von Zarskoje Selo einen Schlaganfall erlitten. Zahlreiche Gläubige sahen, wie Elisabeth bewußtlos hinweggetragen wurde, ihr Ende schien bevorzustehen. Nun geriet die politische Szene Rußlands in Bewegung. Jedermann glaubte, daß Apraxins eiliger Rückzug aus Ostpreußen mit dem Zustand der Zarin zusammenhing; diese Version fand sogar Eingang in manche Geschichtsbücher. Wie die Chronologie der Ereignisse beweist, tut man Apraxin bitter unrecht. Der alte General hatte, um sich abzusichern, einen Kriegsrat einberufen, der einstimmig den Rückmarsch beschloß. Dies geschah bereits am 7. September, also zwölf Tage vor Elisabeths Anfall, der insofern auf militärische Entscheidungen keinen Einfluß besaß. Die Gründe für den russischen Abzug waren anderer Natur: Proviantmangel, hohe Verluste, Schlamperei und leichtsinnige Planung. Apraxins logistischer Apparat brach zusammen, ein Problem, vor dem sein Nachfolger Fermor ein Jahr danach mit demselben Resultat stand. Überdies kämpften die Russen gegen die erfahrenste, bestausgebildete und diszipliniertеste Armee Europas – es wundert nicht, wenn ihr Rückzug vor den Siegern von Roßbach und Leuthen teilweise in wilde Flucht ausartete.

Die ostpreußischen Vorgänge wurden in Petersburg zum handfesten Skandal aufgeblasen. Da die Hofgesellschaft nicht die geringste Vorstellung von den Schwierigkeiten der

Kriegführung und der militärischen Widerstandskraft Preußens besaß, behauptete man rundweg, nur schwarzer Verrat könne den Rückmarsch verursacht haben. Apraxin wurde zum Sündenbock gemacht, im November ins Gefängnis geworfen und verhört. Fieberhafte Untersuchungen setzten ein. Sehr bald tauchten die Namen des Kanzlers und der Großfürstin im Zusammenhang mit der vermeintlichen Konspiration auf. Bestushew sah sein politisches Ende kommen. Fast fünfzehn Jahre hatte er die auswärtigen Angelegenheiten Rußlands bestimmt, jetzt umgaben ihn fast nur noch Feinde. Der Vizekanzler Michail Woronzow begehrte seinen Posten und versicherte sich der Unterstützung des Großfürsten Peter. Die Schuwalows beschuldigten ihn des Verrates an der Zarin. Der österreichische Gesandte Graf Eszterházy machte ihn öffentlich für die unglückliche Strategie in Ostpreußen verantwortlich.

In der Nacht zum 25. Februar 1758 wurde Alexej Bestushew verhaftet und verhört. Obgleich er alles versuchte, seine Beziehungen mit Katharina zu verschleiern, zog sich das Netz immer enger zusammen. Schon behandelten die Höflinge sie wie eine Aussätzige, schon wisperte man, nur Kloster oder Kerker könne ihr ferneres Schicksal sein. Katharina, deren Gewissen keineswegs rein war, stand vor der schwersten Bewährungsprobe ihres jungen Lebens. Zwei Tage nach der Verhaftung Bestushews erreichte sie auf abenteuerlichen Umwegen ein kurzes Schreiben des Kanzlers, er habe noch Zeit gehabt, »alles ins Feuer zu werfen«. Die Großfürstin tat das gleiche, verbrannte sämtliche Aufzeichnungen, ihre Privatpapiere und Rechnungen.

Unterdessen wurde General Apraxin von Alexander Schuwalow verhört. Er versicherte immer wieder, der Rückzug sei eine militärische Notwendigkeit gewesen, er habe seinen verhungernden Truppen befohlen, sich nach Tilsit und Memel abzusetzen. Auch der neue Oberbefehlshaber im Westen General Wilhelm von Fermor bestätigte die Unumgänglichkeit dieser Anordnung. Unter Apraxins Papieren fand sich zum Glück Katharinas auch jener fingierte Brief antipreußischen Inhalts, den sie einst auf Bestushews Anraten geschrieben. Es gelang Schuwalow nicht, einen stichhaltigen Beweis für die Umtriebe der Großfürstin zu finden. Apraxin, den Strapazen der Verhöre nicht gewachsen, traf bald darauf der Schlag, so daß er als Belastungszeuge ausschied. Auch Bestushew bewahrte Schweigen; am 10. März wurde er aller Ämter und Würden verlustig erklärt, an seine Stelle als Großkanzler trat Michail Woronzow. Mit Rücksicht auf langjährige Verdienste wandelte Elisabeth das Todesurteil gegen Bestushew in lebenslängliche Verbannung auf seine Güter bei Moshaisk um.

Obwohl Katharina nichts nachzuweisen war, sah sie sich völlig isoliert. All ihre Freunde waren verhaftet, Peter hütete sich, seine Frau zu unterstützen – es blieb nur eine Möglichkeit: an die Gnade Elisabeths zu appellieren. Doch die Zarin zeigte demonstrativ ihren Unwillen. Im Verhältnis der beiden Frauen fanden sich schon seit Jahren wenig Wohlwollen und keine Spur gegenseitigen Vertrauens, jetzt schien offene Feindseligkeit auszubrechen, und Elisabeth, die sich von ihrem Schlaganfall erholt hatte, saß in jedem Fall am längeren Hebel. Über Iwan Schuwalow, den man wegen seines Einflusses »Monsieur Pompadour« nannte, leitete Katharina einen Brief an die Kaiserin mit der Bitte, man möge sie nach Deutschland zurückkehren lassen, wohl wissend, daß dies überhaupt nicht zur Debatte stand. Derart peinliches Aufsehen konnte sich Rußlands Herrscherin kaum leisten. Aber eine Antwort blieb aus. Nun mußte Katharina, deren gesamte politische Zukunft auf dem Spiel stand, alles auf eine Karte setzen. Sie täuschte schwere Krankheit vor, was bei ihrer ängstlichen Nervenanspannung nicht schwerfiel, und verlangte nach einem Beichtvater. Diesen Priester benutzte sie als Mittelsmann, um die fromme Elisabeth zu erweichen. Endlich glückte dieser Plan. Am 24. April 1758 um zwei Uhr morgens brachte sie Alexander Schuwalow zur Zarin, vor der sie sich rechtfertigen sollte.

In den Memoiren Katharinas findet sich eine lange Passage, welche ihr Gespräch mit Elisabeth wiedergibt. Es ist die einzige Aufzeichnung darüber, die wir kennen, und man muß argwöhnen, daß sie ausschließlich vom Standpunkt der Großfürstin geprägt ist. Das ständige Bestreben Katharinas, sich in ihren Erinnerungen als schuldloses Opfer jedweder Rankünе darzustellen, erreicht hier einen derart dramatisch-bühnenreifen Höhepunkt, daß es zwecklos wäre, wörtliche Reden zu übernehmen. Offensichtlich gelang es schnell, die Zarin versöhnlich zu stimmen. Weichherzig und gerührt hörte sich Elisabeth die tränenreichen Unschuldsbeteuerungen an. Katharina beantwortete alle heiklen Fragen geschickt. Man schloß einen Waffenstillstand voller Ressentiments und Mißtrauen. Bei diesem Gespräch war neben Alexander Schuwalow auch Peter zugegen, ärgerlich und gereizt über den Leichtsinn seiner Frau. Vielleicht muß man der Version Glauben schenken, daß der Großfürst bei dieser Gelegenheit nicht als Verteidiger, sondern als Ankläger auftrat. Anders ist der tödliche Haß, den Katharina seit dieser Zeit gegen ihn hegte, kaum zu erklären.

Zunächst trug Katharina einen Erfolg davon, ihre Stellung am Hof festigte sich wieder. Aber das Gemüt der Zarin blieb düster. Anfang Juni kam es zu einem zweiten Gespräch, über dessen Inhalt nichts bekannt ist, sehr wahrscheinlich mußte Katharina neuen peinlichen Fragen begegnen. Als sichtbaren Ausdruck ihrer Rache verbannte Elisabeth Stanislaw Poniatowski im August 1758 aus Rußland. Frankreichs Botschafter l'Hôpital wußte in jenen Tagen zu berichten, daß die Zarin von ihrer Nachfolgerin als einer geborenen Intrigantin sprach. Instinktiv ahnte sie vielleicht etwas von der Haltung, die Katharina einst gegenüber Hanbury-Williams offenbart hatte: »Machen Sie mich zur Kaiserin, und ich will Ihnen jede Hilfe gewähren.«

Wenn das Verhältnis zwischen Katharina und ihrem Gemahl sich Ende der fünfziger Jahre dramatisch verschlechterte, so lag das auch daran, daß Peter inzwischen die große Liebe seines Lebens gefunden hatte: Elisabeth Woronzowa, Nichte des neuen Kanzlers. Sie war weder sonderlich hübsch noch intelligent, teilte aber alle Leidenschaften des Großfürsten, trug Uniform, exerzierte, rauchte und trank mit den Holsteinern und konnte, wenn nötig, fluchen wie ein Dragoner. Vor allem liebte sie Peter ohne Eigennutz und erbat keinerlei Geschenke von ihm. Leicht erregbar und eifersüchtig, hielt sie an seiner Seite aus. Katharina konnte nicht begreifen, daß ihr Mann eine vulgäre Person wie die Woronzowa fast als legitime Ehefrau behandelte. Jene mit spöttischer Gutmütigkeit gepaarte Toleranz, die Peter stets gegenüber den Liebhabern seiner Frau wahrte (mit Poniatowski hatte er sogar manche Nacht durchplaudert), fehlte Katharina gänzlich. Man redete ihr ein, Peter wolle sie verstoßen; solche Gerüchte fielen auf fruchtbaren Boden. Das großfürstliche Paar verkehrte, wenn überhaupt, fast nur noch in gereiztem und aggressivem Ton miteinander, jede Begegnung wurde zum Anlaß von Streitereien. Katharina beklagte, daß Peter in seiner unbegrenzten Gastlichkeit »auch viele bürgerliche Damen« nach Oranienbaum einlud, was ihren aristokratischen Anschauungen zuwiderlief. Gelegentlich gab es noch Lichtblicke, etwa wenn der Großfürst den Rat seiner Frau in holsteinischen Regierungsangelegenheiten einholte und sie mehrfach anerkennend »Madame la Ressource« nannte, was soviel wie »Frau Rettungsanker« bedeutet. Dennoch gerieten die beiderseitigen Sympathien allmählich auf den Nullpunkt.

Der Krieg gegen Preußen nahm unterdessen seinen Fortgang. Die Russen gingen wieder offensiv vor und standen Anfang Juli mitten in Pommern; einen Monat später belagerten sie die Festung Küstrin an der Oder. Aber diesmal griff Friedrich II. persönlich ein. Am 25. August 1758 siegte er über die Truppen Fermors in der Schlacht bei Zorndorf. Die russische Armee verlor 21000 Tote, Verwundete und Gefangene, fast vierzig Prozent ihrer Gesamtstärke. Wie im Jahr zuvor mußte sie sich nach Osten zurückziehen. Im Oktober scheiterte auch die Belagerung der pommerschen Festung Kolberg, und Fermor konnte sich nur noch hinter der Weichsellinie in Sicherheit bringen. Im Mai 1759 wurde er abgelöst und nach einiger Zeit durch Pjotr Saltykow ersetzt.

Während der Zorndorfer Schlacht war ein Adjutant des Preußenkönigs, Graf Wilhelm Friedrich von Schwerin, in Gefangenschaft geraten. Die Russen behandelten diesen Offizier eher als vornehmen Gast, er genoß eine ehrenvolle Haft und durfte im März 1759 sogar Petersburg besuchen. Zu seiner Bewachung wählte man den vierundzwanzigjährigen Gardeleutnant Grigori Orlow, der sich trotz dreifacher Verwundung bei Zorndorf wie ein Löwe geschlagen hatte. In der Hauptstadt wurde Graf Schwerin gefeierter Liebling des Großfürsten Peter, der ihm versicherte: »Wäre ich Kaiser, so würden Sie nicht Kriegsgefangener sein.« Orlow trieb sich unterdessen in Spielhöllen, Wirtshäusern und Betten vornehmer Damen herum. Mit dem Körper eines Herkules vereine er das Gesicht eines Engels, hieß es, und nicht nur die Frauen waren von ihm begeistert. Kraft und Tapferkeit machten ihn bei den Soldaten äußerst beliebt. Grigori besaß noch vier Brüder (Iwan, Alexej, Fjodor und Wladimir), die alle in den russischen Garderegimentern dienten. Sie bildeten gleichsam einen Clan und berieten sich bei jeder Gelegenheit miteinander. Alexej, ebenso zynisch wie ehrgeizig, war mit seinen einundzwanzig Jahren der intelligenteste, aber auch skrupelloseste der Orlows. Einer Kneipenrauferei verdankte er den Spitznamen »Narbengesicht«. Als patriotische Russen sahen die Brüder das Treiben des Großfürsten mit seinen deutschen Soldaten nur ungern und schürten in der Garde die Mißstimmung gegen den künftigen Zaren.

Die vier russischen Garderegimenter (Preobrashenski, Semjonowski, Ismailowski und Garde zu Pferd) besaßen eine eigentümliche politische Stellung. Bei allen bisherigen Staatsstreichen erwiesen sie sich als beherrschende Macht, sie kontrollierten als einzige militärische Truppe die Hauptstadt Sankt Petersburg. Wer die Garde besaß, der stand auf den Stufen zum Zarenthron. Großfürst Peter beging die Unvorsichtigkeit, die Gardesoldaten als Janitscharen oder Prätorianer zu bezeichnen, »unfähig zu jeder Arbeit, für alle militärischen Übungen und immer eine Gefahr für die Regierung«. Diese Einschätzung wurde gerade deshalb schwer verübelt, weil sie zutraf. Seit Jahrzehnten erfahren bei Putschen und Staatsumstürzen, gefielen sich die Gardisten mittlerweile in der Rolle unbestrittener Königsmacher. Wenn nur genügend Wodka, Würste, Rubel und Ehrengeschenke dabei abfielen, war man bereit, Zaren, Günstlinge oder Minister von ihren Podesten zu stoßen. Beschäftigt mit der Bekämpfung innerer Gegner, sammelte die Garde nur wenig militärischen Ruhm.

Grigori Orlow avancierte im April 1760 zum Hauptmann und wurde Zahlmeister für den Artillerie-Etat, eine Stellung, die ihm den Zugang zu beträchtlichen Geldmitteln eröffnete. Zu jener Zeit stand er bereits in sehr vertrauten Beziehungen mit Katharina. Wie die beiden sich kennenlernten, ist nicht genau bekannt, nur Hofklatsch und Gerüchte existieren darüber. Für die weitreichenden Pläne Katharinas war Orlow der geeignete Mann – feuriger Liebhaber und politischer Bundesgenosse zugleich. Man kann nicht genau sagen, ob sie in Grigori von Anfang an ein Werkzeug für ihren künftigen Aufstieg zur Macht sah. Vielleicht war Katharina zunächst von seiner geradezu animalischen Männlichkeit fasziniert, und gewiß merkte sie rasch, daß er den energiegeladenen Tatmenschen und hohlköpfigen Schönling gleichmaßen verkörperte. Wenn aber Schicksal oder Zufall die Großfürstin unversehens in Kontakt mit der mächtigen Garde brachte, warum sollte sie diese Gelegenheit nicht nutzen? Es galt, Anhänger zu wer-

ben, welche ihr fanatisch ergeben und bereit waren, daß Äußerste zu wagen. Die Gebrüder Orlow streuten Geld unter die Soldaten und betrieben eifrig Propaganda für Katharina.

Ein weiterer Verbündeter erschien 1760 am Hof: Nikita Panin, Erzieher des Zarewitschs Paul. Er war zuvor Botschafter in Schweden gewesen und sah mit Sorge die propreußischen Ambitionen des Großfürsten. Ein hochintelligenter und grundanständiger Charakter, stand Panin an der Spitze einer Gruppe von liberalen Adligen, welche die autokratische Zarenmacht nach britischem Muster konstitutionell beschränken wollten. Er nahm Bestushews Plan wieder auf, Peter auszuschalten und seinen Zögling Paul zum Zaren zu machen. Katharina dachte nicht im Traum daran, sich mit einer Regentenrolle für ihren Sohn zu begnügen, aber sie verstand es, Panins Energie zu benutzen.

Das lang erwartete Ende der Zarin schien nun doch in greifbare Nähe zu rücken. 1759 erlebte Elisabeth die Genugtuung, daß ihr Erzfeind Friedrich II. bei Kunersdorf von einer russisch-österreichischen Armee schwer geschlagen wurde. Aber auch dieser Sieg blieb ungenutzt, zum drittenmal zogen sich die Russen nach Osten zurück. In ohnmächtiger Wut bemerkte die Zarin zum österreichischen Gesandten: »Ich werde diesen Krieg gemeinsam mit meinen Verbündeten fortsetzen, und sollte ich darüber die Hälfte meiner Diamanten und meiner Gewänder verkaufen müssen.« Doch solche verbalen Kraftakte verdeckten nur Elisabeths klägliche Handlungsfähigkeit. Mit gedunsenem apoplektischem Gesicht, fettleibig, kurzatmig, von Schlaflosigkeit geplagt, schleppte sich die kaum Fünfzigjährige wie eine Greisin dahin. Im Juli 1761 erlitt sie einen weiteren Schlaganfall – jetzt dachte jedermann an die Frage ihrer Nachfolge. Am Hof bekämpften sich die Peter treu ergebenen Woronzows mit den Schuwalows, welche auf Katharina setzten. Freunde und Anhänger hatte die Großfürstin dringend nötig.

In Petersburg knisterte 1761 die Atmosphäre vor Span-

Altersbildnis der Zarin Elisabeth

nung. Allerorten gab es Verschwörungen, Geheimkonferenzen, Intrigen und Munkeleien. Die achtzehnjährige Fürstin Katharina Daschkowa stieß zur Partei der Großfürstin. Ungewöhnlich belesen, voll idealistischem Tatendrang, aber auch leicht hysterisch, war diese russische Erzpatriotin Katharina völlig ergeben und erstarb beinahe vor Glück, wenn sie sich mit ihr über Philosophie, Kunst und Religion unterhalten durfte. In einer Winternacht 1761 suchte sie Katharina auf und beschwor sie, die Macht zu übernehmen. Ihr Mann, Fürst Michail Daschkow, sei Offizier der Preobrashenski-Garde, sie selbst habe Verbindungen mit Panin. »Was sind Ihre Pläne? Befehlen Sie mir zu handeln, und ich tue alles, was Sie verlangen!« Die Daschkowa redete sich in Hitze, versprach, alle Welt gegen Peter, der übrigens ihr Patenonkel war, zu entflammen. Doch Katharina meinte gottergeben: »Um Himmels willen, Fürstin, setzen Sie sich keiner Gefahr aus in der Hoffnung, ein Übel abzuwenden, gegen das man in Wahrheit nichts tun kann.« Den Grund für ihren vermeintlichen Kleinmut mochte sie der Daschkowa nicht nennen: Katharina war im fünften Monat schwanger von Grigori Orlow! Diese simple Tatsache verhinderte jedwede Aktivität, denn es stand zu erwarten, daß Peter unter dem Einfluß von Elisabeth Woronzowa die dritte illegitime Niederkunft seiner Gemahlin nicht wie früher wohlwollend dulden würde. Was sollte man überhaupt noch von dem Benehmen des Großfürsten halten, der in den letzten Monaten seiner Preußenbegeisterung freien Lauf ließ und demonstrativ einen Ring mit dem Bildnis Friedrichs II. trug? Wie hatte er einmal gegenüber Poniatowski geäußert: »Begreifen Sie, wie unglücklich ich bin! Ich sollte in den Dienst des Königs von Preußen treten; ich hätte ihm mit meinem ganzen Eifer und all meinen Kräften gedient... Statt dessen haben sie mich hierhergebracht, damit ich Großfürst dieses verfluchten Landes werde.« Durfte man solche Worte dulden, würde es womöglich wieder eine Palastrevolution geben wie 1741? Alles schien möglich.

Am 3. Januar 1762 erlitt die Zarin einen erneuten Schlaganfall. In Gegenwart von Peter und Katharina empfing sie die Letzte Ölung und bat der Sitte gemäß jeden um Verzeihung für erlittene Kränkungen. Ihr Todeskampf dauerte zwei Tage. Endlich, am 5. Januar (in Rußland feierte man nach altem Kalender das Weihnachtsfest), meldete Kriegsminister Fürst Nikita Trubezkoi den Tod der Kaiserin und rief Peter III. zum neuen Zaren aus. Trauer verwandelte sich sogleich in Jubel, die Höflinge warfen sich ihrem neuen Herrn zu Füßen. »Furcht und knechtische Unterwerfung behalten die Oberhand«, notierte Frankreichs Botschafter mißmutig. Die Huldigungsrufe an Peter III. klangen Katharina furchtbar in den Ohren. Hatte sie ihr Spiel um die Macht schon verloren?

IV. Kampf um die Zarenkrone

»Peter III. besaß ein großes Herz und edlere, höhere Gesinnung, als man sonst bei Herrschenden zu finden pflegt.«

Friedrich der Große
»Geschichte des Siebenjährigen Krieges«

Der Kaiser räumt auf

Rußlands verstorbene Zarin lag sechs Wochen aufgebahrt, einbalsamiert und geschminkt in einem Saal des Winterpalastes. Vielen war bewußt, daß eine Ära zu Ende ging. »Ihr Tod zeigt, daß sich alle Politiker täuschen, und wirft eine Menge Pläne und Abmachungen über den Haufen, so sorgfältig sie auch ausgedacht und so mühevoll sie ins Werk gesetzt waren«, notierte Preußens König Friedrich II. Im Januar 1762 geschah eine unglaubliche Wandlung, die jeden in Erstaunen setzte. Peter III. nahm seine Aufgaben als neuer Herrscher ernst. Geduldig, verträglich und aufgeklärt, verzieh er ehemaligen Gegnern und schien sich nur noch um das Wohl des Staates zu kümmern. Der vierunddreißigjährige Zar stand jeden Morgen um sieben Uhr auf und empfing eine Stunde später die Beamten zum Vortrag. Dann inspizierte er Kanzleien und Manufakturen, besuchte Geschützgießereien oder die Feuerwehrposten. Er stellte detaillierte Fragen, hörte sich Beschwerden an und empfahl Verbesserungen, wozu beispielsweise die erste funktionstüchtige Straßenbeleuchtung in Petersburg gehörte. Im Senat und in den Ministerkollegien, wo unter Elisabeth der Schlendrian vorherrschte, erschien Peter III. zuweilen überraschend, prüfte ernsthaft die Staatsangelegenheiten und bestrafte Nachlässige mit

Stockhieben. Er duldete keine Günstlingswirtschaft mehr, lediglich sein vertrauter Kammerdiener Alexander Bressan wurde zum Staatsrat ernannt. Gleich nach seiner Regierungsübernahme hatte der neue Zar alle Welt verblüfft, als er die grüne Uniform des Preobrashensker Regimentes anzog und den Huldigungseid von 360 Gardisten entgegennahm. Alte Vorurteile schienen dahin. »Der Großfürst war unbillig, hitzig und eigensinnig; Peter III. hingegen gerecht, gelassen und verständig«, bemerkte ein Zeitgenosse. Jacob von Stählin, seit Januar 1762 wieder Bibliothekar des Zaren, wußte zu berichten, »wie unermüdet in wichtigsten Geschäften, wie ordentlich und wie schleunig sich dieser junge Monarch alle Morgen und fast den ganzen Tag« aufführte.

Peter schien ein anderer Mensch zu werden, und dennoch vermochte er die Narrenrolle, welche er zwei Jahrzehnte hindurch gespielt, nicht mehr gänzlich abzulegen, sie war ihm zur zweiten Natur geworden. Am Tage vernünftige und wohltätige Maßnahmen, am Abend exzentrische Possen – der neue Zar stand sich zuweilen selbst im Wege. Schon zum Anfang seiner Regierung gab es einen bezeichnenden Zwischenfall beim Begräbnis der verstorbenen Kaiserin. Daß Peter über Elisabeths Tod außer sich vor Freude geriet, ist verständlich. Auch Katharina war mehr als erleichtert, aber sie wußte ihre Genugtuung fein zu verbergen und spielte in der Öffentlichkeit die Trauernde. Schwarz gewandet und scheinbar außer sich vor seelischem Schmerz, betete sie am Sarg Elisabeths, freilich nur dann, wenn möglichst viel Publikum zugegen war. Ihre Pietät wurde wohlwollend registriert. Ganz anders Peter. Er beging den Fehler, aller Welt seine Freude zu demonstrieren. Während der Trauerfeierlichkeiten benahm er sich unmöglich, schnitt Grimassen und hopste einher, so daß selbst wohlmeinende Augenzeugen langsam an seinem gesunden Verstand zu zweifeln begannen. Solche Auftritte haben die fatale Eigenschaft, sich dem Gedächtnis aller Beteiligten nachhaltig einzuprägen, und Peter trug selbst Schuld daran,

Zar Peter III.

wenn manche Größen der russischen Gesellschaft in ihm hinfort mehr einen Kasper als einen Kaiser sahen.

In der Regierung Peters III. vereinigten sich Sorgfalt und Nachlässigkeit, Größe und Schwäche, Verdienste und Versäumnisse. Wenden wir uns zunächst seinen Verdiensten zu, die in der Geschichtsschreibung meist zu gering veranschlagt wurden. Es ist erstaunlich, wie viele Reformen Peter während seiner nur sechs Monate währenden Herrschaft in Angriff nahm. Die oft zitierte Behauptung, der Waffenstillstand mit Preußen sei seine erste und einzige Regierungshandlung gewesen, ist sowohl inhaltlich wie chronologisch falsch. Als am 5. Mai 1762 in Petersburg der Friedensvertrag zwischen Preußen und Rußland unterzeichnet wurde, hatte der Zar bereits zahlreiche und gewichtige Veränderungen auf innenpolitischem Gebiet vorgenommen.

Als erstes erließ Peter III. am 29. Januar einen Ukas über die Zurückberufung aller von Elisabeth einst Verbannten. Unter den ungefähr 15000 Menschen, die ihre Heimat wiedersahen, befanden sich Opfer zaristischer Willkür wie die unglückliche Natalja Lopuchina, der man 1743 die Zunge abgeschnitten hatte, Elisabeths verflossener Liebhaber und Leibarzt Lestocq, der einst unter der Folter fast gestorben wäre, die deutschen Günstlinge Biron und Münnich. Am 9 Februar folgte ein Gesetz, das im Russischen Reich allgemeine religiöse Toleranz verkündete. Vor allem die ständige Diskriminierung der Altgläubigen (Raskolniki) fand dadurch ein Ende; Lutheranern und Katholiken, deren Kirchen Elisabeth am liebsten niederreißen wollte, wurde freie Ausübung ihrer Religion zugesichert. Im Zusammenhang damit stand ein Ukas vom 4. März, der die Folter und die »Geheimkanzlei für Untersuchungssachen«, ein innenpolitisches Terrorinstrument des Zarismus, beseitigte.

Von größter Bedeutung war das Manifest Peters III. über die Abschaffung der Dienstpflicht des Adels vom 1. März 1762. Diese Reform war kühn und keineswegs unvernünftig.

Seit der Zeit Peters des Großen war der russische Adel ständig zum Militär- oder Verwaltungsdienst verpflichtet; im Prinzip wurden alle Söhne adliger Familien automatisch zur Armee eingezogen. Wer nicht Soldat werden konnte oder wollte, mußte als Verwaltungsbeamter arbeiten. Dieser Zwang führte dazu, daß in Heer und Administration etliche unwillige, lustlose Leute saßen. Der Zar sprach sich hingegen für eine Berufsarmee aus, die nicht von körperlich oder charakterlich ungeeigneten Kadern durchsetzt war. Die Adligen taten besser daran, sich um ihre Landgüter zu kümmern, als nutzlos dem Staat zur Last zu fallen. Der öffentliche Dienst wurde – abgesehen von nationalen Notständen – zur freiwilligen Angelegenheit erklärt. Mit dieser Festlegung schuf sich Peter III. vor allem beim Kleinadel große Sympathien. Einer seiner Repräsentanten, Andrej Bolotow, schrieb: »Alle hüpften beinahe vor Vergnügen, dankten dem Zaren und segneten jenen Augenblick, in welchem er die Gnade hatte, diesen Erlaß zu unterschreiben.« Andere schlugen sogar vor, dem Kaiser ein goldenes Standbild zu errichten, was Peter mit der Bemerkung zurückwies, er hoffe, man werde das Gold für einen besseren Zweck verwenden. Die Abschaffung der Dienstpflicht war im übrigen ein Projekt, das die Brüder Schuwalow schon zu Elisabeths Zeiten im wesentlichen ausgearbeitet hatten. Der Zarin fehlte aber letztlich Peters Mut zu Neuerungen.

Am 1. April wurde der Ukas über die Freizügigkeit der Klosterbauern erlassen, der auch Leibeigene betraf, die persönliches Eigentum hoher geistlicher Würdenträger waren. Damit begab sich Peter III. auf sehr gefährliches Terrain. Seine Maßnahme war von der Humanität eines Freimaurers diktiert. Gerade auf den riesigen Klostergütern wurden die überarbeiteten Leibeigenen grausam gequält, das Gebot christlicher Barmherzigkeit erfuhr bei den Popen gründliche Mißachtung. Die Ausbeutung von zwei Millionen Klosterbauern (fast vierzehn Prozent der russischen Bauernschaft) brachte der Kirche jährliche Erträge von mehreren Millionen Rubel. Nun unterstellte Peter diese Leibeigenen einem neu gegründeten Ökonomiekollegium und ließ ihnen soziale Erleichterungen zuteil werden; jeder Klosterbauer erhielt die Möglichkeit, das von ihm bearbeitete Land gegen eine jährliche Steuer von einem Rubel ohne kleinliche Bevormundung zu nützen. Damit machte sich der Zar Rußlands orthodoxe Geistlichkeit zum Todfeind, zumal er sie durch weitere überstürzte Maßnahmen vor den Kopf stieß.

Im Ukas vom 7. April ordnete der Zar an, mit allen Mitteln den russischen Außenhandel zu erweitern. Im Interesse des sich sehr allmählich herausbildenden Bürgertums wurde »dem Senat aufs nachdrücklichste empfohlen, diese Kaufleute auf keinerlei Weise zu bedrücken, sondern überall zu beschützen«. Schon im Januar setzte ein Erlaß den Salzpreis in Rußland herab, was besonders den Armen zugute kam, die dieses unentbehrliche Konservierungsmittel zuvor kaum bezahlen konnten.

All diese vernünftigen Maßnahmen kann man kaum als Taten eines kaiserlichen Narren abtun. Katharina erklärte zwar in ihren Memoiren, Peter »führte tausenderlei völlig unnütze Neuerungen ein«, aber an diese Behauptung hat sie wohl selbst kaum geglaubt. Als Zarin machte sie nicht eines von Peters Gesetzen wieder rückgängig. Sicher, sie modifizierte und verschleppte manche, aber in ihrem politischen Scharfsinn erkannte sie die Bedeutung seiner Festlegungen durchaus. Die Säkularisation der Kirchengüter beispielsweise, 1762 von Katharina noch flammend verurteilt, setzte sie als Zarin 1763/64, wie man sehen wird, mit ungleich größerer Konsequenz durch. Sie beherrschte Kunstgriffe des Pragmatismus wesentlich besser als ihr Mann. Natürlich gab es unter Peter III. auch sinnlose Verordnungen. So änderte er bei der Infanterie und Garde Aufschläge und Unterfutter der Röcke nach preußischem Muster. Es stimmt aber nicht, wie immer wieder zu lesen, daß er sämtliche Soldaten in preußische Uniformen zwängte. Das wäre schon aus materiellen Gründen so schnell nicht zu verwirklichen gewesen. Die untätigen Gardisten stellte er vor die Wahl, entweder in der regulären Armee weiterzudienen oder auf Halbsold gesetzt zu werden. Das verschaffte ihm den Haß einer weiteren mächtigen Gruppierung, denn jeder Gardist, der ins Heer übertrat, wurde automatisch um zwei Dienstgrade herabgestuft. In seinen politischen Aktionen sah sich Peter diskret gelenkt vom Kanzler Michail Woronzow sowie dessen Gehilfen Dmitri Wolkow und Alexander Glebow. Aber auch sie konnten nicht verhindern, daß der Zar zuweilen bedenkliche Fehler beging. Der Friedensschluß mit Preußen gehörte eigentlich nicht dazu – er entsprang keiner Marotte, sondern nüchternen politischen Erwägungen. Der Siebenjährige Krieg war auf einem toten Punkt angelangt. Rußland hatte 100000 Mann verloren – gefallen, verwundet, gefangen. Die Truppen waren abgekämpft, die Staatskasse leer, seit Monaten konnte kein Sold mehr ausgezahlt werden. Eingedenk der Erkenntnis, daß ein schlechter Friede immer noch besser als ein guter Krieg sei, entschloß sich Peter III., auf die russischen Eroberungen in Ostpreußen und Pommern zu verzichten. Gewisse Kreise in Petersburg, heute würde man sie als Nationalisten bezeichnen, verübelten das. Aber warum sollte Rußland an unsicheren Gebieten festhalten, die 200 Kilometer von seinen Grenzen entfernt lagen? Die Friedensverhandlungen erfolgten keineswegs überstürzt. Am 3. März 1762 erschien Peters Generaladjutant Andrej Gudowitsch im preußischen Hauptquartier zu Breslau, um Friedrich II. der Achtung des Zaren zu versichern. Der König schickte daraufhin Oberst Bernhard von der Goltz als Sondergesandten nach Rußland, der seit dem 18. März seine Gespräche führte und dem überglücklichen Peter am 2. April die Insignien des preußischen Ordens vom Schwarzen Adler überreichte. Erst fünf Wochen später, am 5. Mai, erfolgte die Unterzeichnung des endgültigen Friedensvertrages.

War diese Maßnahme noch politisch zu rechtfertigen, so

Graf Michail Woronzow

schoß Peter kurz danach über das Ziel hinaus, als er mit Preußen am 19. Juni einen Bündnisvertrag schloß. Fünf Jahre lang hatten die Russen erbittert gegen Friedrich II. gekämpft, nun sollten sie gleichsam Handlanger des Preußenkönigs werden. Jähe Bündniswechsel waren zwar im Zeitalter der Kabinettskriege nicht unüblich, aber der Zar stellte sich damit selbst das Zeugnis der Unberechenbarkeit aus. Seine Außenpolitik hatte ohnehin abenteuerliche Züge angenommen, Rußland stand kurz vor einem Krieg mit Dänemark. Während der Regierung Elisabeths gab es Verhandlungen über das Herzogtum Holstein, das der dänische König seinem Reich einverleiben wollte. Zum Austausch bot er das Herzogtum Oldenburg. 1752 scheiterte dieses gewagte Projekt an Peters fester Haltung, der im Februar 1760 in einem schriftlichen Gutachten ausdrücklich erklärte, er werde seine Rechte auf Holstein niemals aufgeben und das Land gegen kein anderes eintauschen. Weiterhin beabsichtigte er, den Dänen Schleswig zu entreißen, daß diese 1721 gewaltsam von Holstein okkupiert hatten. Dieses Vorhaben mußte zum unabsehbaren Risiko geraten, weil Rußland nur zur See gegen Kopenhagen aktiv werden konnte. Doch die russische Flotte war arg vernachlässigt, achtzehn fast seeuntüchtige Schiffe faulten in den Häfen vor sich hin, während die ausgezeichnet gerüsteten Dänen schon mit acht Fregatten und vierzehn Linienschiffen drohend im Baltischen Meer kreuzten und die freie Stadt Hamburg besetzten. Trotzdem führte Peter seine Feldzugspläne mit lärmender Geschäftigkeit fort.

Neben dem risikovollen Dänenkrieg leistete sich der Zar weitere Mißgriffe. In seinem Thronmanifest vom 5. Januar nannte er weder den Namen seines Sohnes Paul noch den seiner Gemahlin. Das war ein politischer Fehler, weil er Katharina jedweden Anteil an der Macht verweigerte und sie in ihren Absichten nur bestärken mußte, den Zaren zu stürzen. Hartnäckig lehnte es Peter ab, sich in Moskau krönen zu lassen, und erklärte, er scheue den damit verbundenen religiösen Mummenschanz. Seine Kirchenpolitik war ebenso tolerant wie provokatorisch. Er befahl, alle Privatkapellen der Adligen zu schließen, wollte die heiligen Ikonen aus sämtchen Kirchen entfernen lassen und nahm den Bischöfen ihre Pferde weg, um sie der Kavallerie zu schenken. Bei jeder Gelegenheit machte sich der Kaiser über die Riten der orthodoxen Religion lustig, ohne zu merken, wie sehr er damit die

Gefühle der tiefgläubigen Russen verletzte. Sein Benehmen war oft taktlos, seine Witze indezent und gotteslästerlich. Den russischen Soldaten wollte er preußische Disziplin beibringen und ließ zu diesem Zweck selbst die ältesten Generale mit dem Gewehr exerzieren!

Allgemeinen Anstoß erregte Peter auch durch seine maßlose Preußenbegeisterung. Vor den ausländischen Botschaftern trank er auf die Gesundheit Friedrichs II. und sagte: »Er hat mir Gnade bezeigt und mir ein Regiment in seinem Dienste gegeben. Ich hoffe, er wird mir nicht den Abschied erteilen.« Seine geschwätzige und zuweilen ungereimte Verehrung für den Preußenkönig stieß viele vor den Kopf. Der österreichische Gesandte meldete sich meist krank, wenn er am Hof erscheinen sollte.

Katharina betrachtete das Treiben ihres Mannes höchst interessiert. Energisch, klug und arbeitsam strebte sie ihrem Ziel, dem russischen Kaiserthron, entgegen. Dabei wußte sie glühenden Ehrgeiz mit heiterem Temperament zu verbinden. Jeder Fehler, den Peter III. beging, kam ihr gelegen. Ein sorgsamer Beobachter der Szene, Frankreichs Botschafter Baron de Breteuil, berichtete schon Ende Januar nach Paris: »Ich bin überzeugt, daß die Kaiserin, deren Mut und Heftigkeit ich kenne, eines Tages eine ungewöhnliche Handlung begehen wird. Ich weiß, sie hat Freunde, die sie zu besänftigen suchen, die jedoch alles für sie wagen würden, wenn sie es verlangte.« Breteuil kannte Katharina offenbar recht gut, denn wenig später wußte er zu vermelden, sie »vernachlässigt nichts, um zu gefallen, und richtet ihr Augenmerk auf alles, was diesen Zweck fördern kann, etwas zu sehr, als daß nicht Eigenliebe im Spiel sein sollte«.

Hält man sich die hektisch-nervöse Geschäftigkeit während der nur einhundertfünfundachtzig Tage währenden Herrschaft Peters III. vor Augen, so verwundert es wenig, wenn der Zar manchmal den Blick für Vorgänge im eigenen Hause verlor. Daß Katharina fähig oder imstande wäre, seinen Sturz zu betreiben, kam ihm nicht in den Sinn. Er wollte ein Regime der Milde und des Wohlwollens führen. Als ihn die Frau des aus Sibirien zurückgekehrten Johann Heinrich Lestocq aufforderte, seine erklärten Feinde hinrichten zu lassen, entgegnete Peter: »Haben Sie Mitleid mit diesen Armen. Soll ich meine Regierung durch Blutgerichte anfangen?« Man muß dem erfahrenen Staatsmann Ernst von Biron recht geben, der rückschauend meinte: »Hätte Peter III. aufknüpfen, köpfen oder rädern lassen, so würde er Kaiser geblieben sein.« Friedrich II., der begreiflicherweise großes Interesse an einer Fortdauer von Peters Herrschaft besaß, versuchte den Zaren zu beraten. Vor allem beunruhigten ihn die Kriegsvorbereitungen gegen Dänemark. »Niemand sonst in der Welt, außer Ew. Majestät, kann den Kaiser überreden, von diesem verhängnisvollen Vorhaben abzusehen«, schrieb Graf Schwerin im April 1762 nach Berlin.

Was der Preußenkönig daraufhin am 1. Mai gen Rußland sandte, war eine höchst eindringliche Warnung. »Ich gestehe Ihnen offen, daß ich den Russen nicht traue«, hieß es darin. Peter solle »ein scharfes Auge auf alles haben und den geringsten Regungen, welche sich etwa ereignen könnten, zuvorkommen«; Friedrich riet vom Dänenfeldzug ab, zumindest solle man »alle Unruhestifter und solche Personen, die Rebellionen in Szene setzen könnten, entweder mit sich nehmen oder aus dem Reich entfernen«. Sorglos antwortete der Zar am 26. Mai: »Allein und zu Fuß gehe ich durch die Straßen Petersburgs. Wollte mir jemand etwas antun, so hätte er seinen Plan schon längst ausgeführt. Aber ich erweise jedermann

Gutes und vertraue mich ganz dem Schutz Gottes an. Da habe ich nichts zu fürchten... Wenn man die Russen zu nehmen weiß, so ist man ihrer sicher.« Friedrichs resignierender Kommentar zu diesen Zeilen stammt aus der »Aeneis« des Vergil: »Siehe, die Götter verblendeten uns, um Troja zu stürzen!«

In seiner Vertrauensseligkeit bemerkte der Zar nicht, wie dicht er vor dem Abgrund stand. Apologeten Katharinas behaupten, Peter habe geplant, seine Frau ermorden zu lassen und hernach Elisabeth Woronzowa zu heiraten. Für ersteres findet sich jedoch weder in den konkreten historischen Begebenheiten noch im Charakter des Zaren ein plausibler Hinweis. Gewiß, Peter hatte bei einem offiziellen Bankett Katharina lauthals als »dummes Frauenzimmer« bezeichnet, aber derartige Taktlosigkeiten sind noch kein Beweis für düstere Mordabsicht. Vielmehr stellt sich die Frage, warum der Zar Macht und Herrschaft nicht dafür nutzte, seiner Gemahlin das Handwerk zu legen, die zum zweitenmal in ihrem Leben Hochverrat beging. Ganz offensichtlich war Peter III. keineswegs von Mordgedanken, sondern von einer für ihn höchst gefährlichen Arglosigkeit erfüllt. Er besaß sogar genügend Generosität, die Schwangerschaft seiner Frau zu übersehen und an eine rätselhafte Erkrankung zu glauben. Daß er den Zustand Katharinas tatsächlich nicht bemerkte, ist eine recht zweifelhafte Vermutung.

Am 22. April kam das uneheliche Kind zur Welt. Diese Geburt ist später mit einer ergreifenden Legende verziert worden. Um Peter aus dem Palast zu locken, habe man eine Feuersbrunst organisiert. Der Zar (natürlich mußte er zu all seinen Makeln auch noch Pyromane sein) sah sich das Schauspiel an, während Katharina heimlich einen Sohn zur Welt brachte. Den Brand soll ihr getreuer Kammerdiener Schkurin verursacht haben, der zu diesem Zweck sein eigenes Haus anzündete. Das Ganze ist ebenso unglaubhaft wie abgeschmackt. Hält man sich an Tatsachen, dann bleibt folgendes:

Graf Kyrill Rasumowski

Katharinas Sohn, im späteren Leben ein ausgemachter Taugenichts, erhielt den Namen Alexej Bobrinski. Letzteren nach dem russischen Wort »Bobr« (Biber), weil man das Kind gleich nach der Geburt in ein Biberfell wickelte. Der lebende Beweis von Katharinas Untreue wurde dann aus dem Palast gebracht. Weniger, weil man den Zorn Peters III. fürchtete, der sich die beste Gelegenheit entgehen ließ, seine Frau und ihren politisierenden Liebhaber Grigori Orlow bloßzustellen, sondern weil die Zarin sich durch den Säugling beim Intrigieren beeinträchtigt fühlen mußte. Die angeblich durch Scheidung, Verbannung und Tod bedrohte Katharina wob seit Ende April 1762 weiter an einem Netz der Verschwörung, in dem Peter III. rettungslos versinken mußte. »Die Entscheidung über sein Geschick bereitete sich in aller Stille unter dem Dach seines eigenen Hauses vor – in den Vorzimmern und im Schlafgemach seiner Frau, welche der Welt die Miene einer demütig ergebenen Märtyrerin zeigte.« Soweit die Eindrücke von Darja Denissowa, 1762 Geliebte von Alexej Orlow und durch ihn in alle Pläne der Verschwörer eingeweiht.

In der russischen Aristokratie wuchs die Unzufriedenheit mit der Außenpolitik des Zaren. Um über ihre Gesinnung keinen Zweifel zu lassen, begrüßte Katharina beim ersten öffentlichen Auftritt nach der Geburt Alexej Bobrinskis am 2. Mai den Botschafter Österreichs mit den Worten: »Ich versichere Ihnen, daß meine Gunst gegenüber Ihrem Land unverändert bleibt.« Mit diesem Affront gegen Preußen profilierte sich Katharina ohne Scheu als Alternativfigur zu Peter III., wobei sie Umsicht und Geistesgegenwart gegenüber den divergierenden Gruppen der Verschwörung zeigte. Panin, die Orlows und Katharina Daschkowa standen auf ihrer Seite, schließlich kam auch Graf Kyrill Rasumowski hinzu, seit 1747 Hetman der Ukraine und Oberst des Ismailow-Garderegiments. Überdies besaß er als Präsident der russischen Wissenschaftsakademie einigen Einfluß. Unzufrieden, weil Peter beabsichtigte, das Amt des Hetmans an seinen Generaladjutanten Gudowitsch zu vergeben, schenkte Rasumowski den Einflüsterungen des Emissärs Fjodor Orlow Gehör. Während einer geheimen Zusammenkunft versprach er der Zarin, er werde persönlich für deren Sicherheit haften, und erklärte sich bereit, das Manifest über ihre eventuelle Thronbesteigung heimlich drucken zu lassen. Immer näher rückte die Möglichkeit einer Palastrevolte. Grigori Orlow griff tief in die Kassen und be-

Peterhof. Rechts der Pavillon Monplaisir, den Katharina 1762 bewohnte

stach reihenweise junge Gardeoffiziere zu Katharinas Gunsten. Seine Brüder streuten über den Zaren die unsinnigsten Gerüchte aus. So behauptete man, er stünde mit geschultertem Gewehr Schildwache vor dem Zimmer des preußischen Gesandten, während dieser sich mit lockeren Frauen vergnüge, oder er beabsichtige, russische Mädchen zwangsweise mit Deutschen in lutheranischen Kirchen zu verheiraten. Obwohl nach Aussagen der Orlows nahezu 10000 Gardisten bereit waren, sich für sie zu schlagen, wandte sich Katharina noch an den französischen Botschafter mit der Bitte um finanzielle Unterstützung (60000 Rubel) für ihren Staatsstreich. Ein Erfolg blieb aus, denn Frankreichs Außenminister Choiseul hielt das ganze Vorhaben für eine von Hitzköpfen ausgeheckte Kinderei. Katharina hat den Franzosen diese Weigerung im Grunde ihres Herzens nie vergeben.

Das war zweifellos Hochverrat, was die Zarin im Mai und Juni 1762 trieb. Aber es spornte sie nicht nur der Ehrgeiz an, sondern auch nackte Verzweiflung. Peter III., der langsam doch etwas zu ahnen begann, zwang seine Frau, ihren Katharinen-Orden an Elisabeth Woronzowa zu übergeben. Da diese Auszeichnung nur den weiblichen Mitgliedern des kaiserlichen Hauses vorbehalten war, schien Peters Absicht klar: Er betrachtete Katharina nicht mehr als Angehörige seiner Familie. Hell empört stellte ihn die Fürstin Daschkowa daraufhin zur Rede und hob die Tugenden Katharinas in den Himmel, worauf Peter ihr die merkenswerte Antwort gab: »Denken Sie daran, daß es viel weniger riskant ist, mit einem Narren wie mir zu verkehren als mit diesen großartigen Intellektuellen, die einer Zitrone den ganzen Saft auspressen und sie dann wegwerfen.« Trotz vieler Warnungen fand sich der Zar nicht bereit, entscheidende Schritte gegen Katharina zu unternehmen. Als einzige Vorsichtsmaßregel befahl er ihr, Petersburg zu verlassen und sich nach Peterhof, fünfundzwanzig Kilometer vor den Toren der Hauptstadt, zu begeben, wo Katharina am 30. Juni eintraf. Dort nahm sie Quartier im 1709 erbauten Pavillon Monplaisir, der am Ufer der Ostsee lag und die Möglichkeit rascher Flucht bot. Der Zar befand sich seit dem 23. Juni in Oranienbaum, um von dort aus den Feldzug gegen Dänemark zu beginnen. Doch auf den russischen Schiffen war eine Epidemie ausgebrochen, die Flotte konnte nicht auslaufen. Peter III. erließ einen letzten höchst seltsamen Ukas: Allen kranken Soldaten und Matrosen wurde befohlen, in kürzester Zeit wieder gesund zu werden. Katharina wartete unterdessen im Monplaisir auf das Gedeihen ihrer Pläne. Befand sich Peter erst außer Landes, dann

würde der Schlag gegen ihn fallen. Aber es sollte anders kommen.

Zum Kreis der Orlows in Petersburg gehörte auch Gardeleutnant Pjotr Passek, ein beschränkter und brutaler Mensch, der mehrfach gedroht hatte, Peter III. umzubringen. Alles andere als nüchtern, plauderte er am 8. Juli gegenüber einem Kameraden von dem bevorstehenden Umsturz. Sein Gesprächspartner, der nicht zu den Verschwörern gehörte, ließ Passek auf der Stelle verhaften. Im letzten Augenblick drohte der von langer Hand vorbereitete Staatsstreich zu scheitern. Nun mußten nicht nur Katharina und die Orlow-Brüder um ihr Leben kämpfen; es galt, keine Sekunde mehr zu zögern.

Der Umsturz

Im Morgengrauen des 9. Juli 1762 hetzte Alexej Orlow in einer Kutsche nach Peterhof. An den holsteinischen Wachen vorbei schlich er sich zum Pavillon Monplaisir und riß Katharina aus dem Schlaf: »Sie müssen aufstehen, es ist Zeit! Alles ist zu Ihrer Proklamation bereit.« Das war einigermaßen übertrieben, denn die Situation schien mehr als unklar. Passeks unzeitige Geschwätzigkeit hatte die Verschwörer in eine kritische Lage gebracht; man mußte unverzüglich und unter erheblichem Risiko handeln. Katharina zeigte sich der Aufgabe gewachsen. Immerhin waren die Orlows über Passeks Verhaftung rechtzeitig unterrichtet worden, es gab also keinen Grund zur Panik, vor allem mußte man sich sogleich der Garde versichern. Im Galopp fuhr Katharinas Kalesche Petersburg entgegen. Wenige Kilometer vor der Hauptstadt begegneten ihr Grigori Orlow und Fürst Fjodor Barjatinski, die bereits das Ismailow-Regiment alarmiert hatten. Bange Minuten kostete es, ehe man sich kurz vor sieben Uhr morgens der Kaserne beim Dorf Kalininka näherte. Als die schwarzge-

Huldigung an Katharina in der Kaserne
des Ismailow-Garderegiments, 9. Juli 1762

kleidete Frau aus ihrer Kutsche stieg, zeigte es sich, wie gut die Orlows vorgesorgt hatten. Ihr bloßer Anblick entfesselte eine seit langem angefachte und geschürte Begeisterung. Unter Trommelwirbel stürzten die Soldaten auf sie zu, die Offiziere knieten nieder. »Es lebe unser Mütterchen Katharina!« ertönte es von allen Seiten. Unter dem Kreuz des Feldgeistlichen leistete das Regiment den Treueid. Kyrill Rasumowski, der Kommandant, rief Katharina zur Kaiserin und Selbstherrscherin aller Russen aus.

Diesen ersten Triumph zu genießen blieb nur wenig Zeit. Die Hatz ging weiter zum Quartier des Semjonow-Regiments. Auch dort spielten sich ähnliche Szenen ab wie zuvor bei den Ismailowern. Bald wälzte sich ein ungeordneter Haufe von Gardisten, begeistert über die eigene Bedeutung und angespornt durch großzügig von Grigori Orlow versprochene Wodka-Rationen, auf Sankt Petersburg zu. Vor den Toren der Stadt wartete das Garderegiment Preobrashensk – ohne Jubel oder Vivat-Rufe, mit geladenem Gewehr. Viele Offiziere dieser Elite-Einheit, unter ihnen Semjon Woronzow, Bruder von Peters Mätresse, wußten nichts von der Verschwörung und hielten dem Zaren die Treue. Eine Krise schien sich anzubahnen, doch die Mehrzahl der Gardisten lief zu den Rebellen über. Woronzow und seine Kameraden zerbrachen ihre Degen und wurden verhaftet. Über den Newski-Prospekt bahnten sich die Truppen ihren Weg zur Kathedrale der Mutter Gottes von Kasan. Gegen neun Uhr begab sich Katharina mit Rasumowski und den Orlows in diese Kirche, wo sie der Erzbischof von Nowgorod empfing. Den russischen Klerus brauchte man nicht zu überreden, er zeigte sich sogleich bereit, die Zarin gegen den »Ketzer« Peter zu unterstützen. Feierlich segnete der Metropolit Dmitri Sjetschenow die »Selbstherrscherin Katharina II.« und den Thronerben, Zarewitsch Paul.

Gleich nach dieser Zeremonie bewegte sich der Festzug zum Winterpalais. Dort wartete schon Nikita Panin mit seinem Schützling, dem siebenjährigen Paul, der noch in Nachthemd und Schlafmütze steckte. Mit ihrem Sohn zeigte sich Katharina auf einem Balkon des Schlosses und nahm den Jubel der Menge entgegen. Das von Kyrill Rasumowski insgeheim gedruckte Manifest wurde verbreitet, in dem der Staatsstreich psychologisch geschickte Erklärung fand. Durch Peters Regierung habe »unsere griechisch-orthodoxe Kirche eine heftige Erschütterung erfahren, die sie in höchste Bedrängnis brachte, in die Gefahr nämlich, daß ein fremder Glaube an die Stelle unserer alten Religion gesetzt würde«. Außerdem sei Rußlands Ehre »durch den Abschluß des Friedensvertrages mit Unserem ärgsten Todfeind [Friedrich II.] mit Füßen getreten worden«. Aus diesen Gründen habe sich Katharina »verpflichtet gesehen, mit Gottes Hilfe und dem erklärten und aufrichtigen Wunsch Unserer treuen Untertanen entsprechend den Thron zu besteigen«. Das wirkte überzeugend und löste erneute Freude aus. Den ersten Gang hatte Katharina gewonnen, aber das Spiel war noch nicht beendet.

Ähnelte der bisherige Verlauf des Staatsstreiches eher einem Volksfest, so konnte doch leicht blutiger Ernst daraus werden, wenn Peter III. rechtzeitig Gegenmaßnahmen einleitete. Er brauchte nur seine bei Narwa dislozierten Regimenter statt gegen die Dänen nach Petersburg marschieren zu lassen, und es wäre um Katharina geschehen. Wenn die 1500 Holsteiner den meuternden Gardisten in Oranienbaum hinhaltenden Widerstand leisteten, so bliebe ihm für solche Handlungen genügend Zeit. Noch gefährlicher mochte es werden, wenn Peter die nur sechsundzwanzig Kilometer vor Petersburg bei der Inselfestung Kronstadt versammelte Flotte alarmierte. So schnell als möglich mußte man deshalb die Unterstützung der Marine gewinnen oder diese zumindest neutralisieren. Mit einer Blankovollmacht der neuen Kaiserin wurde Admiral Iwan Talysin nach Kronstadt entsandt, um einem Marschbefehl Peters vorzubeugen. Katharina verhandelte unterdessen mit Senatoren und Generalen über weitere

Katharina II. in der Uniform des Garderegiments Preobrashensk auf ihrem Hengst »Brillant«

Schritte; ihr war bewußt, daß der Kampf bis zur letzten Konsequenz ausgefochten werden mußte.

Am Abend des 9. Juli trat der Staatsstreich in seine entscheidende Phase. »An der Spitze des Heeres verlasse ich die Stadt, um dem Thron Frieden und Sicherheit zu verschaffen«, erklärt Katharina den Senatoren, zieht die nur dem Monarchen zustehende golden-grüne Uniform eines Obristen der Preobrashensk-Garde an und nimmt eine Parade ihrer Truppen ab. Gegen 22 Uhr marschieren mehrere tausend Mann in Richtung Westen nach Peterhof und Oranienbaum. Kurz zuvor ein ominöser Zwischenfall: Die Fürstin Daschkowa (ebenfalls in Uniform) bemerkt, daß an Katharinas Degen die Quaste fehlt. Ein junger stattlicher Leutnant eilt zu ihr, reißt seine Degenquaste ab und reicht sie der Zarin. Nach seinem Namen befragt, antwortet er: Grigori Potjomkin. Bald wird man sich seiner erinnern. Auf ihrem Hengst »Brillant« reitet Katharina unter den Klängen einer Militärkapelle in die Nacht. Doch gegen drei Uhr am 10. Juli ist der Enthusiasmus weitgehend verraucht; die Garde fordert eine fünfstündige Rast, kostbare Zeit verrinnt. Was hat Peter inzwischen getan, was wird er tun? Katharina verbringt die unruhigste Nacht ihres Lebens.

Am Vormittag des 9. Juli hatte der Zar mit seinem Gefolge einen Besuch in Peterhof gemacht und mit großer Bestürzung festgestellt, daß seine Gemahlin dort nicht mehr anwesend war. Gegen 14 Uhr erfuhr er endlich von den Ereignissen in der Hauptstadt; einem Boten war es gelungen, die Absperrungen der Rebellen zu umgehen. Peter III. geriet in arge Bedrängnis. Während ihn der alte Feldmarschall Münnich aufforderte, die Flotte in Kronstadt zu mobilisieren, meinten die holsteinischen Ratgeber, es sei besser, sofort per Schiff nach Deutschland zu fliehen. Peter entschloß sich, Kanzler Michail Woronzow nach Petersburg zu schicken, er solle die Garde zur Ordnung rufen und Katharina nötigenfalls verhaften lassen. In Krasny-Kabak, dem Nachtquartier der Putschisten, wurden Woronzow schnell die wahren Machtverhältnisse klar. Statt Katharina zu arretieren, leistete er ihr den Treueid. Während dieser Zeit hatte Peter seine Holsteiner auf der Straße nach Petersburg Posten beziehen lassen und sich in einem Segler nach Kronstadt begeben. Dort erschien er gegen ein Uhr morgens am 10. Juli, gab sich als Kaiser zu erkennen und forderte Einlaß in die Zitadelle. Doch Admiral Talysin hatte unterdes schnelle Arbeit geleistet und Garnison sowie Matrosen den Eid auf Katharina II. ablegen lassen. Falls das Boot des Zaren nicht ablege, so der Wachoffizier, würde man es beschießen und versenken. Als Verlierer kehrte Peter III. ins sieben Kilometer entfernte Oranienbaum zurück. Warum er sich nach diesem Debakel nicht zur Flucht nach Holstein entschloß, wird das ewige Geheimnis dieses sonderbaren Mannes bleiben.

Alexej Orlow wußte die Zeit besser zu nutzen und umzingelte mit einer Husareneinheit Schloß Peterhof, die führerlosen Holsteiner ließen sich ohne Widerstand entwaffnen. Dann eilte er weiter nach Oranienbaum, um die Ausgänge des Geländes zu besetzen. Nun war Peter III. de facto ein Gefangener. Er schrieb einen demütigen Brief an Katharina mit der Bitte, ihn in Begleitung von Elisabeth Woronzowa nach Holstein ausreisen zu lassen. Er verzichte auf alle seine Rechte. Was lag ihm schon an der Herrscherwürde und am Russischen Reich? Katharina empfing dieses Schreiben im Pavillon Monplaisir, den sie dreißig Stunden zuvor verlassen hatte. Nun wußte jeder um ihren Sieg, aber dies stimmte sie nicht versöhnlicher. Für immer mußte dieser unglückselige Zar hinter Schloß und Riegel verschwinden. Eine Abdankungsurkunde wurde entworfen, die Peter unverzüglich unterschreiben sollte. Nikita Panin las dem gestürzten Kaiser in Oranienbaum dieses Schriftstück vor, das mit den Worten begann: »In der kurzen Zeit meiner Alleinherrschaft über das Russische Reich habe ich erkannt, daß meine Kräfte nicht ausreichen, eine so schwere Bürde zu tragen.« Peter, einem

Nervenzusammenbruch nahe, unterzeichnete widerstandslos. Als ihm Panin nähere Umstände seiner Gefangenschaft auseinandersetzte (Trennung von Elisabeth Woronzowa, Internierung zunächst im Landhaus Ropscha, dann in der gefürchteten Festung Schlüsselburg), als man ihm Orden und Degen wegnahm, brach Peter völlig zusammen. »Ich erachte es für das größte Unglück meines Lebens, daß ich ihn in diesem Zustand sehen mußte«, erklärte Panin später. Unter der Bewachung von Alexej Orlow wurde der ehemalige Kaiser in einer fest verschlossenen Kutsche nach Ropscha, südlich von Petersburg, geschafft.

Am Morgen des 11. Juli 1762 hielt Katharina triumphalen Einzug in Rußlands Hauptstadt. Sämtliche Kirchenglocken läuteten, Kanonen böllerten Salut, die Bevölkerung jubelte. »Bei der Siegesfeier gerieten die Soldaten außer Rand und Band. Sie drangen in alle Keller und Kneipen ein, raubten Fässer mit Wodka, Bier, Met, Flaschen mit Champagner«, heißt es in einem zeitgenössischen Bericht. Mitten in der Nacht mußte sich die neue Zarin total übermüdet den Gardisten zeigen, die ihrem Branntweinenthusiasmus freien Lauf ließen. Blut war hingegen beim Staatsstreich nicht geflossen, vielleicht ein gutes Omen für eine künftige Regierungsepoche. Katharina sah sich am Ziel ihrer Wünsche. Sie hatte Mut und Entschlußkraft gezeigt und ihre Pläne mit aufmerksamer Behutsamkeit, tadellosem Scharfsinn sowie profunder Kenntnis der menschlichen Natur verwirklicht. Weniger die Schriften der französischen Aufklärer führten sie zum Erfolg als vielmehr die Machtprinzipien des Niccolo Macchiavelli. Ihre Persönlichkeit bewies so große Anziehungskraft, daß sie, die deutsche Prinzessin, von den Russen als eine der Ihren angenommen und ohne Vorbehalte bejaht wurde. Wenn überhaupt etwas Katharina beunruhigen mußte, dann die Tatsache, daß bei ihrem Putsch alles ein wenig zu reibungslos, zu glatt und zu leicht funktioniert hatte.

»Die Revolution zu meinen Gunsten, die stattgefunden hat, grenzt an ein Wunder; es ist unglaublich, mit welcher Einmütigkeit sie geschehen ist«, berichtete Katharina am 13. Juli ihrem Exgeliebten Stanislaw Poniatowski. Zwei Tage später nahm sie zum erstenmal an einer Sitzung des Senats, der obersten Verwaltungsbehörde Rußlands, teil. Doch ehe die neue Zarin ihre staatsmännischen Talente unter Beweis stellen konnte, fiel ein Schatten auf sie, so drohend und schwarz, daß er alles Erreichte in Frage stellen mußte. Am 18. Juli wurde ein Manifest verbreitet, Peter III. sei »plötzlich verstorben« und es wäre »Gottes Wille gewesen, seinem Leben ein Ende zu setzen«. Doch nicht wenige wußten oder ahnten zumindest, was die Ursache dieses jähen Todes war: gemeiner Meuchelmord.

Der gestürzte Zar war seit dem 10. Juli als Gefangener im Landhaus von Ropscha interniert. Zu seinem Bewacher wurde Alexej Orlow ernannt, der sich die Aufgabe mit dem Trunkenbold Pjotr Passek sowie den Leutnanten Fürst Barjatinski und Baskakow teilte. Peters Behandlung muß ausgesprochen schikanös gewesen sein, denn in einem Brief an Katharina beklagte er sich, daß man ihn nicht einmal ohne Bewachung auf die Toilette gehen ließ. »Schließlich bitte ich Eure Majestät, mich doch nicht wie einen großen Übeltäter zu behandeln, ich bin mir nicht bewußt, Sie jemals beleidigt zu haben«, schrieb Peter und insistierte wiederum, man möge ihn nach Deutschland ausreisen lassen. Katharina hütete sich zu antworten, vielmehr sandte sie einen Arzt nach Ropscha, weil Orlow ihr am 13. Juli zu berichten wußte: »Unser Ungeheuer ist erkrankt und hat einen unerwarteten Kolikanfall erlitten. Ich fürchte, er kann heute nacht sterben, und noch mehr fürchte ich, daß er am Leben bleibt.« Tatsächlich erholte sich Peter rasch wieder; seine Nerven waren schwer angegriffen, er selbst begreiflicherweise reizbar und mürrisch, aber keineswegs ein Todeskandidat. Alexej Orlow begann die Rolle als Kerkermeister langsam lästig zu werden, vor allem aber beschäftigten ihn zwei Überlegungen: Wenn Peter III. stürbe, dann wäre zum einen die Herrschaft der neuen Zarin gesichert, ständige Bedrohung ihres Thrones durch einen Prätendenten beseitigt. Zum anderen würde der Tod Peters den Weg frei machen für den Bruder Grigori Orlow, der Katharina II. womöglich heiraten und zum ersten Mann im Staate aufsteigen konnte. Wenn Peter ihm den Gefallen, rechtzeitig zu sterben, verweigerte, dann mußte nachgeholfen werden. Viel ist darüber spekuliert worden, ob Katharina von diesen Überlegungen gewußt oder sie sogar inspiriert hat. Eine direkte Mitschuld ist ihr keinesfalls nachzuweisen, aber indem sie ihren Mann dem hartherzigen Alexej Orlow auslieferte, besiegelte sie indirekt sein Schicksal.

Der Mord von Ropscha, soweit er sich heute noch rekonstruieren läßt, geschah nicht als spontane Tat, sondern wurde kalten Sinnes geplant. Am Morgen des 17. Juli überfielen die Wachoffiziere Peters Kammerdiener Bressan und schafften ihn als unerwünschten Zeugen gewaltsam fort. Zunächst versuchte man den Exzaren mit einem Arsenpräparat zu vergiften, was jedoch an Peters Mißtrauen scheiterte. Dann wurde er von mehreren Männern zu Boden gerissen und höchstwahrscheinlich mit einem Gewehrriemen erdrosselt. Es muß ein schweres Handgemenge stattgefunden haben, denn Fürst Barjatinski trug eine lange sichtbare Schramme im Gesicht davon, und Peters Verletzungen waren so erheblich, daß sie sich bei seiner öffentlichen Aufbahrung kaum noch kaschieren ließen. Wenig später sandte Alexej Orlow, der offensichtlich zuvor beträchtlich getrunken hatte, einen von sehr schlechtem Gewissen diktierten Brief an Katharina. Ehrliches Entsetzen wie erbärmliche Heuchelei sprachen aus diesen Zeilen. »Ich bin bereit zum Tode, aber ich weiß selbst nicht, wie das Unheil geschehen ist. Wir sind verloren, wenn Du nicht Gnade für uns hast. Mütterchen, er weilt nicht mehr auf dieser Welt! ... Er kam bei Tisch mit Fürst Fjodor [Barjatinski] in Streit: Wir konnten sie nicht mehr auseinanderbringen, und schon war er nicht mehr. Wir erinnern uns selbst nicht, was wir getan haben, aber wir alle bis zum letzten sind schuldig und haben den Tod verdient. Hab Gnade mit mir, und sei es auch nur um meines Bruders willen!« In diesem Stil ging es weiter. Zumindest ist Orlows Schreiben ein recht eindeutiger Beweis dafür, daß Katharina keine direkte Schuld an der Ermordung Peters III. trifft.

Es existieren zwei verschiedene Versionen über die Reaktion der Zarin auf den Bericht aus Ropscha. Aber ob Katharina nach den Worten: »Niemals wird die Nachwelt mir dieses Verbrechen, das ich nicht gewollt habe, verzeihen!« in Ohnmacht fiel, wie die Fürstin Daschkowa behauptet, oder ob sie, nach anderen Berichten, sich vielmehr in heiterer Gelassenheit bei Hofe gezeigt hat, ist wenig belangvoll. Am folgenden Morgen war ihre Taktik gewählt: Der Mord mußte um jeden Preis vertuscht, die Mörder reingewaschen und belohnt werden. Genaugenommen besaß Katharina gar keine andere Wahl. Sie konnte jene Männer, die ihr mit allen Kräften zum Thron verholfen hatten, nicht bestrafen, ohne sich den schwersten innenpolitischen Konflikten auszusetzen. Deshalb erging am 18. Juli das besagte Manifest, in dem behauptet wurde, Peter III. sei an einem »schon früher häufig aufgetretenen Hämorrhoidalanfall, an einer sehr schweren Kolik« gestorben. Auch wenn Katharina in dieser Urkunde von ihrer »größten Trauer und Herzensbetrübnis« sprach – der plötzliche Tod Peters mußte sie schlimmsten Verdächtigungen preisgeben. »Der Verdacht und der Makel werden der Kaiserin immer anhaften«, schrieb der französische Geschäftsträger am 23. Juli, und in Diplomatenkreisen wurde ganz unverblümt von Mord gesprochen. Man hatte Alexej Orlow kurz nach seiner Rückkehr aus Ropscha gesehen »mit aufgelösten Haaren, zerrissenen Kleidern, mit Schweiß und Staub bedeckt«, vor Schuldgefühlen soll er einen »gräßlichen Gesichtsausdruck« gehabt haben. Als Peter III. im Alexander-Newski-Kloster aufgebahrt lag (ohne Orden, in der blauen Uniform der Holsteiner Dragoner), sah man, daß sein Gesicht schwarzviolett angelaufen war, der Hals von einer Binde verhüllt, um die Würgemale zu verbergen, die zerschundenen Hände entgegen den kirchlichen Riten in Handschuhen versteckt.

Katharina nahm an der kurzen Trauerfeier für Peter III. nicht teil. Sie war damit beschäftigt, die Akteure des Staatsstreiches zu belohnen, freigebig, wie es ihrer Art entsprach. 454 Personen erhielten von der Zarin insgesamt rund 850000 Rubel; 30000 gingen allein an den Zarenmörder Fjodor Barjatinski, 10000 an Grigori Potjomkin, der Katharina einst seine Degenquaste gereicht. Alle fünf Orlow-Brüder und Nikita Panin wurden zu Grafen ernannt. Ein Füllhorn an Ehrengeschenken und Beförderungen ergoß sich auf die Garderegimenter. Selbst ihren ehemaligen Widersachern erwies Katharina Großmut. Der zwielichtige Kanzler Michail Woronzow wurde nur unter Hausarrest gestellt und nahm 1765 seinen Abschied, auch die Schuwalows mußten sich ins Privatleben zurückziehen. Peters Mätresse Elisabeth Woronzowa erfuhr größte Freundlichkeit, indem die Zarin ihr eine ehrenvolle Heirat mit dem Senator Poljanski vermittelte.

Nun galt es, Vergangenes zu vergessen und den Blick nach vorn zu richten. Mit optimistischem Vertrauen auf die eigene Kraft wollte Katharina das riesige Rußland regieren. Schon frohlockte der sächsische Gesandte Johann Moritz Prasse, daß Katharina II. »den Thron glücklich und heldenhaft bestiegen hat«. Gerade Sachsen und seine Bundesgenossen Österreich und Frankreich sollten ihre vorzeitige Freude bald bereuen. 1762 wurden in der russischen Außenpolitik schwankende Ressentiments durch nüchternen Pragmatismus abgelöst und der Weg Peters des Großen wieder aufgenommen.

V. Die ersten Schritte der Macht

»Sie, deren Geist gleich scharfsichtig ist im Entdecken von Mängeln, wie erfinderisch in den Mitteln zur Beseitigung derselben, hat längst mit Bedauern die Verwirrung, Unklarheit und Ungerechtigkeit der Gesetze ihres Landes wahrgenommen. Diesem Übelstand abzuhelfen, war seit langer Zeit das Ziel ihres Ehrgeizes.«

Bericht des britischen Gesandten
George Macartney
über Katharina II., Februar 1767

Vollendete Tatsachen

Die Thronbesteigung Katharinas II. geschah, wie in Rußland seit 1725 nahezu üblich, aufgrund eines Staatsstreiches. Gleichzeitig barg ihr Regierungsantritt auch außen- und militärpolitische Brisanz. Viele glaubten, die neue Zarin würde den Krieg gegen Preußen unverzüglich wieder aufnehmen, zumal sie in ihrem Manifest vom 9. Juli Friedrich den Großen als »unseren ärgsten Todfeind« bezeichnet hatte. Doch das war, wie so vieles in diesem Schriftstück, bloße Propaganda, berechnet für den Augenblick. Katharina blieb realistisch und behielt ihre pragmatische Haltung, daß bei Rußlands labiler innerer Lage ein äußerer Konflikt verderblich sein müsse. Lange genug hatte ihr Land für Interessen der Wiener Kaiserin geblutet. Jetzt bot sich vielmehr Gelegenheit, inmitten der erschöpften Kriegsparteien eine Schiedsrichterfunktion zu übernehmen.

Das russische Hilfskorps unter Sachar Tschernyschow war gemäß dem Befehl Peters III. am 30. Juni bei Lissa zur preußischen Hauptarmee gestoßen, ohne allerdings aktiv in Kampfhandlungen einzugreifen. Schon am 18. Juli erfuhr der Kommandant vom Ende des Zaren. Friedrich II. gelang es, den Abzug der Russen um einige Tage hinauszuzögern und den nichtsahnenden Österreichern am 21. Juli bei Burkersdorf eine empfindliche Niederlage zu bereiten. Kurz darauf marschierten Tschernyschows Truppen in die Heimat zurück. Der König von Preußen schickte sich schnell ins Unvermeidliche. Er neigte keineswegs dazu, die ehemalige Prinzessin von Anhalt-Zerbst zu unterschätzen, und beurteilte ihre Politik wesentlich nüchterner als die Kabinette in Paris, Dresden oder Wien. »Euer Kaiserlichen Majestät guter Bruder«, so nannte sich Friedrich selbst, schrieb an die Zarin: »Ich bitte Sie, die Zusicherung entgegenzunehmen, daß ich meinerseits mich nach Kräften bemühen werde, die zwischen beiden Nationen herrschende Harmonie und das Verständnis zu pflegen.« Und Katharina antwortete am 4. August: »Es ist meine Absicht, mit Euer Majestät den Frieden aufrechtzuerhalten und in Freundschaft und gutem Einvernehmen zu leben.« Damit waren die gegenseitigen Positionen bestimmt. Außenpolitisch würde Rußland von niemandem mehr ins Schlepptau genommen werden. Katharina ließ sich keine fremden Doktrinen aufzwingen. Ihren weitsichtigen Entschluß, mit Preußen Frieden zu halten, bezeichnete der österreichische Gesandte erbost als eine »nach obwaltender Verwirrung gefaßte unüberlegte Idee«. Künftig, daran mußten sich viele erst gewöhnen, wurde in Petersburg vorrangig Politik im eigenen Interesse betrieben.

Katharina machte kein Geheimnis daraus, daß sie die auswärtigen Angelegenheiten als ihre Domäne betrachtete, und ließ den ziemlich überraschten Senat wissen, »daß ich die Lage eines jeden Hofes zu kennen wünsche, was für Negoziationen [Geschäfte] geführt und was für innere Einrichtungen getroffen werden«. Der Arbeitsstil von Rußlands neuer Kaiserin war in vieler Hinsicht bemerkenswert. Üblicherweise wurden dem Monarchen Gesetzesentwürfe oder Gutachten nur in Auszügen vorgelegt, damit ihm die Mühe erspart blieb, alles selbst zu lesen. Als Katharina diese Verfahrensweise durchschaute, traf sie die Anordnung: »Es sind mir die vollständigen Berichte einzureichen.« Wohl mußte sie ihre

Augen und Ohren überall haben, denn gerade im ersten Jahr der Regierung war vieles noch ungeklärt, sah sich die Zarin etlichen Unsicherheitsfaktoren gegenüber; sie spürte den Zwang zum Lavieren und fühlte sich nach eigenen Worten genötigt, tausenderlei seltsame Dinge zu tun. Vor allem wollte sie soviel wie möglich verstehen, kontrollieren und entscheiden, weniger aus momentanem Übereifer als aufgrund der politischen Passion einer Persönlichkeit, die endlich, nach mehr als siebzehn Jahren, Gelegenheit findet, ihre autodidaktisch erworbenen Fähigkeiten zu erproben. Katharina scheute keinerlei Schreibtischarbeit, denn dies war recht eigentlich das geschäftliche Betätigungsfeld eines modernen Herrschers. Daß sie zwölf bis vierzehn Stunden am Tag gearbeitet habe, muß man durchaus nicht glauben, beeindruckend bleiben Leistungspensum und Effektivität ihrer Entscheidungen allemal. Innerlich hatte sich Katharina schon seit langem selbst zur Herrscherin herangebildet. Ihre noch zu Lebzeiten der Zarin Elisabeth verfaßten Aperçus lesen sich oft wie Betrachtungen einer Frau, die Rußlands Thron schon seit langem innehat. »Wer nicht das Verdienst sucht und aufspürt, ist nicht würdig zu herrschen«, hieß es da. Und kaum war sie am Ziel ihrer Wünsche, schrieb sie sich den Satz von der Seele: »Ich wünsche und erhoffe nur das Glück des Landes, in welches mich Gott gestellt hat... Das ist mein Grundsatz, ich wäre überglücklich, wenn meine Ideen dazu beitragen könnten.« Katharinas Ideenwelt, worüber noch viel zu sagen ist, benutzte sie 1762 nicht vordergründig als schlagwortreiche Eigenpropaganda, in ihr lag viel begründete Überlegung, die ernsthaft reformieren wollte, ohne zuvörderst nach dem Applaus des Auslands zu gieren.

Nicht erst der Fall Peters III. hatte Katharina darüber belehrt, wie wichtig, ja staatsnotwendig die Krönung in Moskau war. Ohne diese Zeremonie würde sie als Beherrscherin Rußlands nicht anerkannt werden. Mitte September begab sie sich deshalb in die alte Hauptstadt, einer Notwendigkeit ge-

Die Moskauer Uspenski-Kathedrale

horchend, denn geliebt hat sie Moskau nie, diesen »Ort des Nichtstuns«. Fast feindselig klingt ihre Schilderung: »Auf Schritt und Tritt nichts als wundertätige Bilder, nichts als Pfaffen, Klöster, Frömmler, Bettler, Diebe, in den Häusern nichts als unnütze Domestiken – und was für Häuser, was für ein Schmutz in diesen Häusern, deren Grundstücke riesig und deren Höfe die reinsten Kloaken sind!« In jenen Herbsttagen 1762 stand Katharina nicht nur vor politischen Problemen, sondern auch vor schweren privaten Belastungen. Grigori Orlow plagte sie mit seinen Launen und wurde vor allem nicht müde, immer wieder auf eine Heirat zu drängen, was aus vielen Gründen unmöglich war. Die Angelegenheit kam im Staatsrat zur Sprache, wo der unerschrockene Nikita Panin äußerte: »Die Kaiserin kann tun, was sie will, aber eine Frau Orlow wird niemals Kaiserin sein.« Katharina wollte keineswegs Gemahlin Orlows werden, aber es war schwer, diese Tatsache dem nörgelnden Grigori begreiflich zu machen.

In Moskau erkrankte Katharinas Sohn Paul an einem gefährlichen Fieber, dessen Ursache kein Arzt feststellen konnte. Nominell galt die neue Zarin nur als Regentin für den achtjährigen Großfürsten, sein Tod hätte sämtliche Thronansprüche zunichte gemacht. Deshalb galt es, die Krönung so schnell als möglich vorzunehmen. Am 3. Oktober 1762 wurde sie in der Uspenski-Kathedrale des Kreml in Anwesenheit von zwanzig Bischöfen gekrönt als »erhabene und großmächtige Fürstin und Herrin Katharina II., Kaiserin und Selbstherrscherin über alle russischen Reiche«. Ihren Mantel, den 4000 Hermelinfelle zierten, tauschte sie gegen den kaiserlichen Purpur; eine extra für diese Zeremonie gefertigte Krone bedeckte ihr Haupt, sie nahm Zepter und Reichsapfel; der Erzbischof von Nowgorod salbte sie mit heiligem Öl, nun galt Katharina auch als Oberhaupt der orthodoxen Kirche.

Die nächsten Moskauer Wochen glichen einem regelrechten Karneval. 600000 Silberrubel wurden unter das Volk gestreut. Während Katharina Tag für Tag im Facettenpalast (Granowitaja palata) des Kreml dinierte, aß, trank und lärmte das Volk in den Straßen. Der Zarin hingegen war wenig feierlich zumute. Kaum war ihr Sohn wieder genesen, wurde aus Petersburg im Oktober eine Offiziersverschwörung gemeldet: Unzufriedene Gardisten unter Führung des Offiziers Pjotr Chrustschew wollten den letzten Romanow-Sprößling Iwan VI. auf den Thron setzen, der schon seit Jahren halb wahnsinnig im Gefängnis saß. Wenige Wochen danach wurde ein Plan zur Ermordung Grigori Orlows aufgedeckt (Chitrowo-Verschwörung). Beide Unternehmen waren absurd und überaus laienhaft angelegt, aber doch nicht ohne Gefahr. Katharina reagierte mit Fingerspitzengefühl und kluger Zurückhaltung; sie verbot, Geständnisse durch Folterung zu erzwingen. Die Verschwörer wurden lediglich verbannt. Um ähnlichen Versuchen vorzubeugen, gründete man Ende Oktober die »Geheime Expedition«, einen polizeilichen Sicherheitsdienst, als dessen Leiter bis 1794 der gefürchtete Stepan Scheschkowski fungierte.

Im Juni 1763 verließ Katharina Moskau und besuchte die Städte Rostow und Jaroslawl. Damit begann die lange Reihe ihrer Reisen durch das Land, wo sie sich an Ort und Stelle mit den Zuständen vertraut machte. In diesen Monaten wurde der Zarin bewußt, daß sie ihr Verhältnis zur Adelsklasse regulieren und präzisieren mußte, denn dort konnten gefährliche Rivalen erstehen. Katharinas Regierungsprogramm beinhaltete die Durchsetzung einer straff zentralisierten Monarchie mit funktionierendem bürokratischem Verwaltungsapparat und vor allem uneingeschränkter Befehlsgewalt des Herrschers. Dieses Bestreben fand Unterstützung bei einer Adelsfraktion, die von Männern wie Grigori Orlow, Alexander Woronzow und dem längst aus der Verbannung zurückgekehrten Alexej Bestushew geführt wurde. Eine aristokratische Adelsminderheit hingegen, an deren Spitze Nikita Panin und der Generalgouverneur von Kleinrußland, Graf Pjotr Rumjanzew, standen, wollte das absolutistische Staatsregiment der Zarin durch eine Verfassung beschränken. Katharina ging jeglicher direkten Konfrontation aus dem Wege (der opponierende Panin blieb bis 1781 als »Erstanwesender« verantwortlich für Außenpolitik), aber es gelang ihr, die Mehrheit des Adels davon zu überzeugen, daß unumschränkte Zarenmacht eher in seinem Interesse liege als die Gewalt einer kleinen Oligarchie, auf welche Panins Pläne letztlich hinausliefen. Bevor die Kaiserin sich dem heikelsten und brennendsten Problem, der Leibeigenschaft, zuwandte, nahm sie erfolgreich drei Maßnahmen vor, die beweisen sollten, mit wieviel Geschick

Krönung Katharinas II. in Moskau, 3. Oktober 1762

und Energie sie zu regieren verstand: die deutsche Einwanderung, die Säkularisation und die polnische Königswahl.

Katharina war zweifellos überzeugt, daß die Arbeit von Leibeigenen wesentlich weniger effektiv sei als die Leistung freier Bauern. Um das auch in der Praxis zu beweisen, entwarf sie Ende 1762 gemeinsam mit ihrem Generalprokurator Alexander Glebow Richtlinien für die Einwanderung. Im Manifest vom 2. August 1763 wurden den Ausländern weitreichende Privilegien eingeräumt. So sollte »keiner gezwungen sein, die geringsten Abgaben zu entrichten, und weder gewöhnliche noch außerordentliche Dienste leisten müssen«. Einwandernden Bauern wurden die Steuern für dreißig Jahre, Handwerkern für zehn Jahre erlassen. Hinzu kamen unentgeltliche Zuteilung von Land (pro Familie gut dreißig Hektar), Vergabe von Krediten für Häuserbau oder Anschaffung von Vieh, Saatgut und Werkzeugen, Befreiung vom Militärdienst, zollfreie Einfuhr des Vermögens, ungehinderte Religionsausübung und sogar »innere Verfassung und Jurisdiktion nach eignem Gutdünken«. Da der russische Staat auch die Reisekosten übernahm, wanderten bald viele durch den Siebenjährigen Krieg verarmte Bauern, Handwerker und Soldaten ein. Von 1764 bis 1766 siedelten sich in Rußland nahezu 30000 Menschen an; viele davon kamen aus Deutschland, vor allem aus Westfalen, Schwaben, Sachsen, Schlesien sowie dem Ober- und Niederrheingebiet, aber auch Tiroler, Schweizer und Franzosen waren darunter. Die bedeutendsten Siedlungsgebiete erstreckten sich an der unteren Wolga (bei Samara und Saratow, wo bis 1767 103 deutsche Kolonien entstanden) sowie in den Gouvernements Tschernigow, Poltawa und Woronesh.

Viele Einwanderer kamen auf englischen oder hanseatischen Schiffen über Petersburg, wo Katharina die ersten Kolonisten in den Kasernen von Oranienbaum willkommen hieß. Nahezu die Hälfte aller Immigranten übte ein Handwerk aus, sie gründeten Baumwoll- und Eisenfabriken, die

Aus Holz gebauter Palast

berühmten Webereien von Sarepta sowie eine regelrechte Mühlenindustrie. In der Landwirtschaft wurden erstmals Kartoffeln angebaut; die Weizenproduktion an der unteren Wolga erzielte oft hohe Überschußerträge. 1769 berichtete Katharina gegenüber Voltaire stolz, »daß meine schöne Kolonie Saratow auf 27000 Seelen angewachsen ist«. Allerdings hätten die Erfolge weit größer sein können, doch die Kolonisten bekamen nicht nur Privilegien, sondern auch den unglaublichen Schlendrian der russischen Verwaltung zu spüren. So unterschlugen allein die Beamten im Gouvernement Saratow regelmäßig die Hälfte aller Gelder, die zur Verteilung an die Einwanderer bestimmt waren. Die »Kanzlei der Vormundschaft für Ausländer«, deren erster Präsident Grigori Orlow wurde, verwaltete die Kolonien mehr schlecht als recht. Die Einwanderung erwies sich dennoch als belebendes Element, und noch 1789 rief Katharina 348 religiös verfolgte Mennoniten-Familien in die Südukraine, die sich dort als Viehzuchtexperten betätigten.

Im Frühjahr 1762 mußte Katharina mit ansehen, wie Peter III. durch seine überstürzte Enteignung des Kirchenbesitzes in Schwierigkeiten geriet. Zwar hatte diese Kirche seit Abschaffung des Patriarchats und Errichtung des Heiligen Synods (1721) ihre politische Selbständigkeit eingebüßt, aber sie war noch eine bedeutende ökonomische Macht durch ihr riesiges Landeigentum, eine Macht, die Katharina bei aller zur Schau gestellten Frömmigkeit nicht neben sich dulden mochte. Zunächst erließ sie Anfang 1763 eine Instruktion, worin sie die Bauern wieder den Klöstern unterstellte, aber die staatliche Verwaltung und Kontrolle der Einkünfte aus dem Grundbesitz der Geistlichkeit beibehielt. Der Erzbischof von Rostow, Arsenij Mazejewitsch, ein ebenso gelehrter wie anmaßender Kirchenfürst, machte sich zum Sprecher des Protestes. In der Kathedrale von Rostow bezeichnete er die Zarin und ihre Beamten als »äußerste Feinde Gottes, die verflucht sein sollen«. Nachdem eine Reaktion darauf ausblieb, ging Mazejewitsch noch weiter und drohte Katharina indirekt den Kirchenbann an mit der Begründung, sie wüte gegen die Geistlichen schlimmer als weiland die Tataren. Nun zeigte die Zarin, wie konsequent sie handeln konnte. Am 27. März 1763 wurde Mazejewitsch wegen »Beleidigung der Kaiserlichen Majestät« verhaftet und im Moskauer Simonow-Kloster eingesperrt. Ein Kirchengericht verurteilte ihn zur Verbannung als einfacher Mönch ins Gouvernement Archangelsk. Als er dort weitere aufrührerische Reden führte, ließ ihn Katharina 1767 unter dem Namen Andrej Wral (Andreas

Lügner) in den Kasematten von Reval einkerkern. Etwas Derartiges hatten Rußlands Bischöfe von ihrer frommen Tochter nicht erwartet. Widerspruch erlahmte indes schnell, als Katharina die protestierenden Kirchenfürsten mit der Bemerkung abfertigte: »Ihr seid die Nachfolger der Apostel, und das waren arme Leute.«

Die Enteignung des kirchlichen Grundbesitzes setzte im Frühjahr 1764 vehement ein. Von den etwa neunhundert existierenden Klöstern, die Katharina ebenso wie Peter der Große als Brutstätten des Aberglaubens und der Faulheit ansah, wurde die Hälfte geschlossen. Die Klosterbauern sahen sich als sogenannte Ökonomiebauern den Staats- und Kronbauern gleichgestellt; sie blieben zwar an die Scholle gefesselt, wurden aber von der Fronarbeit befreit und durften nicht mehr einzeln verkauft werden. Mit den Einnahmen der Klostergüter konnte die Zarin die maroden Staatsfinanzen erheblich aufbessern.

Ein Jahr nach ihrer Krönung richtete Katharina die Aufmerksamkeit verstärkt auf außenpolitische Vorgänge. Der Siebenjährige Krieg hatte im Frieden zu Hubertusburg am 15. Februar 1763 sein Ende gefunden. Zu jener Zeit demonstrierte die Zarin erstmals ihre Politik der vollendeten Tatsachen. Das Ostsee-Herzogtum Kurland wurde seit 1758 durch den Prinzen Karl von Sachsen regiert. Da dessen Vater August III. todkrank daniederlag und politisch nicht reagieren konnte, erinnerte sich Katharina ihrer tagebuchartigen Aufzeichnungen aus den fünfziger Jahren, wo es hieß: »Wollte man dem eigenen Interesse folgen, so muß man [ich gestehe: mit Verletzung des Rechts] Kurland behalten, es der polnischen Oberhoheit gänzlich entziehen und es Rußland einverleiben.« Die Zarin ließ an Kurlands Grenze Truppen zusammenziehen, ihr Gesandter in der Hauptstadt Mitau bestach die kurländischen Stände, ihre Diplomaten übten massiven Druck auf Sachsen aus. (»Es gilt jetzt, ihnen zu zeigen, wer wir sind.«) Im April 1763 verließ Prinz Karl Mitau, und beschützt durch 15000 Mann russische Truppen, zog der neue Herzog von Katharinas Gnaden ein – Ernst Johann von Biron, der dort schon 1737 bis 1741 auf dem Thron gesessen hatte. Daß der zweiundsiebzigjährige Biron zu den Vertrauten Peters III. gehörte, störte die Kaiserin wenig, sie war nicht nachtragend und hielt den alten Politiker für genau das, was er in der Tat war, eine Marionette Rußlands, dessen Staat schließlich (das geschah 1795) dem Zarenreich einverleibt wurde. Diesen ersten Erfolg kostete Katharina während ihrer Reise ins Baltikum weidlich aus, als sie Anfang Juli 1764 von Biron in Mitau voller Ergebenheit empfangen wurde.

War die kurländische Affäre Katharinas außenpolitisches Debüt, so geriet die polnische Königswahl ein Jahr danach zum Gesellenstück. Am 5. Oktober starb August III. von Sachsen, der gleichzeitig König von Polen war. Nun galt es, schnell zu reagieren, denn in Polen herrschte eine Wahlmonarchie. Dieser Anachronismus sowie die chaotischen Zustände in der Regierung öffneten ausländischer Einmischung Tür und Tor. Schon als junge Großfürstin hatte sich Katharina gefragt, »ob Rußland einen despotischen Nachbarn besser gebrauchen kann als jene glückliche Anarchie, in welcher Polen sich befindet und welche uns zu jeder beliebigen Aktion freie Hand läßt«. In diesem Sinne war sie sich durchaus einig mit Panin, der feststellte: »Wir würden ein Drittel unserer Kraft verlieren, wenn Polen nicht von uns abhängig bleibt.« Auch Friedrich II. hatte Katharina schon die preußische Interessenlage nahegebracht und vorgeschlagen, man solle »so behutsam wie möglich einen König von Polen machen«. Als er von russischen Projekten zur eventuellen Teilung Polens hörte, wies Friedrich allerdings seinen Petersburger Gesandten Graf Solms an, er solle außerordentlich auf der Hut sein und nicht zu weit gehen.

Wiederum erreichte es Katharina durch diplomatische Drohungen und militärischen Einmarsch, daß der schwerfällige polnische Reichstag am 7. September ihren Wunschkandidaten zum König kürte: Stanislaw Poniatowski. Es wäre weit gefehlt, wenn man annähme, bei dieser Angelegenheit hätte von seiten Katharinas irgendeine sentimentale Erinnerung an ihren ehemaligen Geliebten vorgelegen. Was ihn in ihren Augen prädestinierte, hat sie 1789 in schöner Offenheit gestanden: »Rußland stellte den Grafen Poniatowski als Kandidaten für den polnischen Thron auf, weil er von allen Bewerbern am wenigsten Rechte besaß und folglich mehr als jeder andere sich Rußland verpflichtet fühlen mußte.« Es war also mehr als nur ein Bonmot, wenn Katharina 1764 an Graf Pjotr Rumjanzew schrieb, zum Regieren habe man »sowohl Wolfszähne wie Fuchsschwanz nötig«. Die ständige russische Einmischung in Polen sollte der Kaiserin noch unabsehbare außenpolitische und kriegerische Verwicklungen bescheren.

Katharina fand sich in Fähigkeiten und Unfähigkeiten ihrer Mitmenschen gut zurecht. Daß der weichherzige Traumtänzer Poniatowksi gänzlich ungeeignet war, ein zerrissenes Land wie Polen zu regieren, wußte sie aus persönlicher Erfahrung. Der kultivierte Schöngeist ohne Charakterstärke sollte einen hervorragenden Schattenkönig abgeben, Wachs in Rußlands Händen. Die »glückliche Anarchie« würde andauern. Polens Adel, seit langem gewohnt, seine Stimme dem Meistbietenden zu verkaufen, stellte kein Hindernis dar, wenn doch, gab es genügend russische Bajonette, um allen Wünschen Katharinas erforderlichen Nachdruck zu verleihen. Man kann nur staunen über die eiserne Konsequenz der jungen Zarin, die vor kurzem selbst noch auf schwankendem Thron saß.

Mit Preußen bahnte sich 1764 erstmals für längere Zeit eine gedeihliche Zusammenarbeit an. Zunächst geschah dies auf Kosten Polens. In einem geheimen Defensivbündnis einigten sich Rußland und Preußen am 11. April 1764 darüber, gemeinsam für »freie Wahl« des polnischen Königs zu sorgen und notfalls mit Waffengewalt Verfassung und Grundrechte der Rzeczpospolita zu schützen. Diese Allianz war auf acht Jahre veranschlagt und wurde später noch zweimal verlängert. Die neugewonnene Dynamik der russischen Außenpolitik fand verblüffte Anerkennung; nichts spürte man mehr von jenen faulen Gewohnheiten der Zarin Elisabeth. Friedrich der Große faßte es gegenüber Katharina in die galant-euphorischen Worte: »Sie, gnädige Frau, reden, und das Weltall verstummt.«

Wieder ein toter Zar

Man darf Katharina zugute halten, daß sie aus Rußland ein weniger barbarisches und menschlicheres Land machen wollte. Das harte Los der Leibeigenen war ihr bewußt, und wenn sie bestrebt war, es zu mildern, so entsprang dies sowohl ihrer Begeisterung für die Gedanken der Aufklärung als auch vernunftgemäßen Neigungen zur Reform. Als der adlige Schriftsteller Alexander Sumarokow ihr schrieb, Leibeigene hätten »bis jetzt keinerlei edle Empfindungen gezeigt«, ergänzte Katharina: »Und sie können es unter den herrschenden Verhältnissen auch nicht.« Das hinderte die Kaiserin nicht daran, schon fünf Tage nach ihrer Thronbesteigung die Rechte des Adels auf leibeigene Bauern zu bestätigen und diese zum Gehorsam gegenüber ihren Herren zu ermahnen. Die sozialen Widersprüche der russischen Gesellschaft machten sich Mitte des 18. Jahrhunderts immer stärker bemerkbar. Tausende Bauern und auch leibeigene Fabrikarbeiter standen in offenem Aufruhr gegen die Feudalordnung. Wenn Katharina sich in dieser Situation um eine reformerische Überwindung der ärgsten Auswüchse dieses Systems bemühte, so war das weniger eine Laune der Herrscherin als Resultat der gesellschaftlichen Situation. Ebenso sicher darf man aber annehmen, daß ohne ihre von Aufklärung und Liberalität geprägte Grundeinstellung in Rußland noch nicht einmal eine Diskussion über systembedingte Mißstände stattgefunden hätte. Katharina betrachtete die Leibeigenen als »unglückliche Klasse..., die ihre Fesseln nicht ohne Verbrechen sprengen könnte. Kaum wagt man zu behaupten, daß sie ebensogut Menschen sind wie wir, und wenn ich selbst das sage, so ist es auf die Gefahr hin, daß man Steine auf mich wirft.« Sie verurteilte die »Stimme einer unverständigen und grausamen öffentlichen Meinung« und gab dem »adligen Pöbel« (!) die Schuld daran. Völlig fehlte ihr Verständnis für einen Mann wie Graf Alexander Stroganow, der »mit Wut und Leidenschaft die Sache der Leibeigenschaft vertrat, die sein innerstes Herz doch verdammen mußte«. All diese Äußerungen wurden 1770 niedergeschrieben, als Katharina bereits acht Jahre regierte. Ihr Engagement war also keinesfalls Übereifer eines Anfängers. »Freiheit und Glückseligkeit« der Untertanen sollten gesichert werden, aber ausschließlich als Segnungen von oben. Wenn sich offizieller Protest der Unterdrückten manifestierte, konnte Katharina unerbittlich reagieren. Schon 1763 untersagte sie in ihrem »Manifest des Schweigens« dem Volk, »unstatthafte Reden und Beurteilung von Regierungsangelegenheiten«. Falls jemand »unschickliche und dreiste Gerüchte« verbreite, »dann wisse jeder dieser rohen Menschen, daß Wir mit der ganzen Strenge der Gesetze verfahren werden«. Bei solcher Drohung blieb es nicht. Am 2. September 1767 verbot ein Ukas den Bauern bei Knutenstrafe und lebenslänglichem Zuchthaus, Klage gegen ihre Herren zu führen. Solche Bestimmungen zeigen deutlich die Grenzen von Katharinas Reformbestrebungen. Unkontrollierte öffentliche Kontroversen über Grundsatzfragen glaubte sie sich nicht leisten zu können.

In den ersten Regierungsjahren Katharinas II. richteten sich Bestrebungen ihrer Gegner vorrangig auf die Person des letzten Sprößlings der Romanow-Dynastie, Iwan VI., Urenkel des schwachsinnigen Zaren Iwan V., des älteren Bruders Peters des Großen. Schon der widersetzliche Bischof Arsenij

Bauernmahl in einer russischen Hütte

Mazejewitsch hatte 1763 während seiner Angriffe auf Katharina die Gestalt des »glorreichen Märtyrers« Iwan VI. beschworen. Dessen Lebensgeschichte gehört zu den traurigsten Kapiteln im Rußland des 18. Jahrhunderts. Als zwei Monate alten Säugling rief man ihn Ende 1740 zum Kaiser aus, schon ein Jahr danach wurde er mit seiner Mutter, der Regentin Anna

Leopoldowna, abgesetzt und eingekerkert, zuerst in Riga und Dünamünde, ab 1744 in Cholmogory am Polarkreis und schließlich seit 1756 als »namenloser Gefangener« in den berüchtigten Kerkern der Festung Schlüsselburg. Zerlumpt und halbverhungert vegetierte dieser Unglückliche in seiner Zelle, gleichsam lebendig begraben. Sein Schicksal hing von teilnahmslosen und verrohten Soldaten ab, die an nichts anderes dachten, als sich ihres Gefangenen zu entledigen. Es ist schwer zu sagen, ob Iwan VI. unter diesen Bedingungen überhaupt noch zurechnungsfähig war. Die wenigen, die ihn sahen, bemerkten ein sanftes und freundliches Wesen; während seiner Haft in Cholmogory hatte ihm ein Priester das Alphabet beigebracht. Überdies mußte irgend jemand Iwan mitgeteilt haben, daß er der rechtmäßige Zar wäre. Es schien also kaum angebracht, den letzten Romanow in aller Öffentlichkeit für geisteskrank zu erklären – gerade das machte ihn als möglichen Rivalen für Kaiserin Elisabeth so gefährlich. Deshalb erließ sie folgenden Befehl: »Falls wider Erwarten jemand den Versuch unternehmen sollte, den Gefangenen zu befreien, so soll man sich mit allen Mitteln widersetzen und den Gefangenen nicht lebend aus den Händen geben.« Diese indirekte Aufforderung zum Mord an einem machtpolitischen Konkurrenten war weder von Peter III. noch von Katharina II. widerrufen worden.

In der Nacht vom 15. zum 16. Juli 1764 wurde aus Elisabeths rigider Anordnung blutiger Ernst. Wassili Mirowitsch, Leutnant in dem bei Schlüsselburg stationierten Regiment Smolensk, unternahm einen dilettantischen Befreiungsversuch, bei dem es zu einem kurzen Kampf kam. Weisungsgemäß erstachen die Wachen den vierundzwanzigjährigen Exzaren. Über die Motive Mirowitschs gibt es nur zu sagen, daß er ein überspannter und völlig mittelloser Alkoholiker war, der sich von seiner unüberlegten Tat wohl Dank und gesellschaftlichen Aufstieg versprach.

Katharina erfuhr vom Tod Iwans VI. während ihrer Reise

durch das Baltikum. Im ersten Moment zeigte sie sich erleichtert und beklommen zugleich. Natürlich konnte es ihr nur recht sein, wenn ein lästiger Mitbewerber um den russischen Thron ausgeschaltet war, aber zwei Zarenmorde innerhalb zweier Jahre – das mußte auch den Ruf Katharinas weiter schädigen. In einem Brief an Panin vom 21. Juli ließ sie den Zwiespalt ihrer Empfindungen deutlich werden: »Es drückt mir das Herz zusammen, wenn ich an diese Sache denke... Die Vorsehung lieferte mir einen Beweis ihrer Gnade, indem sie diesem Unternehmen eine solche Wendung gab.« Diesmal ließ sich die Zarin Zeit mit einem Manifest. Erst am 28. August wurden die Vorgänge von Schlüsselburg der Öffentlichkeit mitgeteilt. Iwan VI., hieß es darin, sei »in seiner Kindheit widerrechtlich zum russischen Thron bestimmt« worden und überdies »bar jeglicher Vernunft und menschlicher Urteilskraft« gewesen. Seine Wächter, die ihn umbrachten, hätten die öffentliche Ruhe und Ordnung gesichert. Katharina durfte sich im Gegensatz zur Affäre von Ropscha, die mit dem Tod Peters III. endete, unschuldig fühlen. Dennoch machte der gewaltsame Tod Iwans VI. im Ausland einen schlechten Eindruck. Der Philosoph Jean d'Alembert meinte voller Sarkasmus: »Es ist schon recht fatal, sich so vieler Leute entledigen zu müssen und hinterher drucken zu lassen, es tue einem leid, aber man könne nichts dafür.« Katharinas vertraute Brieffreundin Marie Thérèse Geoffrin, in deren Pariser Salon viele Größen der Geisteswelt verkehrten, bezeichnete das Manifest der Zarin kurzerhand als lächerlich und meinte: »Ich würde wünschen, daß meine Taten reden, und würde meiner Feder Schweigen gebieten.« Wie immer, wenn Katharina sich in ihrer Politik angegriffen wähnte, reagierte sie offensiv. Madame Geoffrin spreche wie eine Blinde von der Farbe, behauptete sie, und schrieb ihr im Januar 1765 einen ungewohnt harschen Brief. »Man macht bei Ihnen über das Manifest Geschwätz; man hat dort auch schon über den lieben Gott viel geschwätzt, und hier schwätzt man manches über die Franzosen. Deshalb ist nicht minder wahr, daß dieses Manifest und der abgeschlagene Kopf des Übeltäters alles Geschwätz zum Verstummen gebracht haben. Damit aber war das Ziel erreicht, und mein Manifest hat seinen Zweck erfüllt: Ergo war es gut.« Im Fall Mirowitsch machte man kurzen Prozeß, der Leutnant wurde vor Gericht gestellt, zum Tode verurteilt und am 26. September 1764 enthauptet. Es war die erste Hinrichtung während der Regierung Katharinas II.

Die Zarin hatte sich bis 1765 innenpolitisch weitgehend Rückenfreiheit verschafft und ihre anfangs noch unsichere Herrschaft gefestigt. Nun konnte sie sich ungehindert einer Reform des Feudalsystems zuwenden. Rückblickend stellte Katharina fest: »In den ersten drei Jahren meiner Regierung ersah ich aus den mir überreichten Bittschriften, aus den Geschäftspapieren des Senats und den Gesprächen mit vielerlei Personen, daß die früher gegebenen, dem damaligen Zeitgeist entsprechenden Gesetze mit anderen Gesetzen in Widerspruch standen und daß alle den Wunsch hegten, es möchte doch in die Gesetzgebung eine bessere Ordnung gebracht werden.« Auf welche Art Katharina diese Gesetze in eine bessere Ordnung zu bringen gedachte, sollte sich in den folgenden vier Jahren erweisen.

Katharina setzt Maßstäbe

»Nach allem, was ich beobachten konnte«, schrieb der britische Botschafter Lord John Buckingham 1766, »ist die Kaiserin an Talent, Bildung und Arbeitseifer allen in diesem Land turmhoch überlegen.« Viele Staatsmänner und Gelehrte, vor allem im Ausland, teilten diesen Eindruck des Engländers, was einerseits Resultat höchst geschickter Eigenwerbung Katharinas, andererseits aber auch Ausdruck der Hochachtung vor meßbarer Leistung war. Im ersten Jahr ihrer Regierung erließ sie parallel zu den bereits genannten innen- und außenpolitischen Maßnahmen einen scharfen Ukas gegen Bestechlichkeit und Gelderpressung durch Richter oder Staatsbedienstete, denen sie erstmals feste Gehälter anwies. Wenig später stellte sie verbindliche Richtlinien für den russischen Außenhandel auf, schaffte einige Exportzölle ab (1766) und berief eine Handelskommission, deren Tätigkeit sie persönlich beaufsichtigte. Hier zeigten sich bereits Ansätze einer bürgerlich-kapitalistischen Wirtschaftspolitik im Sinne des Freihandels. Binnen dreier Jahre verwandelte sich ein erhebliches Haushaltsdefizit in einen Überschuß von 5,5 Millionen Rubel. Im Dezember 1762 wurde die Kommission für den Ausbau von Petersburg und Moskau gebildet. Katharina veranlaßte die Neugründung der Kunstakademie und ernannte den großen Gelehrten Michail Lomonossow zum Staatsrat. Besonders stolz war sie auf die Einrichtung des Smolny-Instituts im Mai 1764, einer Musterschule für 200 adlige Fräulein, aber auch Bürgerstöchter, deren Lehrplan Katharina einschließlich des Geschichts- und Literaturunterrichts gemeinsam mit dem Präsidenten der Kunstakademie Iwan Bezkoi entworfen hatte. Der Ton ihrer Anordnungen war kurz und dezidiert, besonders wenn sie Säumige mahnen mußte. »Der Senat wird erinnert, die Angelegenheit Krylows zu einem raschen Abschluß zu bringen«, hieß es im Dezember 1762 zum Fall eines bestechlichen Untersuchungsrichters aus Irkutsk. Auch die Gerichte trieb sie aus dem Büroschlaf. »Mit Verwunderung habe ich vernommen, daß der Prozeß zwischen den Kaufleuten in Riga und Smolensk bis jetzt noch nicht entschieden ist, obwohl ich befohlen habe, denselben sofort in Angriff zu nehmen.« Katharina beklagte sich häufig über die »schreckliche Langsamkeit« des Senats; als Vermittler zwischen diesem Verwaltungsgremium und der Zarin wurde deshalb Anfang 1769 der Reichsrat gegründet, dem neben Panin und Grigori Orlow unter anderen der seit 1763 amtierende Kriegsminister Graf Sachar Tschernyschow, Vizekanzler

Fürst Alexander Golizyn und der neuernannte Generalprokurator Fürst Alexander Wjasemski angehörten. In der Hand des Letztgenannten liefen alle Fäden der inneren Verwaltung, der Justiz und der Finanzen zusammen; Wjasemski bekleidete bis 1792 eine Stellung, die anfangs der eines Premierministers glich. In einer sehr aufschlußreichen Instruktion hatte Katharina ihm 1764 erklärt: »Das russische Kaiserreich ist so weitläufig, daß außer einer Selbstherrschaft ihm jede andere Regierungsform schädlich wäre, denn alle anderen sind langsamer in der Ausführung und haben zahllose verschiedenartige Parteilichkeiten in sich, die zur Zerstückelung der Macht und der Kraft treiben, während der Selbstherrscher, der das allgemeine Wohl als sein eigenes ansieht, sämtliche Mittel zur Ausrottung aller Schäden besitzt.« Dieser prononcierten Verteidigung der absolutistischen Regierungsform wird man bei Katharina noch oft begegnen. Sie war bereit, auf Belange des Adels Rücksicht zu nehmen, keineswegs aber ihre Vollmachten als Herrscherin mit ihm zu teilen.

Trotz ihres enormen Arbeitspensums sah sich die Zarin nicht in der Lage, alles selbst zu kontrollieren. So übertrug sie die Entgegennahme von Bittschriften schon im Juni 1763 ihren Privatsekretären. Ursprünglich waren es drei (Adam Olsufjew, Grigori Teplow und Iwan Jelagin), schon 1764 kam ein vierter hinzu. Deren Tätigkeit glich immer mehr der von Staatssekretären, sie fertigten sämtliche kaiserlichen Befehle an Senat, Kollegien (Ministerien) und Gouverneure aus, führten Protokoll im Reichsrat und entwarfen Briefe der Zarin offiziellen oder geschäftlichen Inhalts. Unter diesen Sekretären befanden sich nicht selten befähigte Fachleute wie Alexander Besborodko, Alexander Chrapowizki und Gawriil Dershawin.

Wenn Katharina oftmals erklärte, »daß ich nur das Wohlergehen der Untertanen, welchen Standes sie auch seien, im Auge habe«, so verstand sie es stets, dieses gewiß ehrlich gemeinte Vorhaben mit der Mehrung ihres persönlichen Ruhmes zu verknüpfen. Eindrucksvolles Beispiel dafür war das Jahr 1768, als sich Katharina gleichsam vor den Augen der Weltöffentlichkeit zur Vorkämpferin für die Pockenschutzimpfung aufschwang. Mangelnde hygienische Verhältnisse führten in Rußland Jahr für Jahr zu schlimmen Seuchen, selbst in einer Stadt wie Petersburg faulten Tausende Holzhäuser, die fast nie repariert wurden. Es gab kaum befestigte Straßen, und wenn im Frühjahr die Schneeschmelze einsetzte, versanken die Wege in grundlosem Morast. Dann begannen auch ansteckende Krankheiten zu grassieren, allen voran die Pocken – eine Seuche, von der selbst allerhöchste Kreise nicht verschont blieben, wie das Beispiel Peters III. zeigt. Zwar hatte man in England eine Impfmethode, die »Inoculation«, entwickelt, aber diese bewußte Infizierung des Körpers mit winzigen Mengen des Pockenerregers wurde allgemein als leichtfertig und gefährlich abgelehnt, zumal in Rußland, wo eine ungebildete Geistlichkeit dem Volk Angst vor dem »Teufelsmesserchen« der Ärzte einjagte. Katharina hingegen war vom Erfolg der Immunisierungsmethode überzeugt. Als ihr der Präsident des Medizinalkollegiums Alexander Tscherkassow mitteilte, daß kein Russe sich freiwillig solcher Prozedur aussetzen werde, beschloß die Zarin, mit gutem Beispiel voranzugehen und sich als erste impfen zu lassen. Dramatische Reaktionen folgten. Grigori Orlow bat die Zarin kniefällig, von ihrem Vorhaben abzusehen; als sie ihn zurückwies, schwor er, sich ebenfalls impfen zu lassen, um mit seiner Geliebten in den Tod zu gehen. Selbst Friedrich der Große warnte Katharina, sich derartigen Gefahren auszusetzen. Auch er blieb ungehört, statt dessen erhielt Tscherkassow Befehl, den englischen Arzt Thomas Dimsdale, der 1765 ein grundlegendes Werk über Probleme der Pockenschutzimpfung verfaßt hatte, aus London nach Petersburg zu holen.

Als Dr. Dimsdale am 23. Oktober 1768 den kaiserlichen Oberarm mit einer Lanzette ritzte, waren viele überzeugt, Katharina werde diese Prozedur nicht lange überleben. Sie selbst demonstrierte völlige Gelassenheit, indem sie während jener kritischen Tage nach der Impfung neue Richtlinien für Rußlands Akademie der Wissenschaften verfaßte, worin es u. a. hieß: »Jeder, der das notwendige Wissen erworben hat, kann Mitglied der Akademie werden, auch wenn er bisher nur ein Leibeigener gewesen ist ..., er soll ebenso wie seine Kinder und Kindeskinder auf ewige Zeit ein freier Mensch bleiben.« Als schließlich offenbar wurde, daß Katharina und Orlow den Eingriff unbeschadet überstanden hatten, brach in Petersburg eine wahre Impfmanie aus, viele Adlige beeilten sich, dem Vorbild der Kaiserin nachzueifern; auch Thronfolger Paul wurde von Dr. Dimsdale behandelt, den man dafür zum russischen Staatsrat ernannte, den damit verbundenen Adelstitel verlieh und 10000 Pfund auszahlte. In der Hauptstadt Rußlands ging die Sterblichkeitsrate während der folgenden Jahre im Vergleich zu London oder Berlin um mehr als dreißig Prozent zurück. Triumphierend schrieb Katharina an Voltaire: »Nicht einen Tag habe ich das Bett hüten müssen und habe alle Tage Besuch empfangen ... Außerdem werden jetzt in Petersburg Impfungen durchgeführt in drei Erziehungsheimen und einem Krankenhaus, das Dr. Dimsdale eingerichtet hat.« – »Welche Lehre gibt Eure Kaiserliche Majestät unseren französischen Gecken, unseren weisen Lehrern der Sorbonne und unseren Aesculaps von der medizinischen Schule!« entgegnete Voltaire und fügte drastisch hinzu: »Sie haben sich mit weniger Aufhebens impfen lassen als eine Nonne, die ein Klistier nimmt!« Der Senat dankte der Zarin ihre »großmütige, ruhmwürdige und beispiellose Tat« und sorgte vor allem dafür, daß in Rußland die Pockenimpfung hinfort allgemein praktiziert wurde. »Mein Ziel war es, durch mein Beispiel viele treue Untertanen vor dem Tod zu retten ... Damit habe ich einen Teil meiner Standespflicht erfüllt«, bemerkte Katharina. Und selten wohl besaß ein Eigenlob soviel Berechtigung.

Die kaiserliche Impfaktion bescherte Katharinas Namen

landesweite Popularität. Noch größere Sensation rief aber in jener Zeit ein anderes Ereignis hervor, dessen Entstehung ebenfalls ihr zu verdanken war – jene zahllosen Diskussionen der Gesetzgebenden Versammlung über grundlegende politische, ökonomische und juristische Probleme, die seit August 1767 alle Gebildeten des Landes in Atem hielten. Dieses Phänomen besaß eine Vorgeschichte. In den Jahren nach 1762 erkannte Katharina rasch, daß der russische Adel, dem sie ihren Thron verdankte, keine einheitliche Haltung zu sozialpolitischen Problemen, insbesondere zur Leibeigenschaft, besaß. Dabei handelte es sich um *die* entscheidende Frage der russischen Gesellschaft überhaupt, denn der Wert des Grund und Bodens wurde vorrangig nach der Zahl der darauf angesiedelten leibeigenen »Seelen«, also der männlichen Arbeitskräfte, bemessen. Die Landwirtschaft aber bildete die wichtigste Produktionsbasis der Gesellschaft, und dementsprechend scharf geriet die Opposition in weiten Kreisen der großgrundbesitzenden Aristokratie, als ruchbar wurde, die Zarin wolle im Sinne ihrer Konzeption des aufgeklärten Absolutismus eine Modifizierung oder gar Abschaffung der Leibeigenschaft zur Diskussion stellen.

Erster deutlicher Hinweis auf diesbezügliche Intentionen Katharinas war die Tätigkeit der von ihr Ende 1765 gegründeten Freien Ökonomischen Gesellschaft (FÖG). Darin wirkten sowohl Adlige als auch Kaufleute, Manufakturbesitzer und Bauern mit. Zu den anfänglich zweiunddreißig Mitgliedern gehörten interessanterweise fünfzehn Deutsche, unter ihnen der berühmte Mathematiker Leonhard Euler, Jacob von Stählin, der Physiker Franz Ulrich Aepinus sowie der Verwaltungsexperte und Übersetzer Timotheus von Klingstedt. 1767 kam der Zoologe und Naturforscher Peter Simon Pallas hinzu; er bereiste im Auftrag der Zarin zahlreiche östliche Provinzen Rußlands, um ihr einen Überblick über vorhandene Naturreichtümer zu verschaffen sowie Möglichkeiten von Ackerbau, Viehzucht, Fischfang und Pelzhandel in den Randgebieten des Reiches zu erkunden. Mit Pallas' Reisen begann ab 1768 eine neue Phase der systematischen Erschließung des »ungeheuren, unbekannten und ganz wilden Landstrichs« Sibirien. Solche Aktivitäten zugunsten einer ökonomischen Weiterentwicklung waren der russischen Aristokratie durchaus genehm, ebenso wie die Forschungen der Freien Ökonomischen Gesellschaft auf den Gebieten von Landwirtschaft, Agrotechnik, Infrastruktur, Industrie und Medizin; es gab sogar schon erste Maßnahmen des Umweltschutzes wie das Gesetz zur Schonung von Wäldern vor rücksichtsloser Abholzung 1767 und Projekte zum Ersatz wertvollen Brennholzes durch 1766 erstmals bei Moskau entdeckte Steinkohle. Weit weniger wohlwollend verfolgte man hingegen grundlegende Erörterungen der Gesellschaft über Sinn und Nutzen der Leibeigenschaft. Angeregt hatte diese Diskussion Katharina selbst, als sie der FÖG ein Preisausschreiben darüber empfahl, ob es nützlich sei, den Bauern Eigentum an Grund und Boden sowie an landwirtschaftlichen Geräten zu übertragen. Dieser kühne Gedanke rührte am Grundbesitzmonopol des Adels und stellte damit auch das bestehende Leibeigenschaftssystem in Frage. 2000 Goldstücke setzte die Kaiserin als Preis für die überzeugendste Antwort aus, wobei sie ihr Schreiben an die FÖG mit dem anonymen Kürzel »I. Je.« unterzeichnete. Die Gesellschaft vermutete sehr richtig hinter I. Je. niemand anderen als »Imperatriza Jekaterina« (Kaiserin Katharina). Innerhalb eines Jahres trafen 162 Antwortschreiben in Petersburg ein, davon 129 in deutscher Sprache, auch Voltaire befand sich unter den Absendern. Sieger wurde bezeichnenderweise ein in Aachen lebender Jurist, der empfahl, den leibeigenen Bauern schrittweise die persönliche Freiheit sowie Eigentumsrechte an Grund und Boden zu geben. Um ihnen die Steuerzahlung zu erleichtern, sollte man sie selbständiger wirtschaften lassen, so beispielsweise im Winter entweder als gewerbliche Heimarbeiter, Kleinhändler oder auch als zeitweilige Lohnarbeiter in Bergwerken und Fabriken. Solche Entwicklungen mußten der Mehrheit der etwa tausend aristokratischen Grundbesitzerfamilien, denen dreißig Prozent aller Leibeigenen gehörten, höchst unwillkommen sein, zumal bekannt war, daß just in dieser Zeit Katharina Instruktionen ausarbeitete, welche letztlich auf eine Bauernemanzipation hinausliefen, und beabsichtigte, dieses brisante Thema vor ein öffentliches Forum zu bringen.

Man war es gewohnt, Bauern und Dienerschaft wie Vieh zu behandeln, sie einzeln oder familienweise zu verkaufen, gegen Hunde einzutauschen, als Einsatz im Kartenspiel zu verjubeln und nach Belieben zu züchtigen, zu quälen oder sogar ungestraft totzuschlagen. Diese meist arg behandelten Leibeigenen arbeiteten nicht nur als Bauern, sondern waren je nach Wunsch ihres Herrn Lakai, Kutscher, Jäger, Handwerker, Stallknecht, wenn sie Talent besaßen auch Koch, Musiker, Tänzer oder Hofnarr – immer aber blieb ihr Tagewerk eine durch Gewalt erzwungene Fron. Nach Katharinas eigenem Zeugnis gab es auf dem Lande kaum ein Haus, »in dem keine Halseisen, Ketten, Peitschen und ähnliche Werkzeuge vorhanden sind, um wegen des geringsten Vergehens diese Unglücklichen zu martern...«. Gegen solche Praktiken empörte sich nicht nur ihr am Vorbild der Aufklärung geschulter Geist, es gab in Rußland auch Persönlichkeiten, die sich mit Nachdruck gegen diese Auswüchse des Feudalsystems aussprachen. Einer von ihnen war Jakob Johann von Sievers, den die Kaiserin 1764 kennenlernte. Der in Estland geborene, aus einer braunschweigischen Familie stammende Sievers hatte während des Siebenjährigen Krieges im Dienst der Zarin gekämpft und später auf dem livländischen Gut seines Onkels praktische Landwirtschaft studiert. Bald erkannte dieser führende Vertreter der baltischen Aufklärung, daß die Leibeigenschaft ein entscheidendes Übel der russischen Gesellschaft darstellte. In gut zwanzig mehrstündigen Audienzen legte Sievers Katharina seine Gedanken zur Reform der

Johann Jakob von Sievers

Landwirtschaft dar und bestärkte sie darin, dem Staat eine zeitgemäße Verfassung zu geben. »Ich erlaube mir zu sagen, die unbegrenzte Knechtschaft wird dermaleinst das Verderben des Landes sein. Nichts flößt der Menschheit solche Teilnahme ein, wie das Los der Leibeigenen in diesem Reich«, bemerkte Sievers. Er regte die Gründung der erwähnten Freien Ökonomischen Gesellschaft an, deren aktives Mitglied er wurde. Die Zarin ernannte Sievers schließlich zum Gouverneur der Provinz Nowgorod mit der freundlichen Versicherung, sie habe viel von ihm gelernt.

Die Große Instruktion

Für die Einberufung der russischen Gesetzgebenden Versammlung, kurz »Große Kommission« genannt, sah Katharinas Biograf Alexander Brückner drei wesentliche Beweggründe: schrankenlose Ruhmbegierde, Freude an geistiger Arbeit und Verantwortlichkeit ihrem Land gegenüber. Man kann diese Motive durchweg gelten lassen, doch erheblich gravierender war die Tatsache, daß in den sechziger Jahren die sozialen Widersprüche der russischen Gesellschaft immer krassere Formen annahmen. Eine ständig anschwellende antifeudale Bewegung der Bauernschaft drohte in allgemeiner Eruption zu enden. Flucht und Widersetzlichkeit von Leibeigenen waren an der Tagesordnung, aber auch bewaffnete Aufstände gegen Gutsbesitzer, Fabrikherren und lokale Obrigkeiten. In dieser Situation sah Katharinas aufgeklärt-absolutistisches Regime seine Hauptaufgabe darin, die Feudalordnung zu erhalten und gleichzeitig eine Entwicklung bürgerlich-kapitalistischer Verhältnisse teilweise zu fördern. Dabei ging es um Reformen, nicht um irgendwelche radikalen Lösungen zugunsten kapitalistischer Eigentumsverhältnisse. Sie griff dabei auf Überlegungen und Projekte aus den Tagen der Zarin Elisabeth zurück.

Das aufsehenerregende Manifest vom 25. Dezember 1766, welches die Einberufung der Großen Kommission verkündete, war von Katharina sorgfältig vorbereitet worden durch die Darlegung ihrer politischen Doktrin in Form der »Großen Instruktion« (Bolschoi Nakas), worin den Abgeordneten gleichsam ideologischer Vorlauf geliefert wurde. Noch galt in Rußland das verworrene überholte Gesetzbuch des Zaren Alexej Michailowitsch von 1649. Demgegenüber waren die 525 Paragraphen umfassenden Richtlinien des Nakas geprägt von den modernen Staats- und Rechtsauffassungen Europas; sie garantierten allen Bürgern Religions- und Meinungsfreiheit, das Recht auf physische und moralische Unantastbarkeit der Person, das Recht auf Eigentum und weitgehende Handelsfreiheit, eine Humanisierung von Gerichtsbarkeit und Strafrecht. Sogar die schrittweise Aufhebung der Leibeigenschaft wurde in Aussicht gestellt. »Der Ackerbau kann nicht florieren, wenn der Ackersmann kein Eigentum hat«, hieß es im § 295, und im § 253: Man müsse es »vermeiden, Leute zu Leibeigenen zu machen, es sei denn, daß äußerste Notwendigkeit dazu zwänge«. Obwohl die Große Instruktion zuweilen sehr allgemein abgefaßt war und vor allem an ethische Werte wie Humanität, Patriotismus, Nächstenliebe, Milde, Wohlwollen, Nachsicht etc. appellierte, wußte Katharina, daß ihre Vorschläge sozialen Sprengstoff enthielten. Wann je hatte ein russischer Zar es zu sagen gewagt, es sei »höchst notwendig«, dem Adel Gesetze vorzuschreiben, daß er bei »Festsetzung der ihm zu zahlenden Abgaben mit mehr Überlegung zu Werke ginge«? Die Kaiserin hielt es deshalb für angebracht, einige ihrer Berater vorab mit dem Text bekannt zu machen, und als Nikita Panin meinte: »Das sind Grundsätze, die geeignet sind, Mauern einzureißen«, ließ Katharina den Entwurf zur Instruktion von einer Adelskommission prüfen. Diese machte von ihrem Recht, zu streichen, soviel sie wollte, reichlich Gebrauch. Klassisches Beispiel war der § 261: »Die Gesetzgebung kann viel Nutzen stiften, indem sie gestattet, daß Leibeigene Eigentum besitzen«, lautete die endgültige Fassung. Katharinas Zusatz: »... und ihnen die Möglichkeit gibt, sich selbst die Freiheit zu erkaufen«, fiel dem Rotstift zum Opfer. Gänzlich getilgt wurden Passagen über die Einführung von Bauerngerichten, »um die Strenge der Gutsherren zu mildern«, über Gewerbefreiheit in den Städten sowie der Paragraph: »Jeder Mensch muß seinem Stande entsprechend Nahrung und Kleidung haben; dieses muß vom Gesetz bestimmt sein. Die Gesetze müssen dafür sorgen, daß die Leibeigenen im Alter und in Krankheitsfällen nicht sich selbst überlassen bleiben.«

Derartiges Redigieren ließ sich die Zarin weithin widerspruchslos gefallen, obwohl sie in ihrer eigenen Instruktion über Zensurmaßnahmen urteilte: »Es kann daraus nichts anderes als Unwissenheit entstehen; man vernichtet die Gaben des menschlichen Verstandes und nimmt die Lust zum Schreiben.« Was am Ende blieb, waren eher unverbindliche Deklarationen und abstrakte Maximen, aber Katharina tröstete sich nicht zu Unrecht mit der Bemerkung: »Viele kannten von da an wenigstens den Willen des Gesetzgebers und begannen, danach zu handeln.« Sie sparte nie mit Appellen an die persönliche Moral der Gutsbesitzer. Charakteristisch dafür ist ihr Brief an den Gouverneur von Livland, George Browne, worin sie seiner Ritterschaft energisch anriet, die Lage der Bauern zu verbessern. Dabei berief sie sich auf das Vorbild des livländischen Edelmannes Karl Friedrich von Schoultz-Ascheraden, der 1764 seinen Leibeigenen das Recht auf Eigentum, Klage gegen den Grundherrn und Schutz vor Verkauf einräumte.

Die Große Instruktion verkörperte keine eigenständige geistige Leistung Katharinas, sie war vielmehr eine eher willkürliche Kompilation aus Werken einiger liberaler Philosophen, Ökonomen, Juristen und Staatstheoretiker; zu den Anregern gehörten Montesquieu (»Vom Geist der Gesetze«), der humanistische Mailänder Jurist Cesare de Beccaria (»Von den Verbrechen und Strafen«), Jakob von Bielfeld (»Traktat über die Jurisprudenz«) und Anne Robert Turgot (»Über die Entstehung und Verteilung des Reichtums«). Freimütig gestand Katharina gegenüber Friedrich II.: »Eure Majestät werden sehen, daß ich es gemacht habe wie der Rabe in der Fabel, der sich mit fremden Pfauenfedern schmückte. Nur die Anordnung ist von mir sowie hier und da eine Zeile oder ein Wort.« Dem Philosophen d'Alembert, den sie gern zum Erzieher ihres Sohnes machen wollte, bekannte Katharina, daß sie »Montesquieu ausplünderte, ohne ihn zu nennen«.

Zweifellos bestand die Große Instruktion am Ende mehr aus wohlmeinenden Sentenzen denn aus praktikablen Vorschlägen, doch als Willensäußerung eines absoluten Herrschers war sie ein höchst ungewöhnliches Dokument. In Frankreich hielt man den Inhalt für so brisant, daß die Einfuhr von 2000 Exemplaren polizeilich verboten wurde. In Kreisen der fortschrittlichen Intelligenz Westeuropas hingegen sang man Katharinas Loblied, und Voltaire erklärte ihr nach der Lektüre des Nakas: »Sie sind wahrlich das leuchtende Gestirn des Nordens, und kein Stern ist jemals so wohltuend gewesen wie der Ihrige... Was Sie mir geschrieben haben, ist ein Denkmal Ihres Ruhmes. Diderot, d'Alembert und ich errichten Ihnen Altäre.« Das Werk werde ihr mehr Anerkennung bringen als zehn gewonnene Schlachten. Die französischen Aufklärer ahnten jedoch nur wenig von den Zwängen, in denen sich Katharina befand. Einerseits mußte sie die Opposition ihres Adels fürchten, andererseits drohten gewaltsame Aktionen der Bauern, die sich womöglich ungefragt nehmen könnten, was ihnen die Instruktion vage versprach. Es zeugte in dieser Situation von strategischem Weitblick, wenn die Zarin den Inhalt ihrer Vorschläge öffentlich zur Diskussion stellte. Sie hoffte, daß man ihre Intentionen richtig verstand als Maßnahmen zur Anpassung des feudalabsolutistischen Staates an objektive Erfordernisse.

Die Große Kommission, welche auf der Grundlage von Katharinas Vorschlägen ein allgemeingültiges Gesetzbuch erarbeiten sollte, trat am 10. August 1767 im Moskauer Kreml zusammen. Nach einem komplizierten Wahlmodus gehörten ihr 564 Deputierte an: 208 Vertreter des Stadtbürgertums, 161 Adlige, 79 Abgeordnete der Kronbauern, 54 Kosaken,

34 Angehörige nichtrussischer Völker sowie 28 Vertreter aus dem Staatsapparat. Interessanterweise stellte also nicht der Adel als erster Stand des Reiches die Mehrheit, sondern der städtische Mittelstand und die freie Bauernschaft. Katharina hatte überdies dafür gesorgt, daß aus den Reihen der stockkonservativen Geistlichkeit nur ein Abgeordneter (der Metropolit von Nowgorod) Einzug in die Große Kommission hielt. Mit den Worten: »Vertreiben wir aus unseren Herzen Härte und Vorurteile, die unserer Glückseligkeit im Wege stehen könnten«, eröffnete Graf Alexander Bibikow als Präsident die Versammlung. Zunächst debattierte man über das Problem, welchen Ehrennamen die Zarin für ihre Initiative erhalten solle und einigte sich nach Tagen auf »Katharina die Große, weiseste Mutter des Vaterlandes«. Als Graf Bibikow sie am 22. August im Kolomenskoje-Palast bat, diesen Titel anzunehmen, entgegnete Katharina: »Ich habe Sie einberufen, um über Gesetze zu beraten, und statt dessen beschäftigen Sie sich mit der Anatomie meiner Person.« Im übrigen überlasse sie es der Nachwelt, zu beurteilen, ob sie groß oder weise gewesen sei. Man wird es nicht oft finden, daß Katharina Schmeicheleien zurückwies – in diesem Moment jedoch war ihr die Arbeit der Kommission wichtiger als jedwede Eloge. Sie wollte Resultate sehen. Aber von allgemeinen Ideen zu verbindlichen Gesetzen ist es oft ein langer Weg.

Den neunzehn Unterkommissionen der Versammlung, die ab März 1768 in Petersburg tagten, lagen als Anhaltspunkt und konkrete Richtlinie 1441 sogenannte Wunschhefte der einfachen Bevölkerung vor. Es kam darüber zu leidenschaftlichen Kontroversen zwischen Vertretern des Leibeigenschaftsregimes und antifeudal-bürgerlich gesinnten Abgeordneten. Katharina ließ diese Diskussionen zwar zu, befahl indes ihren Parteigängern Bibikow, Wjasemski und Grigori Orlow, die Deputierten ständig zu überwachen sowie Geschäftsordnung und Verfahrenstaktik zu bestimmen. Über diese Praxis be-

schwerte sich vor allem Fürst Michail Stscherbatow, Wortführer der konservativen Opposition gegen die Zarin, in bitteren Worten. Es erwies sich bald, daß viele Deputierte überhaupt nicht begriffen, worum es eigentlich ging. Die 79 Abgeordneten der Bauernschaft beispielsweise waren von den Adligen ihrer jeweiligen Landkreise ausgewählt worden und fügten sich aus altgewohntem Untertanengeist Männern wie Fürst Stscherbatow und Alexander Sumarokow. Letzterer befehdete Katharinas Instruktion besonders heftig und behauptete, »im Staat wird daraus ein unaufhörlicher Bürgerkrieg entstehen«. Die Zarin, welche den Sitzungen zuweilen in einer verdeckten Loge beiwohnte, entgegnete verärgert, Sumarokow habe »in seinen Gedanken keinen ausreichenden Zusammenhang, um das Ganze kritisieren zu können«. Noch zwei Jahre später war Katharina ihre Enttäuschung anzumerken, wenn sie über jene Opponenten schrieb: »Aber wie viele gab es, die sich von Vorurteilen und schlecht verstandenen Interessen leiten ließen. Ich glaube, es gab keine zwanzig Menschen, die damals über den Gegenstand mit Menschlichkeit und wirklich wie Menschen nachgedacht hätten.« Zu diesen (in Wahrheit mehr als zwanzig) Menschen gehörten der Adelsdeputierte Grigori Korobin und der Kosakenmajor Jakow Koselski; beide beantragten unter Berufung auf Katharina, die Macht der Grundbesitzer zu beschneiden und das Eigentum der Bauern gesetzlich zu schützen. Sie erhielten – ebenso wie die liberalen Publizisten Nikolai Nowikow und Denis Fonwisin – kaum Unterstützung, auch nicht von den Kaufleuten, denen es mehr um ihre ständischen Interessen, beispielsweise ein Handelsverbot für Adlige und Bauern, ging. Dabei zeigte sich gerade 1768 in einem sensationellen Gerichtsverfahren deutlich, welch schreckliche Entgleisungen das russische Leibeigenschaftssystem in sich barg. Die Gutsbesitzerin Darja Saltykowa wurde angeklagt, achtunddreißig bestialische Morde an ihren Dienern und Bauern befohlen zu haben. Das Urteil lautete auf einstündiges Stehen am Pranger und lebenslängliche Klosterhaft, erst 1801 starb dieser weibliche Unmensch.

Ganz offensichtlich kam die Arbeit der Großen Kommission nicht voran. Katharina verlor langsam die Geduld mit der schwerfälligen Langsamkeit der Abgeordneten, denen sie reichliche Diäten zahlte. Im Januar 1769, nach mehr als 200 Sitzungen, verkündete Graf Bibikow im Namen der Kaiserin ihre Auflösung, wobei die Kriegserklärung des Türkensultans als Vorwand herhalten mußte (92 Adelsdeputierte und 54 Kosaken standen im Armeedienst). In Wirklichkeit war Katharina wohl die Lust an ihrem Lieblingsprojekt vergangen. »Es ist leicht, allgemeine Regeln zu finden, aber die Details?« schrieb sie an Voltaire. »Und welche Details? Wie viele sind es? Das ist fast so schwer, als müßte man eine ganze Welt erschaffen, sie vereinigen und erhalten.« Wenn die Große Kommission ihre Aufgabe, ein Gesetzbuch zu verabschieden, nicht erfüllte, so lag es auch daran, daß weder Zarin noch Deputierte konkrete Vorstellungen von den anzustrebenden Reformen besaßen. Katharina wollte zunächst ihre Fähigkeit als Gesetzgeberin, ihren Humanismus und ihre Liberalität herausstellen, während die Abgeordneten vor allem in den Schranken ihrer lokalen und beruflichen Gegebenheiten dachten. Es hilft aber der Erkenntnis nicht weiter, wenn man deshalb die Große Kommission oder den Nakas (immerhin eine gänzlich neue Erscheinung im Zeitalter des Absolutismus) als Komödie oder Spektakulum abtut. Der Ideenkampf, welcher in den Gremien der Versammlung begann, verstummte nie mehr; die Jahre 1767/68 waren für die Bestimmung von Inhalt, Richtung und Ziel der antifeudalen Ideologie Rußlands von unschätzbarer Bedeutung. Eine wesentliche Erkenntnis bestand darin, daß es unmöglich sei, den Staat zu reformieren, ohne die bestehenden sozialen Verhältnisse zu verändern. Katharina selbst hat die Tätigkeit der Großen Kommission damals keineswegs so geringschätzig beurteilt wie in ihren späteren Lebensjahren. »Die Kommission ... brachte mir Licht und Kenntnis von dem ganzen Reich, mit wem wir zu tun haben und um wen wir Sorge tragen müssen.« Es wäre ein Ding der Unmöglichkeit, wenn die Zarin aus ihrer Erkenntnis heraus nun adelsfeindliche Politik betrieben hätte. In den folgenden Jahren versuchte Katharina (auch noch nach dem Pugatschow-Aufstand) sorgfältig Balance zu halten zwischen den Sachzwängen einer neuzeitlichen Gesellschafts- und Staatsordnung und dem überlebten gutsherrschaftlichen Leibeigenschaftsregime. Auf diese kurze Formel könnte man das Dilemma ihrer Regierung überhaupt bringen. Es blieb der Januskopf einer Zarin, die einerseits den adligen Grundherren erlaubte, ungehorsame Bauern willkürlich nach Sibirien zu verbannen, und andererseits Gedankengänge propagierte, welche letztlich auf eine Bauernbefreiung hinausliefen, der Januskopf einer Herrscherin, die einerseits dem Adel seine Leibeigenen (wenn auch nicht ganz freiwillig) mit Haut und Haaren auslieferte und andererseits persönlich dafür sorgte, daß in Rußland die Schriften des antifeudalen Gleichheitspredigers Jean-Jacques Rousseau Verbreitung fanden.

Privatleben der Kaiserin

Mit vierzig Jahren galt Katharina II. als unbestrittene Herrscherin Rußlands. Erste Sporen auf dem Feld der Politik waren verdient, und nichts erinnerte mehr an die Unsicherheiten des Anfangs. Wenn die Zarin sich zur kundigen und respektierten Führerfigur profilierte, dann lag der Grund auch in ihrem Privatleben, das entgegen landläufiger Meinungen bar jedweder anstößigen Sensation war. Daß Katharina nach 1774 ihre Liebhaber häufig wechselte (wenn auch längst nicht so häufig, wie oft behauptet und geglaubt wird), ist noch einer gesonderten Betrachtung wert. Bis zur Bekanntschaft mit Potjomkin führte die Kaiserin eine zwölfjährige eher geruh-

Grigori Orlow

same Quasi-Ehe mit Grigori Orlow. Viele Ausländer erstaunten, daß an der Spitze des russischen Hofes, inmitten von unglaublichem Prunk und süßem Nichtstun, eine Frau stand, deren Lebenswandel sich meist bürgerlich-nüchtern, regelmäßig und pflichtbewußt gestaltete. Nicht, daß sie sich irgendein Vergnügen versagt hätte, aber jene Tage ihrer mehr als vierunddreißigjährigen Regierung, an denen sie die Arbeit vernachlässigte, dürften schnell zu zählen sein.

Zwischen fünf und sechs Uhr in der Frühe stand Katharina auf, rieb sich das Gesicht mit Eis ab und nahm im Morgenmantel ein schlichtes Frühstück, das sie mit ihren Windhunden teilte. Diese Tiere durften ungeniert in den kaiserlichen Privatgemächern herumtoben, sehr zum Kummer der späteren Liebhaber auch im Schlafzimmer. Wenn Katharina beispielsweise das Treiben von »Lady Anderson« (alle ihre Hunde trugen englische Namen) beschreibt: »Sie zerreißt alles, was sie findet, springt jeden an, der mein Zimmer betritt und beißt ihn ins Bein; sie macht Jagd auf Vögel, Fliegen und alle möglichen anderen Tiere...«, dann bleibt schleierhaft, wie sie unter solchen Bedingungen zu arbeiten vermochte; nur eiserne Nervenkraft konnte so etwas überstehen. Katharina las in diesem Chaos Briefe, schrieb Ukase und versah Denkschriften mit Randglossen. Ihr Aktenstudium mußte sie seit 1772 mit Hilfe einer Brille erledigen. Von neun bis zwölf Uhr empfing die Zarin, immer noch im Morgenrock, Minister und Beamte zum Vortrag. Erst zur Mittagszeit ließ sie sich frisieren und ankleiden, Puder, Schminke oder Schönheitspflaster verschmähte sie zu jener Zeit noch.

Die kaiserliche Mittagstafel war verrufen; wer daran teilnehmen durfte, empfand dies beinahe als Strafe. Katharina zeigte sich in Fragen der Ernährung äußerst anspruchslos und hielt ein Mahl von gekochtem Rindfleisch mit Salzgurken nebst wasserverdünntem Johannisbeersirup für völlig ausreichend. Ihre privaten Küchenmeister waren ausgemachte Dilettanten, so daß selbst der eher bescheidene Kaiser Joseph II. anläßlich eines Besuches klagte: »Das Essen ist reichlich, aber meist ungenießbar, kalt und hart.« War die Mahlzeit glücklich beendet, dann verging der Nachmittag wiederum mit Audienzen von Staats- und Verwaltungsbeamten. Selbst am Abend gönnte sich Katharina nur wenige freie Stunden pro Woche: Dienstag und Sonnabend. Diese Zeit wurde im geselligen Beisammensein mit Freunden verbracht: Grigori Orlow, Panin, Bezkoi, der Hofdame Praskowja Bruce und vor allem dem witzigen Lew Naryschkin, nominell Oberstallmeister, weit eher jedoch bevorzugter Possenreißer der Zarin.

Diese privaten Zirkel fanden in der Ermitage statt, einem Gebäude von unauffälliger äußerer Eleganz neben dem Winterpalais, das 1764 bis 1767 errichtet wurde und eine Bildergalerie nebst Speisesaal, zwei Spielsalons und einen Wintergarten umfaßte. Dort existierten tatsächlich auch in den Fußboden versenkbare Tische; was es hingegen nicht gab, waren jene sagenhaften Orgien, in deren Beschreibung sich Kolportage-Literaten so gerne ergehen. Katharina hatte eine zehn Gebote umfassende Gästeordnung für die Ermitage entworfen, in der es unter anderem hieß: »Ihren Rang und Ihren Dünkel sowie andere derartige Eigenschaften lassen Sie draußen. Seien Sie fröhlich – aber ohne Möbel zu beschädigen.« Oder: »Eßt reichlich, aber trinkt mit Maßen, so daß jeder, der zur Tür hinausgeht, festen Boden unter den Füßen hat.« Eine weitere Bestimmung lautete: »Es darf weder gelogen noch gefaselt werden.« Ob man sich daran immer hielt, sei dahingestellt. Streithähne oder Übellaunige mußten jedenfalls an den Staatssekretär Besborodko eine Buße von zehn Kopeken zahlen sowie sechs Zeilen eines langweiligen Gedichts auswendig lernen. Augenzeugen berichten aus dem Ermitage-Zirkel von Konversation und Wortspielen, Liedern und Konzerten, Rezitationen und Scharaden, gewiß auch von Klatsch, Intrigen, Bosheiten und windigen Abmachungen – nie aber von sexuellen Entgleisungen oder wüsten Bacchanalen. Vor allem spielte man Billard, das Katharina sehr gut beherrschte, oder englische Kartenpartien wie Whist und Robber. Die Zarin konnte dabei manches Mal Gelassenheit demonstrieren, sie behielt auch die Ruhe, als ihr eines Tages der Kammerherr Tschertkow seine Karten vor die Füße warf und sie der Falschspielerei bezichtigte!

Katharinas Garderobe zeichnete sich durch schlichte und geschmackvolle Eleganz aus, besonders gern trug sie den bequemen Kasak, ein russisches Nationalgewand. Bei offiziellen Anlässen jedoch machte sie in Roben, die von Diamantkaskaden und Ordensgold funkelten, der verstorbenen

Kaiserin Elisabeth Konkurrenz. »Brillanten, Perlen, Gold und Silber an der Monarchin, den Hofdamen, den Gemahlinnen der meisten Kavaliere und selbst an den Mannspersonen übertreffen alle Vorstellungen«, berichtete ein englischer Gast vom Zarenhof. Recht ungewöhnlich für die hygienischen Vorstellungen des 18. Jahrhunderts war Katharinas Leidenschaft in bezug auf das Baden. Zu diesem Zweck mußten im Park von Zarskoje Selo extra zwei Badehäuser erbaut werden. Mit weißleinenem Kittel bekleidet, stieg die Kaiserin dort oft gemeinsam mit einigen Hofdamen in ein Bassin voll kühlen Wassers. Ihre aus Hessen stammende Schwiegertochter, die man einmal zu dieser Prozedur einlud, fiel vor Schreck beinahe in Ohnmacht, weil sie glaubte, ein kaltes Bad nicht zu überleben. Katharina, die selten herzlos reagierte, wollte sich über diese Szene ausschütten vor Lachen.

Immer wieder berichtete sie in ihren Briefen von der eigenen heiteren Gemütsstimmung, und zwar so auffällig oft, daß man dahinter auch Autosuggestion vermuten darf, denn zu vielen Zeiten ihres Lebens gab es wahrlich keinen Grund zum Lachen. Dennoch kann Katharina ein gesunder Sinn für Humor nicht abgesprochen werden. Sie lieferte Kostproben davon, als Orlow ihr den jungen Grigori Potjomkin vorstellte, nicht ahnend, daß er damit seinem hartnäckigsten Rivalen die erste Sprosse zur Erfolgsleiter darbot. Potjomkin besaß ein ausgeprägtes Talent zur Nachahmung seiner Mitmenschen in Gestik, Mimik und Stimme. Als er im intimen Kreis aufgefordert wurde, seine Künste zu zeigen, nahm er sich als Opfer ausgerechnet die Kaiserin vor und karikierte deren russische Aussprache, die zeitlebens hörbar von deutschem Akzent geprägt war. Die Damen und Herren entsetzten sich über Potjomkins Dreistigkeit, während Katharina in helles Gelächter ausbrach. Sie konnte einen Witz auf eigene Kosten ohne weiteres vertragen.

Ihr Humor stieß an seine Grenzen, wenn es um Fragen von Moral und Anstand ging. Obwohl sie später wegen zahlreicher Liebhaber ins Gerede kam, neigte sie eher zur Prüderie. Zweideutige Scherze oder gar Zoten waren bei ihr verpönt, ebenso außereheliche Liebschaften oder amouröse Skandale. Wer sich liebte, hatte gefälligst zu heiraten, nur für sich selbst legte die Zarin andere Maßstäbe an.

Es gab kaum einen Menschen, der Katharina je unbeherrscht erlebt hätte. Auch in Momenten höchsten Zornes hatte sie es sich zur Gewohnheit gemacht, erst ein Glas eiskalten Wassers zu trinken, bevor sie etwas sagte. Alkohol kam hingegen sehr selten über ihre Lippen. Nicht nur, weil sie es verstand, sich eisern zu disziplinieren, sondern auch, weil das schlechte Beispiel der trunksüchtigen Kaiserin Elisabeth warnend nachwirkte. Selbst bei den ausgelassensten Feierlichkeiten trank Katharina lediglich Saft oder als Gipfelpunkt des Genusses ein Glas mit Wasser verdünnten Rotwein. Ihr eigentliches Lebenselixier war der Kaffee, von dem sie jeden Morgen mehrere Tassen in beträchtlicher Stärke zu sich nahm.

Über das öffentliche Auftreten der Herrscherin liefert Giacomo Casanova im Band 10 seiner Memoiren eine interessante Schilderung. Der vierzigjährige venezianische Liebeskünstler weilte 1765 in Rußland und unterhielt sich dort mehrmals mit Katharina, unter anderem auch über eine Reform des Julianischen Kalenders. »Die Zarin sagte in sehr bescheidenem Ton und in einer sehr einfachen Redeweise ihre Meinung klar und deutlich, und ihr Geist schien ebenso unerschütterlich zu sein wie ihre gute Laune, deren immer gleiche Beständigkeit ihr lächelndes Antlitz verkündete. Da diese lachende Miene ihr zur Gewohnheit geworden war, so kostete sie ihr wahrscheinlich keine Mühe; trotzdem ist sie deshalb zu bewundern, denn es gehört dazu eine Selbstbeherrschung, die die gewöhnlichen Regungen der menschlichen Natur im Zaume zu halten weiß.« Casanova zeigte sich merkbar beeindruckt von Katharina, hob ihre Sanftmut und Leutseligkeit, ihre Gefälligkeit und äußerliche Ruhe hervor, niemals ver-

Parkansicht von Zarskoje Selo

löre sie das rechte Maß. Gleichzeitig fiel ihm auf: »Sie hat keine andere wahre Leidenschaft als jene, zu herrschen und diese Herrschaft sich zu bewahren.« In dem schreibfertigen Italiener gewann sie bis zu ihrem Tode einen ergebenen Bewunderer.

Mit Grigori Orlow verband die Zarin ein Verhältnis, das aus glühender Leidenschaft langsam zur liebevollen Routine geronnen war. Die Rolle des Liebhabers, des Ritters im Alkoven, wie manche hinter vorgehaltener Hand spöttelten, befriedigte den ruhelosen Orlow allerdings immer weniger. Zu Beginn seiner Liaison mit Katharina noch anmaßend und indiskret, litt er zunehmend unter der geistigen Überlegenheit seiner Partnerin, die ihm kaum Entfaltungsmöglichkeiten gewährte. Gewiß, Grigori war kein Muster an gewissenhaftem Fleiß; obwohl er mit Rousseau korrespondierte, sich eine Sternwarte bauen ließ und 1765 sogar liberale Ideen zur Bauernfrage veröffentlichte, vermochte er es nie, sich ernsthaft auf einen Gegenstand zu konzentrieren. Ihm schien es unbegreiflich, wie eine Zarin den größten Teil ihrer Zeit mit Arbeit verbringen konnte. Gekränkt verließ Orlow zuweilen unangekündigt Petersburg und ging wochenlang in Sibirien auf Bärenjagd. Katharina tat, als sei nichts geschehen, und das ärgerte ihn noch weitaus mehr. Selbst seine zahlreichen Liebesaffären nahm sie gelassen hin. Irgendwie war man einander überdrüssig geworden, aber die Kraft zur endgültigen Trennung fehlte beiden noch. »Von meinem 15. bis zu meinem 33. Jahr gab es in meiner Umgebung keine Frauen, mit denen ich mich hätte unterhalten können. Ich hatte nur Zofen um mich. Wollte ich mich unterhalten, so war ich auf Männer angewiesen. So ist es gekommen, daß ich aus Gewohnheit und Neigung es viel besser verstehe, mit Männern zu reden«, schrieb Katharina 1766 in einer Selbstanalyse über ihr Verhältnis zum anderen Geschlecht.

Das Leben der Zarin spielte sich winters in Petersburg, sommers meist in Zarskoje Selo ab. Peterhof mit seinem »Rauschen der verfluchten Fontänen« liebte sie weniger, bezeichnete es sogar einmal als »abscheulich und hassenswert«, auch Oranienbaum, das sie immer an ihren Gemahl erinnerte, bewohnte sie erst nach einem völligen Umbau aller Zimmer. Der Park von Zarskoje Selo wurde zum liebsten Refugium Katharinas, die ihn ganz nach ihrem Geschmack gestalten ließ. 1772 schrieb sie an Voltaire: »Ich kann Ihnen nicht sagen, wie ich die englischen Gärten liebe, diese geschwungenen Linien, die sanften Abhänge, die Teiche in Form von Seen mit kleinen Halbinseln. Ich hasse Springbrunnen, die dem Wasser zur Qual sein müssen, weil sie es gegen seine Natur aufwärts zu gehen zwingen.«

Im Jahre 1778 beauftragte Katharina den schottischen

François-Marie
Arouet
de Voltaire

Architekten Charles Cameron, acht Zimmer des Palastes von Zarskoje Selo im klassizistischen Stil umzugestalten; die eingeschossigen Seitenflügel wurden aufgestockt und Portale hinzugefügt; das Gebäude erhielt damals im wesentlichen sein heutiges Aussehen. Nicht selten verließ Katharina aber ihre Residenzen, um das Russische Reich besser kennenzulernen. Es waren ausgesprochene Dienst- und Inspektionsreisen, die wichtigsten führten sie 1764 in die Ostseeprovinzen, 1767 die Wolga entlang nach Nishni Nowgorod, Kasan und

Simbirsk, 1775 nach Tula, Kaluga und Twer, 1780 in die Ukraine sowie nach Narwa und Pskow.

»Ich kann keine frische Feder liegen sehen, ohne ihr zuzulächeln und ohne das lebhafte Bedürfnis zu empfinden, sie zu benutzen«, bekannte Katharina einem Freund. Ihre Korrespondenz war in der Tat enorm an Umfang und Inhalt. Zu den bevorzugten Briefpartnern gehörten die Philosophen Diderot und d'Alembert, der Bildhauer Falconet, Kaiser Joseph II., Friedrich der Große und dessen Bruder Prinz Heinrich, der Literat Grimm und der Arzt Zimmermann, der Fürst de Ligne und die Hamburger Freundin Johanna Dorothea von Bielke, Madame Geoffrin in Paris – vor allem aber der einflußreiche, streitbare Autor, geistreiche Spötter und universale Denker François Marie-Arouet de Voltaire. Zwei politisch ebenbürtige Geister hatten sich gefunden, als die junge Zarin im Oktober 1763 schrieb: »Ich kann Ihnen versichern, daß ich mich Ihnen seit 1746, seitdem ich selber über meine Zeit verfügen kann, auf das höchste verpflichtet fühle.« Während der nächsten fünfzehn Jahre wechselten beide mehr als 800 Briefe voll gegenseitiger Hochachtung. Sicher hat Katharina es verstanden, aus Voltaire einen ergebenen Lobredner, ja geradezu einen Propagandisten ihrer Ideen zu machen, der selbst mißglückte Maßnahmen noch in lyrischen Metaphern feierte, aber wenn sie ihn als geistigen Lehrmeister bezeichnete, meinte sie das ernst. Rußlands Politik vermochte sie dem alten Philosophen so geschickt und überzeugend darzulegen, daß er ihr 1769 erklärte: »Darf ich Ihnen sagen, ohne kühn sein zu wollen, daß ich über alles, was Ihre Herrschaft bisher ausgezeichnet hat, so gedacht habe wie Sie selbst; darum betrachte ich Ihre Staatsgeschäfte so, als wären sie mir ganz persönlich ans Herz gewachsen: Die Ansiedlungen, die Künste aller Art, die guten Gesetze, die Toleranz, all das ist meine Leidenschaft.«

Voltaires Bewunderung für Persönlichkeit und Regierungsstil Katharinas war ungeheuchelt, auch wenn der Franzose sich in seinen Briefen gelegentlich zu schmeichelnden Tiraden verstieg, die aus heutiger Sicht eher peinlich wirkten. Katharina stand ihm aber darin nicht nach, öffnete gleichfalls das Füllhorn ihrer Freundlichkeiten. Ein wenig Schauspielerei gehörte für beide zum Geschäft. Außerdem betrieb der rührige Voltaire in Ferney nahe der Schweizer Grenze eine Uhrenfabrikation, und Rußlands Zarin gehörte zu den Großabnehmern. Sie bestellte »Uhren aller Sorten für ein paar Tausend Rubel«. Das ließ sich Voltaire nicht zweimal sagen, er sandte gleich vier Kisten nach Petersburg und behauptete, »alle Preise sind um ein Drittel niedriger als in England«. Immerhin legte der Alte von Ferney eine Rechnung über 39238 Francs bei, die anstandslos bezahlt wurde. Den Uhrenhandel Voltaires vermittelte seine fürstliche Freundin bis ins asiatische Rußland und nach China. Man half sich gegenseitig.

Zum ergebenen Freund Voltaire gesellte sich 1765 der Enzyklopädist und materialistische Philosoph Denis Diderot. Als er aus finanzieller Not seine Bücher veräußern wollte, kaufte Katharina die gesamte Bibliothek für 15000 Francs unter der Bedingung, daß die Bände in Diderots Händen verblieben. »Es wäre doch grausam und ungerecht, einen Gelehrten von seinen Büchern zu trennen.« Gleichzeitig ernannte sie den Schriftsteller zu ihrem Bibliothekar und zahlte ihm sein jährliches Gehalt von tausend Francs für fünfzig Jahre im voraus! »Erhabene Fürstin, ich werfe mich Ihnen zu Füßen; ich strecke beide Arme nach Ihnen aus ... ich weine vor Rührung wie ein Kind«, exaltierte sich Diderot daraufhin, und die Zarin mochte denken, wie wenig Geld es sie gekostet hatte, als gütige Wohltäterin dazustehen. Etwas selbstgefällig meinte sie zu Voltaire: »Ich hätte niemals geglaubt, daß der Ankauf einer Bibliothek mir soviel Anerkennung einbringen würde.« Anerkennung wohlgemerkt durch einen der renommiertesten Gelehrten Europas.

Ein düsteres Kapitel in Katharinas Leben war die Beziehung zu ihrem Sohn Großfürst Paul. Bis zu seinem achten

Zarewitsch Paul

Jahr hielt ihn die Zarin Elisabeth fern von der Mutter und ließ ihn durch zahlreiche Ammen maßlos verhätscheln. Einmal in der Woche durfte Katharina den ihr im Grunde fremden Knaben sehen, herzliche Kontakte kamen nie zustande. Nach dem Regierungsantritt 1762 mußte sie bald erkennen, daß der minderjährige Paul ihr gefährlichster Rivale war, den bestimmte Kreise gleichsam in Reserve hielten, um ihn anstelle seiner Mutter auf den Thron zu setzen. Diese Befürchtung stellte kein Hirngespinst dar, wenn man berücksichtigt, daß 1773, mitten in der Pugatschow-Krise, eine Fraktion am russischen Hof (Graf Panin, Fürstin Daschkowa, Fürst Repnin) beabsichtigte, die Macht der Zarin zugunsten ihres Sohnes erheblich einzuschränken. Das Mutter-Sohn-Verhältnis wurde dadurch schwer belastet.

Man kann Katharina im privaten Bereich eigentlich weder Kälte noch Unmenschlichkeit vorwerfen. Sie behandelte Lakaien wie Gehilfen mit ausgesuchter Höflichkeit und kleidete Befehle stets in die Form von Bitten; später zeigte sie sich, wie man sehen wird, als äußerst fürsorgliche und tolerante Großmutter. Aber es war nicht einfach, Paul zu lieben. Ein trotziges, übernervöses und verwöhntes Kind, launenhaft und aufbrausend, konnte er von seinen Lehrern, allen voran dem freundlichen Junggesellen Panin, kaum gebändigt werden. Nichts an ihm verkörperte Normalität. Anfangs liebte er seine Mutter abgöttisch und bekam aus Eifersucht gegen Grigori Orlow wahre Tobsuchtsanfälle, später verschloß er sich in unverhüllter Trotzhaltung. Paul litt unter seiner Häßlichkeit, die ihn während der Pubertät wie ein schlimmes Übel anfiel. Das reizende Kindergesicht, worüber Elisabeth einst so entzückt war, wandelte sich mählich in ein grobes Antlitz mit lächerlich aufgeworfener Nase und wulstigen Lippen, böse Zungen verglichen es mit einem Pekinesen. Der Großfürst versuchte diese für ihn sehr belastende Tatsache zu kompensieren durch außergewöhnlichen Standesdünkel – unmäßig stolz, schroff und hochfahrend, machte er sich bei vielen verhaßt.

Es gab Höflinge, die mit Pauls gestörter Seele skrupellos Schindluder trieben. Man spielte ihm französische Pamphlete zu, in denen behauptet wurde, Katharina habe seinen Vater Peter III. ermorden lassen. Die Folgen waren verheerend: hysterisches Mißtrauen und epileptische Anfälle. Vor allem begann Paul nun, seinen Vater, den er eigentlich nie gekannt hatte, mit Macht zu idealisieren und zu kopieren. Voller Entsetzen mußte Katharina registrieren, daß in ihrem Sohn Zar Peter III. wiedererstand. So vieles erinnerte sie an den toten Gemahl: exaltierte Preußenbegeisterung, Faible für alles

Militärische, höhnischer Spott über die orthodoxe Kirche, kalte Abneigung gegen ihre Person. Was aber bei Peter kopfschüttelnd belächelte Marotte gewesen war, wuchs sich bei Paul zur wahnhaften Manie aus. Sein Vater hatte bei aller Verstiegenheit eher unter die leutselig-zugänglichen Charaktere gehört, während Paul im Laufe der Zeit ein Misanthrop mit Hang zum Sadismus wurde. Diese Eigenschaften ließen Katharina gegenüber ihrem Sohn kalt und streng werden. Paul erlebte sie hinfort in Ton und Haltung nur als unnahbare Kaiserin. Ein Diplomat berichtete: »Seine Mutter allerdings gibt sich ihrem Sohn gegenüber keinerlei Mühe, den Schein zu wahren, auf den sie sonst in allen Dingen so großen Wert legt.«

Katharina richtete ihre Energie künftig darauf, aus Paul keinen potentiellen Rivalen, sondern einen halbwegs passablen Nachfolger zu machen. Auch das gehörte zu den Maßnahmen, ihre Stellung als Herrscherin zu stärken. Es war um so notwendiger, als Rußland Ende der sechziger Jahre vor schweren außenpolitischen Belastungsproben stand.

VI. Kriegerische Verwicklungen

»Der Krieg ist eine häßliche Angelegenheit, mein Herr.«

Katharina II. an Voltaire
25. September 1770

Konflikte um Polen

Das Augenmerk der russischen Politik richtete sich seit der manipulierten Königswahl von 1764 verstärkt auf den Nachbarn Polen. Seit Stanislaw Poniatowski die Krone trug, nahm der Einfluß Petersburgs stetig zu. Katharinas Gesandter in Warschau, Fürst Nikolai Repnin, führte sich oftmals wie ein Vizekönig auf und gängelte die polnische Innenpolitik, wo er nur konnte. Dies fiel ihm um so leichter, als die Adelsrepublik zunehmend unregierbarer wurde. Polen war im 17. Jahrhundert noch ein mächtiger Staat gewesen, aber endlose Kriege gegen Rußland, Schweden und die Türkei führten das Land in wirtschaftlichen und militärischen Niedergang. Was noch mehr ins Gewicht fiel: Die Repräsentanten des Sejm, des polnischen Adelsparlaments, zeigten sich heillos zerstritten. Ein einziger Abgeordneter konnte durch seinen Einspruch jedweden Parlamentsbeschluß unwirksam machen; er brauchte nur ohne Begründung zu sagen: »Nie pozwalam!« (Ich erlaube es nicht!) Dieses sogenannte Liberum veto lähmte die gesamte Staatsmaschinerie. Seit 1652 gingen von fünfundfünfzig Reichstagen achtundvierzig unverrichteterdinge auseinander. Die Wahlkönige hatten ohnedies nicht viel zu bestimmen, meist waren es Ausländer oder, wie Poniatowski, unbedeutende Adlige ohne Hausmacht. Den Nachbarländern Rußland, Preußen und Österreich lag viel daran, diese Zustände zu konservieren; Polen sollte möglichst schwach und handlungsunfähig bleiben, weil das immer wieder Vorwände zur Einmischung bot.

Katharinas Außenpolitik gebärdete sich Polen gegenüber besonders aggressiv. Im November 1766 forderte ihr Gesandter Repnin auf dem Reichstag zu Warschau ultimativ die Beibehaltung des Liberum veto. Weiterer Streit entzündete sich an der Dissidentenfrage. Unter Dissidenten verstand man in Polen jenen beträchtlichen Bevölkerungsteil, der nicht zur katholischen Kirche gehörte: vor allem die griechisch-orthodoxen Weißrussen und Ukrainer sowie protestantische Westpreußen und Litauer. Durch die Intoleranz der polnischen Katholiken wurden diese Menschen ständig diskriminiert und in ihrer Religionsausübung behindert. Katharina warf sich ungebeten zur Schutzherrin dieser Dissidenten auf und verlangte Garantien für deren rechtliche Gleichstellung. Auch Preußen mischte sich drein und schloß am 15. Mai 1767 eine Konvention mit Rußland, worin Friedrich II. politische Unterstützung versprach, falls die Zarin militärisch gegen Polen aktiv werde. Dadurch ermutigt, vereinigten sich sämtliche polnischen Dissidenten im Juni 1767 zur Generalkonföderation von Radom und baten russische Truppen um Schutz. Katharina befahl daraufhin, in Polen einzumarschieren, am 5. Oktober wurde Warschau eingeschlossen, wo der Sejm tagte. Fürst Repnin ließ Kanonen gegen den Sitzungssaal richten und mehrere Wortführer des Parlaments, darunter den Bischof von Krakau und den Kron-Unterfeldherrn Rzewuski, gefangennehmen. Unter diesem äußeren Zwang beschloß der Reichstag, die Dissidenten in alle ihre Rechte einzusetzen.

So gewalttätig Katharinas Vorgehen heutzutage anmutet, im 18. Jahrhundert, als ein Völkerrecht noch kaum existierte, sah man die Dinge etwas anders. Eine Gleichberechtigung der Religionen hatte nicht nur Rußland von Warschau gefordert, sondern auch Preußen, Großbritannien, Schweden und

Dänemark. Die Zarin erschien der Öffentlichkeit weniger als Aggressorin denn als Verteidigerin der Glaubensfreiheit. Voltaire gab dieser Meinung Ausdruck mit den Worten: »Es ist eine sonderbare Sache und scheint ein Widerspruch zu sein, wenn man Duldsamkeit und Toleranz mit Waffengewalt erzwingt, aber die polnische Intoleranz ist auch wahrhaftig so widerwärtig, daß sie es wohl verdient hat, eins über die Ohren zu bekommen.« Voltaire konnte allerdings nicht ahnen, daß Rußlands »Kampf gegen den Fanatismus« letztlich das Vorspiel zur ersten polnischen Teilung bildete.

Es stellte sich nur zu bald heraus, daß in Katharinas Rechnung ein fataler Fehler lag. Der katholische Adel Polens war um keinen Preis bereit, sich ihren Forderungen zu beugen. Er schloß sich im Februar 1768 zur Konföderation von Bar (einer Stadt im ukrainischen Teil Polens) zusammen, stellte militärische Formationen auf und griff die im Land stationierten russischen Kontingente an. Es wurde ein ungleicher Kampf, in dem die wenig geordneten Reiterhaufen der Konföderierten schwere Verluste erlitten. In ihrer Not wandten sich deren Führer Fürst Karol Radziwill und Bischof Michal Krasinski um Hilfe an die Türkei, mit der Polen längs des Dnestr eine gemeinsame Grenze besaß. »Eine große Anzahl polnischer Damen schickten in die Türkei und boten dem Sultan ihre Juwelen an«, berichtet ein Zeitgenosse. Diese Aktion war an Absurdität kaum noch zu überbieten. Man bedenke: Polnische Katholiken suchten Unterstützung bei mohammedanischen Türken, um ihre christlichen Landsleute weiter ungestraft unterdrücken zu dürfen. Völlig zu Recht bemerkte ein besonnener polnischer Adliger: »Die Russen vermittels der Türken vertreiben zu wollen heißt das Haus in Brand stecken, um die Mäuse loszuwerden.« Der Sultan zögerte zunächst mit eindeutigen Aktionen; Rußland war im militärischen Bereich eine unberechenbare Größe, und überdies fehlte ein geeigneter Vorwand zum Konflikt. Der fand sich rasch, als im August 1768 russische Kosaken bei der Verfolgung von Konföderierten auf türkisches Gebiet vordrangen, die bessarabische Stadt Balta brandschatzten und 1500 Menschen niedermetzelten. Die Türken verlangten daraufhin von Rußland eine sofortige Räumung Polens, was selbstredend Ablehnung erfuhr. Am 6. Oktober 1768 wurde der russische Gesandte in Konstantinopel Alexej Obreskow vor den Großwesir zitiert und nach einer wüsten Schimpfkanonade kurzerhand ins Gefängnis geworfen. Noch am selben Tag erklärte Sultan Mustafa III. der Zarin den Krieg.

Katharinas Polenpolitik hatte plötzlich höchst unerwünschte Resultate gezeitigt. Ein Krieg mit der Türkei kam ihr nicht in der Sache, wohl aber im Zeitpunkt seines Ausbruchs sehr ungelegen. »Man sagt, daß dieser Augenblick ein schrecklicher für die Kaiserin gewesen sei, welche sich dessen durchaus nicht versah«, berichtete Victor Graf Henckel von Donnersmarck, ein preußischer Offizier, der zur russischen Armee abkommandiert war. Aus Katharinas Schriften geht eindeutig hervor, daß sie beabsichtigte, den alten Traum Peters des Großen zu verwirklichen: Annexion der türkisch besetzten Krim, freien Zugang zum Schwarzen Meer und den Dardanellen und womöglich Eroberung von Konstantinopel. Das war nicht nur subjektiver Wunsch der Zarin, sondern auch außenpolitisches Programm der sich allmählich formierenden Bourgeoisie Rußlands sowie des verbürgerlichten Adels. Die Handelsherren orientierten unmißverständlich auf die Eroberung des Südens, vor allem der Schwarzmeerhäfen, weil damit eine Monopolisierung des Handels mit den Ländern der Levante und Südosteuropas in russischen Händen erreicht wurde. Der Großindustrielle Iwan Twerdyschew, dem am Export seines Roheisens in alle Welt gelegen war, forderte beispielsweise in einem Memorandum die Errichtung von russischen Flottenstützpunkten am Schwarzen Meer. Andere Denkschriften riefen ungeniert zum Handelskrieg gegen die Türkei auf. Katharina verstand diese Bestrebungen durchaus, zumal sie eine Wirtschaftspolitik betrieb, die zielgerichtet im Interesse der Bourgeoisie lag und oft bürgerliche Fabrikanten durch umfassende Kapitalunterstützungen förderte. Sie scheute auch nicht die Opposition der adligen Aristokratie, der ein Türkenkrieg widerstrebte. Die meisten großen Grundbesitzer exportieren ihre landwirtschaftlichen Erzeugnisse traditionell über den Petersburger Markt und zeigten kein Interesse am Schwarzen Meer. Außerdem bedeutete ein Krieg immer auch Aushebung leibeigener Rekruten zum Militär, deren Arbeitskraft dann auf den Gütern fehlte.

Dennoch schien Katharina der Zeitpunkt für einen Konflikt mit den Türken ungünstig. Die russische Armee, mit mehr als 300 000 Mann zahlenmäßig stärkste der Welt, wies noch zahlreiche Mängel auf, die ihre Einsatzbereitschaft beschränkten: unvollzählige Regimenter, schlecht berittene Kavallerie, die Artillerie mitten in einer Umstrukturierung, eine schlampige und korrupte Militärverwaltung, verdorbenes Pulver, Mangel an Zelten und schlechte Bekleidung. Besser sah es bei der Marine aus. Noch 1765 hatte Katharina anläßlich einer Inspektion in Kronstadt die russische Flotte erbost mit holländischen Heringsbooten verglichen. Seither waren viele Kriegsschiffe gebaut worden, die meist von gut ausgebildeten britischen Marineoffizieren befehligt wurden.

Es mußte die Zarin beruhigen, daß es im militärischen Bereich bei den Türken noch schlechter stand. Überdies hatten sie den Krieg zur Herbstzeit erklärt, in der sie keine ernsthaften Angriffe unternehmen konnten, weil das Heeresaufgebot der asiatischen Provinzen nur im Sommer zur Verfügung stand. Kampfeslustig schrieb Rußlands Kaiserin an Graf Iwan Tschernyschow: »Sie wissen, Rußland kann viel, und Katharina II. baut wohl dazwischen Luftschlösser; jetzt gibt es nichts mehr, was ihre Bewegungen hemmt. Nachdem man die schlafende Katze einmal aufgeweckt hat, wird sie nicht eher ruhen, bis sie die Maus gefressen hat.« Und Voltaire ließ sie wissen: »Wenn uns das Kriegsglück hold ist, werde ich meinen Neidern sehr verpflichtet sein; sie hätten mir dann zu einem Ruhm verholfen, an den ich nie gedacht habe.«

Im Kampf mit dem Sultan

Die Kämpfe zwischen Russen und Türken konzentrierten sich zunächst auf die am rechten Ufer des Dnestr gelegene Festung Chotin, einen der wichtigsten Flußübergänge. Die Stadt mit ihrer im 13. Jahrhundert von den Genuesen erbauten Zitadelle leistete monatelang erfolgreichen Widerstand gegen die russischen Truppen, deren Oberbefehlshaber Fürst Alexander Golizyn einen Fehler nach dem anderen beging. Friedrich der Große schrieb als Militärfachmann spottend: »Die Generale Katharinas verstanden von Belagerungskunst und Taktik nicht einmal die Anfangsgründe, die des Sultans waren noch unwissender. Um sich also einen rechten Begriff von diesem Krieg zu machen, muß man sich Einäugige vorstellen, die Blinde gehörig schlagen...« Der unfähige Golizyn wurde schließlich durch den energischen General Pjotr Rumjanzew ersetzt, der im März 1769 Asow und einen Monat später Taganrog an der Mündung des Don erobert hatte. Am 28. September fiel auch die Festung Chotin in russische Hand.

Während Katharinas Heere im Süden nicht recht von der Stelle kamen, bereitete man in Petersburg eine großangelegte Flottenoperation vor. Die Türken sollten im Mittelmeer, quasi vor ihrer Haustür, angegriffen werden. Großbritannien unterstützte diesen Plan mit Rücksicht auf gute Handelsbeziehungen zum Russischen Reich (vor allem brauchte man sibirisches Eisen für die Industrie) und erlaubte mehreren britischen Marineoffizieren, in die Dienste der Zarin zu treten; auch 800 Seeleute aus Dänemark wurden angeheuert. Im Juli 1769 verließ das erste Geschwader unter Admiral Grigori Spi-

Seeschlacht bei Tschesme, 5. Juli 1770

ridow die Reede von Kronstadt, im September folgte das zweite Geschwader unter Konteradmiral John Elphinston. Die Schiffe durchsegelten Ost- und Nordsee, den Ärmelkanal und die Straße von Gibraltar. Bei der spanischen Insel Menorca vereinigten sich beide Geschwader im Januar 1770. Kommandant der Flotte war nominell Alexej Orlow, dessen Bruder Grigori dieses Amt für ihn bei Katharina erbettelt hatte. Die Zarin war leider schwach genug, seiner Bitte nachzugeben.

Katharinas Agenten hatten es vermocht, das osmanisch besetzte Griechenland in Aufruhr zu versetzen. Namentlich die kriegerischen Mainoten an der Südspitze der Halbinsel Peloponnes griffen beim Nahen der russischen Flotte zu den Waffen. Ihr Aufstand wurde mit barbarischer Grausamkeit niedergeschlagen. Alexej Orlow, der die Griechen mit Landungstruppen unterstützen sollte, irrte derweilen in der Ägäis umher und suchte die Kriegsflotte des Sultans. Die türkischen Schiffe hatten sich zur Insel Chios vor der kleinasiatischen Küste zurückgezogen, dort wurden sie am 4. Juli 1770 aufgespürt, bombardiert und in der gegenüberliegenden Bucht von Tschesme zusammengedrängt. Am Abend des 5. Juli unternahmen die Russen einen Brandangriff, der furchtbare Folgen hatte: Die gesamte Halbmond-Flotte (fünzehn Linienschiffe und neun Fregatten) wurde vernichtet, 8000 türkische Seeleute fanden den Tod. Einen derartigen Triumph hatte niemand der relativ unerfahrenen russischen Marine zugetraut.

Der sensationelle Sieg von Tschesme war neben dem Mut vieler einfacher Matrosen vor allem der brillanten Führungskunst der englischen Admirale Samuel Greigh und John Elphinston sowie dem Branderkommandanten Dugdale zu verdanken. Alexej Orlow hingegen, der Oberbefehlshaber, zog es vor, sich während der Schlacht in seiner Kajüte aufzuhalten, wo er vor einer Ikonenwand kniete und für den Sieg betete, eine zumindest eigentümliche Methode der Seekriegführung. Das hinderte Katharina jedoch nicht, Orlow mit Geschenken und Ehrungen zu überhäufen. Sie ließ Gedenkmedaillen mit seinem Bildnis prägen und verlieh ihm den Ehrennamen »Tschesmenski« (Held von Tschesme), als welcher er unverdient in die Geschichtsbücher einging. Eher hätte Alexej vor ein Kriegsgericht gehört, denn seinen eigentlichen Auftrag, die Dardanellen zu durchfahren und Konstantinopel zu bedrohen, führte er nicht aus, so daß der Sieg von Tschesme unausgenutzt blieb.

Einen Erfolg konnte Katharina dennoch verbuchen. Die offensichtliche Verwundbarkeit der türkischen Seemacht reizte mehrere Vasallenstaaten, darunter Ägypten, zum Abfall von Konstantinopel. Ende 1770 erklärte sich Kurgok, Fürst der im Kaukasus gelegenen Großen Kabardei, für unabhängig und stellte sein 9000 Quadratkilometer umfassendes Land unter russischen Schutz; in Petersburg nahm die Zarin seinen Huldigungseid entgegen. Unterdessen ging der Krieg an der südlichen Grenze weiter. Ende Juli 1770 wurde die fünffach überlegene Armee des Großwesirs durch Rumjanzew bei Kagul am Pruth schwer geschlagen; General Pjotr Panin, jüngerer Bruder des Ministers, eroberte am 25. September die starke Festung Bender in Bessarabien, wo die Russen ein furchtbares Blutbad unter der Bevölkerung anrichteten.

Katharina, die von militärischen Fragen nur wenig verstand, neigte dazu, Rumjanzews Siege zu überschätzen. »Noch etwas mehr von diesem Kriegsglück, von dem wir einige Proben gekostet haben, und die Geschichte der Türken wird einen neuen Tragödienstoff für die zukünftigen Jahrhunderte bieten«, schrieb sie nach dem Fall von Bender an Voltaire. Sie begriff nicht, daß ihr osmanischer Gegner noch stark genug war, hartnäckigen Widerstand zu leisten, und ihre Feldherren gezwungen wurden, einen langwierigen Abnutzungskrieg zu führen. Die Jahre 1771 und 1772 sahen keine großen Schlachten mehr, sondern ebenso ermüdende wie verlustreiche Märsche in unwirtlichem Gelände ohne greifbares Resultat.

Vor den Augen der europäischen Öffentlichkeit versuchte Katharina vergeblich, gelassene Ruhe auszustrahlen. 1770 eröffnete sie eine erregte literarische Kontroverse mit dem französischen Astronomen Jean Chappe d'Auteroche, der nach seiner Rußlandreise ein Buch voll kritischer und boshafter Bemerkungen über die Verhältnisse im Zarenreich veröffentlicht hatte. Katharina griff den inzwischen verstorbenen Chappe in ihrer »Gegengift« betitelten Schrift heftig an: »Man kennt Ihren Namen nur durch die Dummheiten, die Sie

Transport des Granitsockels für das Denkmal Peters des Großen

zu verbreiten wagen.« Oder: »Drei Viertel Ihres Buches sind bloß von Feindseligkeit erfülltes Geschwätz.« Die Zarin schoß weit über das Ziel hinaus, weil sie subjektive Reiseeindrücke für hochpolitische Polemik nahm. Derartige Überreaktionen auf literarischen Tadel von Mißständen wird man bei ihr noch öfter finden. Hinzu kam die Tatsache, daß Chappe aus Frankreich kam, und auf die Franzosen war Katharina in den siebziger Jahren (von Voltaire und Diderot abgesehen) äußerst schlecht zu sprechen. Sie verdächtigte den Hof von Versailles nicht grundlos, die Türken heimlich gegen Rußland zu unterstützen. Schon 1766 hatte der leitende Minister

Etienne François Herzog von Choiseul-Amboise seinen Botschafter in Istanbul angewiesen: »Das sicherste Mittel, die Usurpatorin Katharina von ihrem angemaßten Thron zu stürzen, wäre, sie in einen Krieg zu verwickeln. Die Türken können uns als einzige diesen Dienst leisten... Ein Krieg der Türkei gegen Rußland muß das ausdrückliche Ziel Ihrer Bemühungen sein.« Und jetzt, vier Jahre später, leitete der französische Militärinstrukteur François Tott die eilige Befestigung von Konstantinopel. Gleichzeitig kursierte heimlich eine Broschüre des ehemaligen Sekretärs an der französischen Botschaft in Petersburg Claude de Rulhière, angefüllt mit ungereimten und niederträchtigen Verleumdungen der Zarin. Über diese und andere Fälle geriet Katharina in so große Wut, daß sie in einem Brief an Frau Bielke im November 1771 den Terminus »französische Hunde« gebrauchte.

Allen kriegerischen und schriftstellerischen Querelen zum Trotz ging Katharina in den siebziger Jahren ihrer großen Leidenschaft nach, dem Sammeln wertvoller Bilder. Fast entschuldigend bekannte sie Voltaire: »Sie wundern sich über meine Gemäldekäufe; ich täte vielleicht besser daran, weniger zu kaufen, aber verlorene Gelegenheiten kehren nicht wieder.« Die Zarin war daran interessiert, möglichst komplette Sammlungen zu erwerben, und die Schätze, welche heute den Stolz des Winterpalastes bilden, gehen zum großen Teil auf ihren Kunstverstand zurück. Rembrandts »Heimkehr des verlorenen Sohnes« war 1766 ihre erste Erwerbung. 1769 ersteigerte sie für 180 000 Rubel die Privatsammlung des ehemaligen sächsischen Ministers Graf von Brühl mit Meisterwerken holländischer und flämischer Malerei. 1771 folgten die Kollektion des Pariser Barons de Thiers und vor allem die sagenhafte, 400 Bilder umfassende Sammlung Crozat, darunter Tizians weltberühmte »Danaë«, Rubens' Porträt der Isabella Brant sowie Gemälde von Raffael, van Dyck und Watteau. Die Kunstschätze des Briten Lord Robert Walpole wurden 1778 erworben, und mit dem Kauf der Sammlung

Baudouin im Jahre 1784 hatte Katharina insgesamt 2658 Gemälde von Weltruf zusammengetragen; hinzu kamen unzählige Skulpturen, wie Michelangelos »Hockender Knabe«. Aber auch zeitgenössische Künstler beschäftigte Rußlands Zarin. Vom jungen Bildhauer Jean Houdon ließ sie sich seine marmorne »Diana« schicken, die wegen ihrer Nacktheit im Louvre Anstoß erregt hatte. Ihr Lieblingsmaler Dmitri Lewizki porträtierte die Schülerinnen des Smolny-Instituts. 1767 kam Maurice Etienne Falconet nach Petersburg, den Katharina beauftragte, ein Reiterdenkmal Peters des Großen zu schaffen. Es sollte auf einem monumentalen, 1600 Tonnen schweren Granitfelsen stehen, den die Kaiserin auf einer Reise in Südfinnland gesehen hatte. 1770 traf dieser gigantische Steinbrocken nach einjährigem Transport über eine eigens dafür gebaute Straße in der Hauptstadt ein und wurde auf dem Admiralitätsplatz nahe der Newa aufgestellt.

Mitte 1771 mehrten sich die Anzeichen dafür, daß Katharina des Türkenkrieges überdrüssig wurde. Es gab eine Flut von Problemen innen- und außenpolitischer Natur, welche sie beschäftigten wie nie zuvor. Sie sehne endlich den Frieden herbei, um Menschenopfer zu sparen, erfuhr Voltaire aus Petersburg, und die Zarin setzte hinzu: »Ich wünsche ebenfalls die Beilegung der polnischen Wirren, die jeder Vernunft entbehren. Ich habe es da mit hirnverbrannten Schädeln zu tun, von denen jeder, anstatt zum gemeinsamen Frieden beizutragen, im Gegenteil diesem Ziel durch seine Launen und seinen Leichtsinn schadet.«

Pest und Bürgerkrieg

Die polnische Konföderation von Bar, obschon 1768 bereits militärisch geschlagen, setzte ihren unerbittlichen Widerstand fort. Das Ganze nahm immer mehr den Charakter eines

Partisanenkampfes an. In unzugänglichen Wald- und Sumpfgebieten wütete ein mörderischer Bürgerkrieg zwischen Konföderierten und Dissidenten. Im Sommer 1770 brach eine Pestepidemie aus, die auch nach Rußland übergriff. Besonders Moskau war schwer betroffen; dort schleppten Soldaten, die in den Donausümpfen gegen die Türken gekämpft hatten, nicht nur die Pest, sondern auch die Cholera ein. Täglich starben bis zu achthundert Menschen in der alten russischen Hauptstadt. Die Behörden waren bald nicht mehr Herr der Lage und gerieten in Kopflosigkeit. Das ungebildete Volk mißachtete alle Verbote, sich auf dem Marktplatz oder in den Kirchen zu versammeln, um die Ansteckungsgefahr zu mindern. Ärzte wurden davongejagt, weil man sich Rettung nur von den wundertätigen Ikonen versprach, die jeder küssen wollte, was die Ausbreitung der Seuche schlagartig förderte. Als der Moskauer Erzbischof Ambrosius die heiligen Bilder vernünftigerweise fortschaffen wollte, wurde er von einer fanatischen Menge zu Tode getrampelt. Die Stadt drohte in ein Chaos von Wahnsinn und Gewalt zu versinken.

In dieser Situation bat Grigori Orlow die Zarin um Erlaubnis, nach Moskau zu gehen, um dort Ruhe und Ordnung wiederherzustellen. Widerwillig ließ Katharina ihn ziehen, denn sie traute ihrem Geliebten die nötige Energie für sein Vorhaben nicht zu. Doch im Herbst 1771 bewies Orlow, daß er mehr war als ein Weiberheld und Zechkumpan. Vielleicht wollte er einfach nach Jahren trägen Müßiggangs zeigen, was in ihm steckte. Unter Begleitung von mehreren deutschen Medizinern begab er sich Anfang Oktober nach Moskau. Über die Bevölkerung wurde zwangsweise eine Quarantäne verhängt, alle Kirchen mußten schließen, man verbrannte die Kleider der Toten und flößte Widerspenstigen gewaltsam Arzneien ein. Orlow begleitete die Ärzte bei ihren Krankenbesuchen und half sogar beim Beseitigen der Leichen in Häusern und Straßen. Schon im Dezember war die Epidemie eingedämmt, der nahezu 150000 Menschen zum Opfer fielen. Katharina, die noch im Jahr zuvor leichtfertig an Voltaire geschrieben hatte, »daß die Berichterstatter nunmehr auf den Gedanken gekommen sind, meine Armee durch die Pest sterben zu lassen. Finden Sie das nicht sehr spaßig?«, mußte dankbar sein für die Autorität und Tatkraft Grigori Orlows. In Zarskoje Selo ließ sie ihm einen Triumphbogen als Retter Moskaus errichten und Gedenkmünzen prägen.

Dieser Sorge ledig, beschäftigte Katharina das polnische Problem weiter. Es war offenes Geheimnis, daß die Konföderierten durch Frankreich mit Geld und Waffen unterstützt wurden. Auch Militärberater, unter ihnen der spätere Revolutionsgeneral Charles Dumouriez, trafen in Polen ein, was dem Franzosenhaß der Zarin neue Nahrung gab. Erst als im Dezember 1770 das Pariser Ministerium Choiseul stürzte, ließ die Hilfe nach, nicht aber der Krieg. Die russischen Truppen wurden ständig angegriffen; im Mai/Juni 1771 mußte sich der spätere Feldmarschall Alexander Suworow mit den Konföderierten bei Lanckrona und Zamość herumschlagen. Die Situation gewann weiter an Brisanz, als die Aufständischen am 3. November 1771 versuchten, König Stanislaw Poniatowski aus seinem Warschauer Palast zu entführen, und der Monarch nur unter abenteuerlichen Umständen diesem Anschlag entging. In der Nacht vom 21. zum 22. Januar 1772 besetzte ein Trupp Konföderierter die Burg von Krakau, die russischen Wachen wurden niedergehauen, in der Stadt kam es zu Straßenkämpfen. Suworow ließ Artillerie auffahren und begann die Burg systematisch zu belagern. Eigentlich wußte niemand mehr so recht, wer Herr im Lande war – die Russen, der König, die Konföderierten, die Dissidenten? Schon im Jahre 1661 hatte der polnische König Johann Kasimir im Reichstag zu Warschau seinem aufsässigen Adel mit Bestimmtheit vorausgesagt, daß Polen wegen seiner Anarchie einst den Nachbarländern zum Opfer fallen werde. Diese düstere Prophezeiung drohte 1772 Wirklichkeit zu werden.

Es ist eine wenig bekannte Tatsache, daß Österreich bereits im Oktober 1770 den politischen Präzedenzfall zur Teilung Polens schuf. Kaiser Joseph II. ließ das Gebiet der Zips (Szepes) besetzen mit der höchst zweifelhaften Rechtsgrundlage, dieses 3500 Quadratkilometer große Land wäre 1412 von Ungarn an Polen lediglich verpfändet worden, und der Kaiser, welcher gleichzeitig König von Ungarn war, löse dieses Pfand nach 358 Jahren nunmehr ein. Dies muß aus Gründen der exakten Chronologie festgehalten werden, nicht um Schuld an der polnischen Teilung nach Prozentpunkten zu verteilen, was wenig hilfreich bei der Beurteilung historischen Geschehens ist.

Wenn man an den Höfen von Wien, Petersburg und Berlin immer öfter über eine mögliche Zerstückelung Polens diskutierte, dann ist das so ungewöhnlich wiederum nicht. Eine Politik der Aufteilung anderer Länder war im Europa des 17. und 18. Jahrhunderts allgegenwärtig; wollte man sämtliche derartigen Projekte untersuchen, so entstünde daraus ein dickes Buch. Nur die konkreten inneren Bedingungen Polens ließen eine schrittweise Teilung schließlich Realität werden. Das Verhältnis Rußland–Österreich–Preußen stellte Anfang der siebziger Jahre ein äußerst kompliziertes Geflecht von gegenseitigen Bündnissen, lauerndem Mißtrauen und diplomatischen Finessen dar. Es unterliegt wohl keinem Zweifel, daß für Katharina II. eine Teilung Polens nur die zweitbeste Lösung bildete. Am günstigsten für ihre Politik wäre ein einheitlicher polnischer Staat gewesen, der in jeder Beziehung von Rußland abhängig war. Doch als Realistin wußte sie, Preußen und Österreich würden lieber mit den Türken gegen sie marschieren, als ganz Polen in russische Hände zu geben. Was Katharina besonders alarmierte, war die unangenehme Tatsache, daß sich die alten Rivalen in Wien und Berlin langsam politisch zu nähern begannen. Friedrich der Große und

Kaiser Joseph II. hatten sich im August 1769 in Neiße sowie ein Jahr danach in Mährisch-Neustadt getroffen. Dort redete man natürlich auch über Polen, aber das gehörte nicht zu den zentralen Themen. Beide Monarchen beunruhigten vor allem die russischen Ambitionen auf dem Balkan. Es kursierten begründete Gerüchte, Katharina beabsichtige nach einem siegreichen Türkenkrieg die Fürstentümer Moldau und Walachei zu behalten. Diese beiden Länder bildeten bisher einen Puffer zwischen Österreich und Rußland; Kaiser Joseph II. betrachtete deren Weiterexistenz als eine Lebensfrage seines Staates und erklärte kategorisch, er werde die russische Besetzung der sogenannten Donaufürstentümer als Kriegsgrund ansehen. Daß Friedrich II. an eine solche Möglichkeit mit Unwillen dachte, hatte gute Gründe. Preußen war seit 1764 Bundesgenosse Rußlands und mußte ihm schon für den Türkenkrieg höchst widerstrebend Subsidien zahlen. Bei einem Konflikt Wien–Petersburg aber würde auch Preußen ins Feld ziehen müssen, und diese Aussicht schreckte den König, nicht aus übertriebener Friedensliebe, sondern weil sein relativ armes Land sich eben erst von den Verwüstungen des Siebenjährigen Krieges zu erholen begann. Im eigenen Interesse versprach Friedrich dem Kaiser, er werde versuchen, Rußlands Ansprüche im Zaum zu halten. Die Frage stand nur, wie.

Joseph II. und sein Kanzler Kaunitz verstanden es sehr geschickt, Preußen die diplomatische Verantwortung für das diffizile Teilungsvorhaben aufzubürden. Unerwartet bekam Friedrich II. jedoch einen willkommenen Wink aus Petersburg. Am 30. Juli 1770 schrieb ihm Katharina, sie wünsche, seinen Bruder Prinz Heinrich am russischen Hof zu empfangen. Am liebsten wollte sie den Preußenkönig selbst konsultieren, aber der ließ sich wohlweislich nicht darauf ein. Friedrich hatte im Februar über seinen langjährigen Petersburger Gesandten Viktor Graf von Solms-Sonnenwalde dem russischen Außenministerium ein Projekt zugespielt, worin er konkrete Vorschläge für eine Teilung Polens machte, und zwar »um alle Interessen der Fürsten zugunsten Rußlands zu vereinigen und den europäischen Staatsgeschäften ... eine ganz andere Wendung zu geben«. »Rußland selbst soll sich als Entschädigung für seine Kriegskosten ein beliebiges Stück von Polen aneignen«, hieß es weiter. Friedrich selbst forderte Westpreußen, Ermland und Danzig für Preußen sowie Galizien und die Zips für Österreich. Wenn Katharina über diese Fragen mit seinem Bruder verhandeln wollte, so konnte dem König wohl nichts Besseres widerfahren. Prinz Heinrich, ein kleiner, zuweilen etwas steifer Herr, steckte voll politischen und diplomatischen Talents, manche hielten den hochgebildeten Mann für das eigentliche Genie im Hause Hohenzollern. Zwischen ihm und dem König herrschten zuweilen politische Meinungsverschiedenheiten. Während der Prinz zu Rheinsberg seiner Beschäftigung mit Kunst und Wissenschaften lebte, betrachtete er auch die Staatsgeschäfte wachen Auges. In der Polenfrage war er bereit, um einiges weiter zu gehen als Friedrich. Dem königlichen Haus angehörend, durfte er es sich leisten, die Instruktionen seines Bruders so freizügig wie irgend möglich auszulegen.

Am 12. Oktober 1770 traf Heinrich in Petersburg ein, sechsundzwanzig Jahre nachdem er Katharina, die damals noch Sophie hieß, am Berliner Hof das letztemal gesehen hatte. Die Zarin war über die Persönlichkeit des Preußen hell begeistert; endlich konnte sie mit einem Ebenbürtigen nicht nur über Politik, sondern auch über Kunst, Wissenschaft, Literatur und Gesetzgebung reden. »Nie habe ich jemanden gesehen, bei dem ich eine gleiche Übereinstimmung der Ideen mit den meinigen vorfand wie bei ihm; oft öffneten wir gleichzeitig den Mund, um dieselbe Sache zu sagen«, schrieb sie enthusiastisch an Frau Bielke. Jene Übereinstimmung der Ideen zeigte sich namentlich in der polnischen Frage. Anfangs erwiesen sich beide als zu vorsichtig, um das Thema direkt zu erörtern. Doch bei einer der vielen Unterredungen ließ Ka-

 Allegorisches Bild auf die erste Teilung Polens

Brandenbour
POMERANIE
RUS
SIE
Curlan
POLOGNE
en 1772
Varsovie
Sieradz
Polock
Riga

tharina schließlich die Maske fallen. Sie brachte das österreichische Vorgehen in der Zips zur Sprache und sagte zu Heinrich lächelnden Mundes, aber mit todernstem Blick: »Warum um alles in der Welt sollten wir nicht auch zugreifen?« Als der Prinz tat, als verstünde er nicht recht, meinte sie: »Schließlich muß doch jeder etwas bekommen« und bot Preußen direkt das Bistum Ermland an. Sollte Polen einer Teilung unterliegen, würde Rußland selbstverständlich seine Ansprüche auf die Donaufürstentümer nicht mehr aufrechterhalten. »Ich werde die Türkei erschrecken, England schmeicheln, übernehmen Sie es aber, Österreich zu erkaufen, was dann sicherlich Frankreich einschüchtern wird«, forderte sie den Prinzen auf. Damit war eigentlich alles gesagt. Am 30. Januar 1771 reiste Heinrich nach Berlin zurück, Katharina bezeichnete seinen Aufenthalt als »schönen Traum«, obwohl das Ergebnis wenig träumerisch war. In den nächsten Jahren wurde die Zarin nicht müde, Heinrich zu versichern, wie gut er es verstanden habe, »drei Mächte unter einen Hut zu bringen«.

Ganz so einfach, wie man es zu Petersburg geplant, verlief die Sache dennoch nicht. Plötzlich machte Österreich Schwierigkeiten. Maria Theresia, die gute fromme Kaiserin in Wien, wollte es nicht leiden, daß man Polen Gewalt antat. »Das offenbare Recht ist himmelschreiend wider uns«, erklärte sie und überhäufte ihren Sohn Joseph mit bitteren Vorwürfen. Sie schäme sich, an einem solchen Bubenstück teilzuhaben. Doch die österreichischen Politiker, allen voran Hof- und Staatskanzler Wenzel Graf von Kaunitz, stimmten die Majestät endlich um, und Maria Theresia setzte ihren Namen unter Tränen auf die Teilungsurkunde. In Petersburg und Berlin hatte man für derartige Sentiments nur Hohn übrig, vor allem Katharina machte sich lustig über »die ehrwürdige liebe Frau Betschwester«.

Am 17. Februar 1772 wurde in Petersburg zwischen Preußen und Rußland der vorläufige Teilungsvertrag unterzeichnet. Endgültig einigte man sich an gleicher Stelle mit Österreich im Pakt vom 5. August. Darin hieß es, man habe zur Teilung schreiten müssen, »um die Ordnung im Inneren des Landes wiederherzustellen und seine Existenz in einer Weise zu formen, die den Interessen seiner Nachbarn besser entspricht«. Das polnische Territorium wurde im Westen, Osten und Süden beschnitten. Rußland annektierte belorussisches Gebiet mit den Städten Polozk, Witebsk, Mogiljow und Orscha (82000 Quadratkilometer mit 1,6 Millionen Einwohnern), an Österreich fielen Galizien und Lodomerien (74000 Quadratkilometer mit 2,5 Millionen Einwohnern), Preußen bekam das Bistum Ermland und den Netzedistrikt außer Danzig (35000 Quadratkilometer mit 600000 Einwohnern). Den Länderraub ließ man sich vom polnischen Reichstag im September 1773 als Abtretung bestätigen. Trotz massiver Bestechungen und Drohungen brauchten die Abgeordneten fünf Monate, bis sie der Verstümmelung ihres Landes beipflichteten.

Ende eines Feldzuges

»Mir fehlt nur noch ein glücklicher Friede, der, wie ich hoffe, nicht allzu fern ist ... Nach einer Epoche des Friedens werde ich vielleicht neue Wünsche hegen«, erklärte Katharina am 30. März 1772 dem Prinzen Heinrich. Die Chancen für die Beendigung des Krieges schienen günstig zu stehen. Seit Mai herrschte Waffenstillstand, und in der Stadt Focsani fanden Verhandlungen zwischen Russen und Türken statt. Maßlose Forderungen der russischen Seite ließen jedoch keine Einigung zu, und der Krieg mußte weitergehen. »Man wird sich von neuem schlagen müssen«, schrieb Katharina an Johanna von Bielke, »und diese Schlägerei könnte leicht allgemein werden, eine Sache, auf die das Menschengeschlecht, wie ich glaube, gern verzichten würde.« Wieder wurden Rekruten ausgehoben und Waffen nach dem Süden geschickt. Der inzwischen zum Feldmarschall avancierte Pjotr Rumjanzew und sein talentierter Unterbefehlshaber Alexander Suworow schugen die Türken im Juni 1773 bei Silistra an der Donau und im September bei Hirsova empfindlich, aber auch das machte den osmanischen Gegner nicht friedenswilliger. Erst als im Dezember Sultan Mustafa III. starb, trat eine Atempause ein. Der neue Herrscher Abd ul-Hamid I. wollte 1774 das Schlachtenglück noch einmal zwingen und führte seine Heere beinahe in eine Katastrophe. Als sie sich dem russischen Vormarsch über die Donau bis zum Balkan entgegenstellten, wurden sie am 21. Juni 1774 von Suworow bei Kosludsha in strömendem Regen überrascht und so vollständig geschlagen, daß der Sultan wenig später um Frieden bat.

Nach fast sechs Jahren Krieg lag die Türkei am Boden. Langwierige Friedensverhandlungen konnte sie sich nicht leisten, so daß schon am 21. Juli 1774 im bulgarischen Städtchen Kütschük-Kainardshi ein Friedensvertrag zustande kam. Darin wurden die Krimtataren, die seit 1475 unter türkischem Protektorat standen, für frei und unabhängig erklärt, die Städte Kertsch, Jenikale und Asow sowie die Festung Kinburn fielen an Rußland, dem freie Schiffahrt auf dem Schwarzen Meer, durch den Bosporus und die Dardanellen, günstige Handelsbedingungen sowie eine Kriegsentschädigung von viereinhalb Millionen Rubel zugestanden wurde. Alle anderen Eroberungen, vor allem die Fürstentümer Moldau und Walachei, mußten die Russen wieder herausgeben. Bedenkt man jene Forderungen und Ziele, die Katharina noch 1770 anstrebte, als sie sogar Konstantinopel erobern wollte, dann erscheinen Rußlands Friedensbedingungen erstaunlich gemäßigt. Das erklärt sich weder aus einer militärischen Erschöpfung noch aus der Befriedigung über den jüngsten Landgewinn in Polen. Katharina war kein Mensch, der einmal gefaßte Vorhaben freiwillig aus den Augen verlor. Wenn sie sich den

Türken gegenüber relativ kompromißbereit gab, so lag der Grund in den innenpolitischen Verhältnissen des Reiches. Als man den Frieden von Kütschük-Kainardshi schloß, stand die Zarin mitten in der schwersten Krise ihrer vierunddreißig Regierungsjahre. 1773/74 schien alles gegen sie aufzustehen: die Leibeigenen, die Kosaken, die Baschkiren und schließlich ihre eigene Vergangenheit.

VII. Der Aufstand des Pugatschow

»Ich bin vielleicht von Natur aus gut und für gewöhnlich sanftmütig, doch mein Stand verpflichtet mich, das, was ich will, mit furchtbarer Entschlossenheit zu wollen.«

Katharina II.
an Melchior v. Grimm,
14. August 1774

Niemand ahnt etwas

Neben allen politisch-diplomatisch-militärischen Aktionen, welche die Landkarte Europas umgestalteten, vollzogen sich auch im familiären und privaten Bereich der Zarin etliche Veränderungen. Katharina trennte sich von Grigori Orlow unter Bedingungen, die an Dramatik manche Ehescheidung in den Schatten stellten. Anlaß dafür waren Grigoris Auftritte während der Friedensverhandlungen von Focsani. Weil er sich in Moskau so gut bewährt hatte, sollte er nun als Politiker agieren, eine Aufgabe, für die der bei aller Ergebenheit beschränkte und empfindliche Mann keinesfalls geeignet war. Orlow benahm sich in Focsani unmöglich, stieß jedermann durch seine Arroganz vor den Kopf, kümmerte sich überhaupt nicht um jene Instruktionen, die der sorgsame Panin ihm auf den Weg gab. Statt dessen feierte er ein Fest nach dem anderen, wollte dem verdienstvollen Marschall Rumjanzew den militärischen Oberbefehl entreißen und drohte ihm vor aller Ohren mit dem Galgen. »Die Natur hat nicht mehr als einen russischen Bauern aus ihm gemacht, und das wird er bis an sein Ende bleiben«, meinte ein Diplomat. Katharina sah mit äußerstem Mißfallen diese Eskapaden. Nicht nur daß Orlow sie immer häufiger betrog, er hintertrieb auch noch ihre Politik. Dem Rat Nikita Panins folgend, beschloß sie, sich nach zwölf Jahren von ihrem Liebhaber zu trennen und eine Bindung aufzugeben, die immer belastender wurde.

Noch während der Friedensunterhandlungen erfuhr Orlow im August 1772, daß der achtundzwanzigjährige Gardeoffizier Alexander Wassiltschikow seinen Platz an Katharinas Seite eingenommen hatte, eine Wahl, die allgemein Kopfschütteln hervorrief. An Grigori und seine Fehler war man gewöhnt, er stellte immerhin eine wenn auch sehr anstrengende Persönlichkeit dar. Wassiltschikow hingegen, fünfzehn Jahre jünger als die Zarin, war ein nichtssagend-hübsches Bürschlein von bescheidener Intelligenz. Er eröffnete einen Reigen von insgesamt neun Liebhabern, die sich Katharina bis 1796 leistete. Diese Anzahl ist nicht gerade imponierend, reichte aber völlig aus, der Zarin bis heute den Ruf unersättlicher Mannstollheit zu bescheren – einen Ruf, der sich ebenso hartnäckig hält wie die angeblich 354 unehelichen Kinder Augusts des Starken. Wassiltschikow, anfangs sprachlos vor Glück, weil die Kaiserin ihm einen Palast nebst Landgut mit siebentausend Leibeigenen schenkte, merkte allmählich, welche Rolle man ihn spielen ließ. »Ich war wie ein ausgehaltenes Mädchen, mehr nicht, und so wurde ich auch behandelt.« Immerhin mochte er sich trösten, daß seine Dienste im Bett (und in diesem Fall handelte es sich wirklich um nichts anderes) fürstlichen Lohn fanden.

Grigori Orlow aber dachte nicht daran, sich so einfach abhalftern zu lassen, schließlich gehörte er zu den wenigen, die Katharinas Miniaturporträt offen auf der Brust tragen durften. Wutentbrannt eilte er binnen vierzehn Tagen von Focsani ins eintausendsechshundert Kilometer entfernte Petersburg. Auf Befehl Katharinas, die sich gebärdete wie eine auf frischer Tat ertappte Ehebrecherin (»Er ist fähig, mich umzubringen«), wurde Orlow im Schloß Gatschina vor den Toren der Hauptstadt unter Vorwänden festgehalten. In den Privatgemächern der Kaiserin mußten sicherheitshalber sämtliche Türschlösser ausgewechselt werden. Erstaunlicherweise schien sich der gestürzte Favorit schnell in sein Schicksal zu fügen, bis er eines Tages unangemeldet bei Hof erschien, in einem Zustand, welcher an beginnenden Wahnsinn grenzte. Statt der Zarin die erwartete Szene zu machen, scharwenzelte er vor Wassiltschikow, produzierte sich bei den Damen mit schlüpfrigen Komplimenten und trank unmäßig. Um den endgültigen Abschied zu versüßen, verlieh ihm Katharina am 4. Oktober 1772 den Fürstentitel, er bekam überdies sechstausend Leibeigene, 150000 Rubel Jahrespension und das Marmorpalais als ständigen Wohnsitz. Grigori revanchierte sich bei der Zarin mit dem Präsent eines riesigen blauen Edelsteins aus Persien im Wert von 450000 Rubel, der als Orlow-Diamant hinfort die Spitze des russischen Kaiserzepters zierte. Nach dem Bruder fiel einige Jahre später auch Alexej Orlow in Vergessenheit, er zog sich auf seine riesigen Güter zurück und betrieb erfolgreich eine Pferdezucht, aus der die berühmten Orlow-Traber hervorgingen. Grigoris Ende war furchtbar. Nach dem Tod seiner jungen Ehefrau und Kusine verfiel er zusehends in Wahnsinn. Das blutige Gespenst des ermordeten Zaren Peter III. verfolgte ihn; vor Entsetzen brüllend und mit kotbesudeltem Gesicht, um sich dem Geist unkenntlich zu machen, irrte er durch seine Paläste und starb endlich 1783 achtundvierzigjährig in völliger geistiger Umnachtung.

Die kostspieligen Geschenke an Favoriten wie Orlow und Wassiltschikow belasteten den Etat in den siebziger Jahren weit weniger, als es am Ende der Regierung Katharinas der Fall war. Rußlands Finanzen erwiesen sich noch als relativ stabil, obwohl auf Vorschlag von Staatssekretär Alexander Besborodko 1774 bereits zwanzig Millionen Rubel Papiergeld kursierten. Diese Assignaten besaßen jedoch einen wesentlich höheren Realwert als jene 157 Millionen Rubel in Papier, die sich 1796 in Umlauf befanden. Als der Bildhauer Falconet 1773 Katharina guten Glaubens die Dienste des Goldmachers Godefroi de Maimieux empfahl, der angeblich innerhalb von vier Monaten dreißig Millionen Rubel herbeizaubern könne, ohne Rußland irgendeine Last aufzuerlegen, antwortete die Kaiserin am 24. Juni selbstbewußt: »Ich pflege solchen Goldmachern und den Pläneschmieden für Silberherstellung zu sagen: Meine Herren, machen Sie das Zeug für sich selbst, damit sie nicht um Almosen betteln müssen... Sie glauben es vielleicht nicht, wenn ich Ihnen sage, daß ich nach fünf Jahren Krieg keinerlei Bedürfnis empfinde, auf die Talente von Geldzauberern zurückzugreifen, aber das ist wahr.«

Finanzielle Abenteuer vermochten Katharina nicht zu lokken, weit mehr beschäftigte sie die Zukunft ihres Sohnes, der mit seinen knapp neunzehn Jahren an einen neurotischen Sonderling erinnerte. Nikita Panin schlug vor, Paul (von dem manche behaupteten, er sei impotent) schleunigst zu verheiraten, nur ein junges unverdorbenes Mädchen wäre in der Lage, das Gemüt des Großfürsten in normale Bahnen zu lenken. Mit Hilfe Friedrichs II. von Preußen, der sich wiederum eifrig als Heiratsvermittler betätigte, fiel die Wahl auf die siebzehnjährige Wilhelmine von Hessen-Darmstadt, eine Tochter der kinderreichen Landgräfin Karoline. Zu dieser Entscheidung gehörte eine Vorgeschichte, welche ganz typisch war für Art und Weise vieler Brautwahlen in Europas Hocharistokratie. Landgräfin Karoline besaß drei unverheiratete Töchter. Da Friedrich II. nicht entscheiden konnte, welche der drei Prinzessinnen am würdigsten sei, zitierte die Zarin Mutter nebst Kindern Ende April 1773 kurzerhand nach Petersburg, zur Fleischbeschau gewissermaßen. Folgsam machte man sich aus Hessen auf den Weg. Katharina sandte ihnen Generalmajor Rehbinder entgegen, der sie ab Lübeck per Schiff nach Rußland geleiten sollte, und gab ihm ausführliche Instruktionen. Er müsse »zum Exempel die Güte ihrer Herzen, die Munterkeit ihrer Gemüter« prüfen; die Prinzessinnen hätten drei Punkte zu beachten: »Der erste, keine Parteilichkeit, sondern ein egales leutseliges Betragen gegen jedermann zu bezeugen; zweitens, Zutrauen zu mir zu haben; drittens Hochachtung gegen meinen Sohn und die ganze Nation.« Am 27. Juni trafen die ziemlich eingeschüchterten Heiratskandidatinnen in Petersburg ein, zwei Tage später hatte Paul seine Wahl getroffen, sie fiel auf die hübsche, kokette, ausgelassene Wilhelmine. Die Hessen fühlten sich am russischen Hof bald ausgesprochen wohl. Landgräfin Karoline berichtete nach vielen mit der Zarin in deutsch geführten Unterhaltungen ihrem Darmstädter Gemahl: »Die Kaiserin sieht dem Bilde ähnlich, das ich von ihr habe, aber viel jünger und nicht so ernst, eine sehr edle Haltung, eine angenehme Stimme, nichts Geschraubtes, alles ist natürlich.«

Am 10. Oktober 1773 heiratete Großfürst Paul die Prinzessin von Hessen-Darmstadt, der man nach der orthodoxen Taufe den Namen Natalja Alexejewna gab. Das Hochzeitsdatum wäre für Rußlands Historie nur wenig belangreich, stünde es nicht in interessantem Kontext zum innenpolitischen Geschehen. Am 9. Oktober traf Denis Diderot als hochgeehrter Gast der Zarin ein. Im Gegensatz zu Voltaire, der nach gewissen Erfahrungen mit Friedrich dem Großen wußte, daß es tunlicher ist, Monarchen aus der Ferne zu bewundern, vermochte Diderot den zahlreichen Einladungen Katharinas nicht mehr zu widerstehen. Der sechzigjährige Philosoph nahm die Reisestrapazen in Kauf, obwohl er sich bisher in seinem Leben nie weiter als zwanzig Kilometer aus Paris entfernt hatte. Einen Tag nach Diderots Ankunft fand die Fürstenhochzeit statt, und weitere drei Tage später, am 13. Oktober 1773, tauchte in einem Schreiben Katharinas erstmals der Name eines Mannes auf, der Rußland nahezu zwei Jahre hindurch in Atem halten sollte: Jemeljan Pugatschow.

Bauernaufstände gab es in Rußland seit Menschengedenken. Auch während der Herrschaft Katharinas II. erhoben sich Leibeigene immer wieder spontan gegen ihre Gutsherrin. Eine häufige Form des passiven Widerstandes bildete die Flucht in die Steppen am Rande des Russischen Reiches, wo im Lauf der Jahrhunderte freie Kosakengemeinschaften entstanden. Man kann das Kosakentum als spezifische Form des Protestes gegen soziale Unterdrückung bezeichnen. Natürlich versuchte der russische Feudalstaat, seine Oberhoheit auch in diesen Randgebieten geltend zu machen. Die Kosaken an Dnepr, Don, Wolga und Jaik waren Mitte des 18. Jahrhunderts keinesweg völlig unabhängig; von Petersburg aus wurden sie als Angehörige einer Art Halbkolonie regiert und zur Grenzsicherung herangezogen. Selbstbewußt, freiheitsliebend und vor allem äußerst streitlustig, stellten sie jedoch eine unberechenbare Größe für die Zarenmacht dar.

Eine Sonderstellung nahmen die Jaik-Kosaken ein. Ungefähr 15000 Menschen zählend, lebten sie am rechten Ufer des Flusses Jaik (später Ural) zwischen Gurjew und Ilezk. Ihre Haupterwerbsquelle war der Fischfang, daneben betrieb man Viehzucht, Jagd und Salzgewinnung. 1721 wurden sie dem Kriegsministerium unterstellt, und 1744 gliederte man das Jaik-Gebiet offiziell in den russischen Staat (Gouvernement Orenburg) ein. Aus ihrem Fischfang zogen die Jaik-Kosaken ursprünglich gute Gewinne, ein durchschnittliches Jahreseinkommen von zweihundert Rubel war viel, doch diese vorteilhafte soziale Lage drohte zu stürzen, als 1770 der Befehl erging, 334 Soldaten für den Türkenkrieg zu stellen. Schon der seit 1744 erzwungene Dienst als Grenzwachen entzog vielen die Möglichkeit, auf Fischfang zu gehen. Die Kosaken weigerten sich einhellig, nun auch noch Rekruten zu stellen. Im Januar 1772 schlugen sie einen Angriff zaristischer Truppen zurück und töteten deren General. Fünf Monate später jedoch fand die Erhebung ein gewaltsames Ende, in der Hauptstadt Jaizk wurde eine Kommandantur eingerichtet, die Kosakenverfassung aufgehoben und fünfundachtzig Aufrüher ausgepeitscht. Dadurch entstand am Jaik eine explosive Situation. Einige hundert Kosaken flohen nach Osten in die Steppe. Bei ihnen tauchte im September 1773 plötzlich ein Unbekannter auf, der behauptete, er sei Zar Peter III. Ein flüchtiger Kosak, Stepan Maximow, erinnerte sich, den Mann im Jahr zuvor schon einmal gesehen zu haben.

Am Morgen des 28. September 1773 begann als Komödie eine Entwicklung, die schließlich in die schwerste soziale Erschütterung Rußlands im 18. Jahrhundert mündete. Der berühmt-berüchtigte Kosak Iwan Tschika-Sarubin hatte beim Vorwerk Tolkatschew etwa achtzig Männer zusammengerufen, die staunend vernahmen, was ihnen ein kräftig gebauter schwarzbärtiger Geselle erklärte: »Ich bin wirklich der Herrscher, und wenn ihr mir treu und wahr dient, schenke ich euch Flüsse, Seen, Weiden und Sold, Getreide, Blei und Pulver und alle Freiheit.« Weiter versprach er: »Wenn Gott mich wieder Zar sein läßt, so soll Jaizk anstelle von Moskau oder Petersburg stehen, und die Jaik-Kosaken sollen den Vorzug vor allen anderen haben.« Es ist recht unwahrscheinlich, daß die Männer um Tschika-Sarubin, die keineswegs dumm waren, den Neuankömmling tatsächlich für Peter III. hielten und sich seine Existenz damit erklärten, daß er 1762 auf irgendeine wundersame Weise seinen Mördern entkommen sei. Dieser etwa dreißigjährige Mann besaß nicht die geringste Ähnlichkeit mit dem ermordeten Zaren, der 1773 immerhin fünfundvierzig Jahre alt gewesen wäre. Aber darauf kam es den Kosaken gar nicht an; auch wenn sie bald wußten, daß es sich bei diesem angeblichen Zaren in Wahrheit um den geflüchteten Don-Kosaken Jemeljan Pugatschow handelte, gedachten sie, dessen Herrschaftsanspruch für die Ausweitung ihres Kampfes zu nutzen. Ein Augenzeuge des ersten Auftritts von Puga-

Jemeljan Pugatschow

tschow berichtete: »Nach kurzem Gespräch erkannten wir in ihm Gewandtheit und Eignung. Wir nahmen ihn in unseren Schutz, wollten ihn zum Herrscher über uns machen und zum Erneuerer unserer eingeschränkten und schon fast verfallenen Sitten und Freiheiten.«

Wer war dieser Jemeljan Pugatschow, und was trieb ihn, sich ausgerechnet als Zar Peter III. auszugeben? Einigermaßen sicher verbürgt ist nur wenig aus seinem Leben. Pugatschow wurde um 1742 in der Simowejskaja Staniza am Don geboren. Im Siebenjährigen Krieg kämpfte er mit den Don-Kosaken gegen Preußen und nahm auch die ersten zwei Jahre am Türkenkrieg teil. 1771 verweigerte man ihm die Entlassung aus dem Militärdienst. Pugatschow floh daraufhin in die Steppe, eine Familie mit drei Kindern zurücklassend. Von nun an führte er das Leben eines Geächteten, trieb sich an den Flüssen Terek und Jaik umher, saß mehrfach im Gefängnis. Sicher hörte Pugatschow, den Phantasie, Mut und Ehrgeiz beseelten, zu jener Zeit vom Astrachaner Aufstand des Fjodor Bogomolow, des Bauernzaren, der sich ebenfalls als Peter III. ausgab. Gespräche mit Altgläubigen brachten ihn wohl endgültig auf die Idee, dem Beispiel Bogomolows zu folgen. Diese auch Raskolniki (Abgespaltene oder Kirchenspalter) genannten Altgläubigen lehnten die religiöse Reform des Patriarchen Nikon ab, der im Auftrag von Zar Alexej Michailowitsch 1653 eine Vereinheitlichung aller kirchlichen Überlieferungen und der Liturgie vornahm. Seine Berichtigungen der slawischen Kirchenbücher nach griechischen Originalen stießen auf heftigen Widerstand der Traditionalisten, die sich gegen jede Neuerung, darunter auch das Kaffee- und Teetrinken, Tabakrauchen oder Bartscheren, wandten. Da die Altgläubigen besonders in Peter dem Großen wegen seiner Europäisierung Rußlands einen Antichristen sahen, wurden sie schweren Verfolgungen ausgesetzt. Eine sehr volkstümliche Sprache ihrer Priester, die außerhalb der russischen Kirche standen, erwies sich oft als wirkungsvoll. Manche Raskolniki lehnten Priester auch generell ab und wurden »Bespopowzi« genannt.

Es ist ein bemerkenswertes Phänomen, daß für einen großen Teil der Bevölkerung ausgerechnet Peter III., den manche Historiker als farblosesten aller russischen Kaiser bezeichnen, zur Symbolgestalt für soziale und politische Hoffnungen wurde. Noch elf Jahre nach seinem Tod erwies sich die Tragweite seiner halbjährigen Regierung, denn drei Gründe vor allem hielten an Rußlands Peripherie den Ruf des ermordeten Zaren lebendig:

Erstens hatte Peter III. einst die Verfolgung der Altgläubigen beendet und war deshalb bei diesen religiösen Sektierern, die gleich den Kosaken in die russischen Randgebiete flohen, äußerst populär.

Zweitens ließ Peters Edikt über die Befreiung des Adels von seiner Dienstpflicht auch die Bauern auf ihre Befreiung hoffen. Man sah die Arbeit der Leibeigenen als Entgelt für den Staatsdienst der Adligen. Entfiel dieser Dienst, so die naive Schlußfolgerung, müsse auch die Leibeigenschaft aufhören.

Drittens verbot Peter den Kaufleuten und Industriellen, Leibeigene zu kaufen, weswegen viele Fabrikarbeiter und -bauern ihre baldige Befreiung erwarteten.

All diese wohltätigen Maßnahmen, so meinte man, habe Katharina II. hintertrieben, indem sie ihren Gemahl stürzte. An einen Mord durfte man ja nicht glauben, weil sonst die ganze Zarenidee Pugatschows gegenstandslos geworden wäre.

Der eifernde, religiös motivierte Glaube des einfachen Volkes an einen gütigen, »Väterchen« genannten Herrscher wurde von den Jaik-Kosaken geschickt in Rechnung gestellt. Sie gründeten ein sechsköpfiges »Kriegskollegium«, welches den falschen Kaiser sorgfältig beriet und abschirmte. Niemand sollte beispielsweise merken, daß der Analphabet Pugatschow seine Dekrete nicht selbst unterschreiben konnte. Was ihn hingegen auszeichnete, war die Fähigkeit, Situationen zu nutzen, sowie ein Gefühl für soziale Gerechtigkeit und bildhafte Sprache. Pugatschow wirkte vor allem als charismatische Führungsfigur, weniger als Planer und Organisator. Mit fünfhundert Mann begann sein Zug Anfang Oktober 1773 zur Gouvernementshauptstadt Orenburg. Bald stießen weitere Kosaken hinzu, auch übergelaufene Soldaten aus kleinen Garnisonen (Ilezk, Rasypnaja, Osernaja) sowie fünfhundert Tataren aus Kagalinsk. Die hölzerne Festung Tatischtschewa wurde rasch genommen, alle gefangenen Offiziere und Beamten hingerichtet – ein Verfahren, das immer öfter vorkam. Am 16. Oktober begann die Belagerung Orenburgs, im

November zählte Pugatschows Heer schon mehr als zehntausend Mann. Die Kosaken stellten darin mit tausendfünfhundert Mann nur noch eine Minderheit, behielten aber Organisation und Heeresleitung. Bauern waren unter Pugatschows Fahnen zunächst nur vereinzelt zu finden. Seine Truppen rekrutierten sich vor allem aus nichtrussischen Völkern und desertierten Soldaten. Zu den Belagerern von Orenburg gehörten fünftausend Baschkiren und siebenhundert Kalmükken sowie rund zweitausend ehemalige Infanteristen der Zarenarmee. Die mohammedanischen Baschkiren ebenso wie die buddhistischen Kalmücken wehrten sich vor allem gegen eine Unterdrückung ihres Glaubens (die trotz aller Toleranzedikte Katharinas seitens der Behörden stattfand) sowie gegen den Raub ihrer Ländereien zugunsten einer russischen Kolonisation und des vordringenden Uralbergbaus. Schon 1705 hatten sich die Baschkiren erstmals erhoben, als man ihnen gewaltsam das Christentum aufzwingen wollte. Die Kalmücken wurden rebellisch, weil ihnen 1771 eine Wahl ihres Khans und damit die Selbstverwaltung genommen wurde. Die relativ hohe Zahl desertierter Soldaten erklärt sich aus deren sozialer Situation. Ihrer Herkunft nach mehrheitlich Bauern, gingen sie meist unfreiwillig in einen zeitlich unbegrenzten Militärdienst, der ihnen kaum Lohn (anderthalb Rubel in vier Monaten!), strenge Disziplin und ein Leben ohne Familie einbrachte. Die Truppen im Landesinneren wurden zudem von korrupten und unfähigen Offizieren befehligt, während die Eliteregimenter 1773/74 in der Türkei kämpften.

Der Aufstand des Pugatschow begann nicht als Bauernkrieg, sondern eher als eine separatistische Erhebung unzufriedener Kosaken und Randvölker. Darin vor allem lag der Grund, daß Katharina, die ansonsten ihrer Aufmerksamkeit kaum etwas entgehen ließ, die Ereignisse im Gouvernement Orenburg anfangs stark unterschätzte.

Während 1800 Kilometer von der Hauptstadt entfernt ein gefährlicher Aufstand Konturen annahm, genoß Katharina im Winterpalais die Gesellschaft Diderots. Der Franzose erschien jeden Nachmittag in ihrem Arbeitszimmer und diskutierte mit der Zarin über alle möglichen Fragen, vor allem darüber, wie ein Volk am besten zu regieren sei. Als außerordentliches Mitglied der Petersburger Akademie hielt er auch öffentliche Vorträge. Katharina, mittlerweile überzeugt, alles besser zu wissen, folgte seinen Erläuterungen mehr amüsiert als beeindruckt, was auch an Diderots exzentrischer Art lag. Der alte Philosoph benahm sich höchst eigenartig. Nicht nur, daß er zuweilen unter heftigem Gestikulieren seine Perücke vom Kopf riß und in die Ecke warf, er nannte die Kaiserin aller Reußen »gute Frau« und pflegte sie mitten in seinen Tiraden kräftig auf die Schulter zu klopfen oder vertraulich in die Beine zu zwicken. Er sei »in manchen Dingen hundert Jahre alt, in manch anderen Dingen nur wie ein Zehnjähriger«, stellte die Zarin fest, meinte aber ebenfalls: »Ich rechne ihn unter die außergewöhnlichsten Menschen, die je existiert haben.« Mißstimmung gab es gelegentlich, wenn Diderot auf die Leibeigenschaft zu sprechen kam, eine unwürdige Sklaverei, welche ein guter Herrscher abschaffen müsse. »Ein Despot, auch wenn er der beste aller Menschen wäre, begeht ein Verbrechen, indem er nach eigenem Gutdünken regiert. Er ist ein Hirte, der seine Untertanen auf den Stand von Tieren herabdrückt.« Katharina entgegnete: »Mit all Ihren hohen Prinzipien, die ich wohl verstehe, macht man schöne Bücher und schlechte Arbeit.« Er würde nur mit Papier und Feder hantieren, »ich aber arbeite auf Menschenhaut, und die ist ganz unvergleichlich reizbarer und kitzliger«. Feudale Abhängigkeit, egal ob man sie Sklaverei, Hörigkeit oder anders nannte, besaß im Denken von Herrschenden wie Beherrschten des 18. Jahrhunderts einen festen Stellenwert. Diderot

Denis Diderot, gemalt während seines Rußlandaufenthaltes 1773/74

verkörperte mit seinen Intentionen die Ausnahme, Katharina das Allgemeine.

Anfang März 1774 fanden die Gesprächsrunden ihr Ende. Ebenso enttäuscht wie hoffnungsvoll und beschenkt mit dreitausend Rubel trat Diderot seine Heimreise an. Vom Pugatschow-Aufstand nahm er so gut wie keine Notiz; der zaristische Propagandaapparat funktionierte zumindest in Petersburg perfekt.

Lediglich 1500 Mann schickte Katharina Ende Oktober unter dem Befehl des Generals Wassili Karr nach Orenburg. Einen Monat später kehrte er vollständig geschlagen zurück. Kurz zuvor noch berichtete der preußische Gesandte Solms nach Berlin: »Man betrachtet diesen Aufstand als ein Strohfeuer.« Damit war es nun vorbei. Nach außen suchte die Zarin den Schein zu wahren und schrieb an Friedrich den Großen und Voltaire über die »Komödie mit dem Marquis Pugatschow«, dessen »Räubertruppe wesentlich bösartiger und verächtlicher als gefährlich« sei. Doch den Ernst der Lage konnte sie nicht mehr übersehen. Nach dem bewährten Rezept von Zuckerbrot und Peitsche wurde General Alexander Bibikow mit 30000 Soldaten ins Aufstandsgebiet entsandt, während Katharina scheinbar großmütig den Kosaken in einem Manifest Straflosigkeit zusicherte, weil sie »allein ihrer Unwissenheit und der feigen Lockung des erwähnten Übeltäters und Diebes« Pugatschow gefolgt seien. An Bibikow schrieb die Zarin: »Verlieren Sie keine Zeit und beenden Sie diese fatale und anrüchige Angelegenheit. Ich bitte Sie um Gottes willen, geben Sie sich alle Mühe, diese Verbrecher, die uns vor aller Welt beschämen, auszurotten.«

Erst im Manifest vom 23. Dezember 1773 brach Katharina das offizielle Schweigen. Pugatschow hatte drei Wochen zuvor den leibeigenen Bauern Befreiung von Frondienst und Abgaben zugesichert und damit die soziale Basis seiner Bewegung wesentlich erweitert. Gleichzeitig unterstützten die Arbeiter aus den Fabriken und Bergwerken des südlichen Ural, von denen achtzig Prozent noch den Status von Leibeigenen besaßen, den Aufstand. Hundertfünfzig Arbeiter des Werkes Wosnessensk brachten mehrere Kanonen mit und stärkten die militärische Schlagkraft der Rebellen. Es klang also wenig überzeugend, wenn das Manifest der Zarin feststellte, der Aufstand werde nur von kurzer Dauer sein. Englands Botschafter Robert Gunning hingegen berichtete zutreffend: »Die Nachrichten werden von Tag zu Tag alarmierender. Schon sind die Demidow-Werke in die Hände der Aufrührer gefallen, die Sklaven [Leibeigenen] und Bauern haben sich diesen angeschlossen...« Auch Katharina war keineswegs so selbstsicher, wie sie äußerlich vorgab. »Gott mag wissen, wie das enden wird. Vielleicht laufen die Rebellen auch von selbst auseinander. Meine Regierung fängt an, durch wundersame Abenteuer derjenigen Peters I. zu gleichen«, schrieb sie Anfang Dezember dem Gouverneur von Moskau, Fürst Michail Wolkonski. Zur selben Zeit erhielt Jakob von Sievers einen Brief der Zarin mit den Worten: »Vor zwei Jahren hatte ich die Pest im Herzen meines Reiches; jetzt habe ich an seinen Grenzen eine politische Pest, die uns zu schaffen macht. Mit Gottes Hilfe werden wir die Oberhand behalten, denn es gibt weder Verstand noch Ordnung, noch Geschick auf seiten jenes Lumpengesindels... Das alles wird gewiß mit dem Strick enden. Aber welch eine Aussicht für mich, Herr Gouverneur, die ich den Galgen verabscheue! Europa wird uns in seiner Meinung in die Zeit des Zaren Iwan Wassiljewitsch [Iwans des Schrecklichen] zurückverweisen.«

Der Aufstand loderte indessen weiter, erfaßte das Gebiet um Ufa, Tscheljabinsk, Samara. Nur das Fort der Stadt Zarizyn an der Wolga verteidigte sich unter Oberst Iwan Zipletew erfolgreich. Pugatschow ritt im golddurchwirkten Kaftan umher und drohte der Zarin mit ewiger Klosterhaft: »Sie entgeht meinen Händen nicht.« Er setzte Prämien aus – hundert Rubel für einen toten Adligen, tausend Rubel sowie den Titel General für den, der zehn Adlige umgebracht hat. Diese offene Kampfansage an die Gutsbesitzer löste, wie beabsichtigt, panischen Schrecken aus. Während der Kosak Timofej Padurow den Gouverneur von Orenburg einen »aus Scheiße gemachten Gauner« nannte, beschimpfte dieser Pugatschow als »schurkischen Mordgesellen«.

General Bibikow führte unterdessen einen planvollen und methodischen Feldzug gegen die Aufständischen, marschierte über Kasan zum Jaik. Pugatschow stellte sich am 2. April 1774 zum Kampf bei der Festung Tatischtschewa und erlitt eine vollständige Schlappe; mit nur vier Begleitern schlug er sich nach Berda durch. Die Belagerungsarmee vor Orenburg wurde schnellstens aufgelöst, nur vierhundert Mann aus ihren Reihen erreichten mit Pugatschow das schwer zugängliche Uralgebirge, ständig bedrängt von dem unerbittlichen General Iwan Michelson, der sich schon als Partisanenjäger in Polen einen Namen gemacht hatte. Erst der Tod Bibikows am 20. April setzte den Verfolgungen ein Ende. Wer jedoch glaubte, daß damit der Aufstand gescheitert sei, unterlag einem fatalen Irrtum.

Bis zum Juni 1774 schenkte man in Petersburg den Geschehnissen im Osten wenig Aufmerksamkeit, eher betrachtete man das Ganze als größere Polizeiaktion. Das gab Pugatschow Gelegenheit, im Uralgebiet neue Anhänger um sich zu scharen. Ende Juni überschritten sie die Kama und drangen in die hauptsächlich von Leibeigenen besiedelten Gebiete Zentralrußlands ein. Nun wurde es tatsächlich ein Bauernkrieg, nicht nur ein verächtlich-wütend unterschätzter Raubzug ungebärdiger Kosaken und Nomaden. Die Aufständischen eroberten am 23. Juli Kasan an der Wolga, wenig später fielen Pensa und Saratow. Dabei kam es zu wilden Exzessen. Mehr als 1600 Adlige, darunter auch Frauen und Kinder, wurden erschlagen, 237 Geistliche aufgehängt, ebenso 1100 Offiziere und Beamte. Abgesehen davon, daß Pugatschow in seinen Ukasen regelrecht dazu aufforderte, »adlige Bösewichter« auszurotten – oft auch operierten Bauernhaufen auf eigene Faust weitab vom Hauptheer. Sie beseelte das Gefühl nach Rache für unmenschliche Behandlung durch ihre Gutsherren, gleichzeitig diskreditierten sie aber die Aufstandsbewegung. Wer nicht mit ihnen ziehen wollte, wurde rücksichtslos ausgeplündert und mißhandelt, weshalb beispielsweise die Wolga-Kosaken und die meisten deutschen Kolonisten dem Pugatschow-Aufstand ablehnend gegenüberstanden. Das Element der Anarchie beherrschte die Szene, zumal es nur ein sehr vages antifeudales Programm gab. Der Pseudozar versprach allen alles: den Bauern persönliche Freiheit und Landeigentum, den Kosaken Wälder und Fischereirechte, den Soldaten Ämter und Würden, den Arbeitern Abschaffung der Fabriken, der gesamten Bevölkerung Befreiung »von allen Abgaben und Lasten, die ihnen früher von den verbrecherischen Adligen und den bestechlichen Richtern auferlegt wurden«. Die Auflehnung richtete sich zumeist gegen konkrete Personen, weniger gegen die herrschende Machtstruktur, was auch nicht anders möglich war, solange sich Pugatschow als legitimer Zar ausgab. Ihr Ziel bestand in einer Abschaffung bestimmter Ungerechtigkeiten, nicht in einer Umwälzung der sozialen Verhältnisse.

Nach dem Fall von Kasan mußte Katharina ernsthaft um den Bestand ihres Reiches fürchten. Das Gespenst Peters III. schien sie einzuholen, doch die Zarin stellte sich der Herausforderung. Wenn der Provinzadel zu feige war, allein für seinen Schutz zu sorgen, dann wollte sie selbst ein Beispiel geben. Mit Mühe gelang es, sie von einer Fahrt nach Moskau abzuhalten. Dort, nur zweihundert Kilometer vom Aufstandsgebiet entfernt, gärte es gewaltig, und Sympathiekundgebungen für Pugatschow waren an der Tagesordnung. Kriegsminister Sachar Tschernyschow sandte Truppen in Eilmärschen von der türkischen Front, wo inzwischen Frieden herrschte, nach Osten. Zum Oberbefehlshaber ernannte Katharina Graf Pjotr Panin, der gleichzeitig die vollziehende Gewalt in den Gouvernements Kasan, Nishni Nowgorod und Orenburg übernahm. Obwohl der energische Panin zur Fronde um seinen Bruder Nikita gehörte, setzte die Zarin Vertrauen in ihn, was man als von äußerster Not diktierten Schritt ansehen kann. Das Ganze mache ihr arg zu schaffen, gestand die Zarin ihrem Freund Voltaire.

Mit seinen Elitetruppen griff Panin das Lager der Aufständischen bei Kasan zweimal an. Disziplin siegte dort über Kampfeseifer, Kanonen und Gewehre schlugen härter drein als Sensen, Heugabeln und Hacken, doch Pugatschow gab sich noch nicht geschlagen. Er zog die Wolga abwärts und sammelte neue Anhänger. General Michelson hetzte ihn, wie schon Monate zuvor im Ural, so auch jetzt. Am 4. September 1774 kam es bei Tscherny Jar in der Nähe des heutigen Wolgograd zur letzten Schlacht, einer verheerenden Niederlage der Bauerntruppen. Allein neuntausend Gefangene fielen Panin und Michelson in die Hände. Pugatschow floh mit wenigen Überlebenden in die Steppe. Um den eigenen Kopf zu retten, lieferten ihn seine Kosakenoffiziere am 19. September gefesselt in die Hände der Sieger. Deren Reaktion mußte furchtbar ausfallen.

Ewiges Vergessen?

Ende Dezember 1774 verkündete ein Manifest offiziell das Ende des Pugatschow-Aufstandes. Darin wurden als Ursachen dieser Bewegung »die aus Unwissenheit vernachlässigte Gehorsamspflicht und die mangelnde Menschenliebe des faulen Pöbels« angeführt. Im ehemaligen Aufstandsgebiet ging Pjotr Panin mit schonungsloser Härte vor. Viele adlige Grundherren, die zuvor entsetzt geflohen waren, beteiligten sich voller Haß und Rachsucht an der allgemeinen Abrechnung. Überall wurde gehängt, ausgepeitscht, deportiert, wurden Nasen und Ohren abgeschnitten. Allein im Gouvernement Nishni Nowgorod erhoben sich Galgen an 233 Orten. Noch Ende September 1774 erließ General Panin eine Verfügung, die unter anderem vorschrieb: »In allen Städten und Siedlungen, deren Bewohner die Hand erhoben oder auch nur geholfen haben, die Statthalter oder von Ihrer Majestät eingesetzte Amtspersonen oder ihre eigenen Gutsherren oder Geistliche oder treue Untertanen sonstigen Standes zu fangen und den Verrätern auszuliefern, soll man diese Leute, sowohl die Mörder selbst als auch die Verräter und Anstifter, nach vorausgegangener christlicher Vorbereitung hinrichten, wobei man ihnen zuerst die Hände und Füße, hernach den Kopf abschlagen soll... Alle Mitläufer solcher Aufrührer soll man unter dem Galgen grausam auspeitschen.« In Dörfern, die ehemalige Aufständische nicht auslieferten, sollte jeder dritte aufgehängt werden.

Diese exemplarische Grausamkeit stand dem Regime Katharinas, das sich so tolerant und aufgeklärt gab, äußerst schlecht zu Gesicht. Was nützten sämtliche Appelle an die Adligen, ihre Macht nicht zu mißbrauchen, wenn man deren Möglichkeiten zum Mißbrauch nicht einschränkte? Offenbar kam der Zarin zu keinem Augenblick die Idee, daß die Bauern sich aus begründeter Unzufriedenheit wegen ihrer elenden Lebensbedingungen erhoben hatten. In einem Brief an Prinz Heinrich von Preußen verglich sie sich mit einer Mutter, welche ihre ungezogenen Kinder zuweilen schweren Herzens verprügeln müsse. Es ist erstaunlich, in welchem Maße Katharina die soziale Dimension des Geschehens verkannte und in ihren Manifesten die Aufständischen immer wieder als Räuber, Diebe, Vagabunden oder Gesindel bezeichnete. Sie selbst hatte doch 1765 das Problem der Leibeigenschaft öffentlich zur Sprache gebracht, wenn auch nur in Form einer akademischen Diskussion ohne konkrete Resultate. Als Herrin über Zehntausende Kronbauern war sie zudem die größte Gutsbesitzerin Rußlands und mußte folglich die Problematik aus eigener Anschauung kennen. Eben weil die Zarin in dieser Rolle die Belange des Adels vertrat, war ihr an einer Reform des Leibeigenschaftssystems, sprich einer Anpassung der gesellschaftlichen Strukturen an neue ökonomische Erfordernisse im Interesse der Feudalordnung *und* des Adels, gelegen. Katharina neigte jedoch in hohem Maße dazu, innenpolitische Probleme zu moralisieren oder zu personalisieren. Grundsätzliche Auflehnung gegen die bestehende Gesellschaftsordnung hielt sie für schädlich, während sie Kritik an einzelnen Menschen oder Mißbräuchen selbst betrieb und förderte. Sämtliche sozialen Übelstände Rußlands erschienen ihr als persönliche Schwächen von Individuen, wie es aus ihrer Überzeugung hervorgeht: »Hören wir auf, schlecht zu sein, dann haben wir auch keinen Grund mehr, uns über Ungerechtigkeiten zu beklagen.« Diese untaugliche Formel bestimmte das Denken von Zarin und Hofadel; insofern sahen beide im Pugatschow-Aufstand nicht einen Schrei nach sozialer Gerechtigkeit, sondern ein privates Verbrechen einzelner, das moralisch und juristisch zu verurteilen sei. Wenn Katharina überhaupt Ansätze realistischer Beurteilung des Geschehens zeigte, dann mit ihrer Auffassung, daß eine wichtige Ursache der Pugatschow-Bewegung in der »Unwissenheit des niedrigen Standes« und in Leichtgläubigkeit der Aufständischen zu suchen sei.

Ein Trugschluß hingegen war es, wenn die Zarin ausländische Hintermänner für das Geschehene verantwortlich machen wollte. Immer wieder mußten die Untersuchungsrichter Pugatschow (den zu foltern Katharina ausdrücklich verbot) vergeblich nach solchen Kontakten befragen. Überhaupt zeitigten diese in Moskau vorgenommenen Verhöre nur wenig greifbare Resultate; alle Gefangenen versuchten, sich, so gut es eben ging, aus der Affäre zu ziehen und den Aufstand als einen unglücklichen Zufall hinzustellen. Nur Pugatschow bekannte sich mutig zu seiner Vergangenheit, so daß Katharina feststellte: »Dieser Räuber ist nicht furchtsam, läßt aber keine allzu große Geistesschärfe erkennen«, er sei ein »äußerst wagehalsiger und entschlossener Mensch«. Im Verlaufe einer Gerichtsverhandlung, die nach Lage der Dinge nur eine Farce sein konnte, wurde Pugatschow zur barbarischen Strafe des Vierteilens verurteilt, seine Körperteile sollten in alle vier Himmelsrichtungen gekarrt und dann verbrannt werden. Als man ihn am 21. Januar 1775 aufs Schafott führte, erfolgte die Hinrichtung jedoch anders, der Henker schlug Jemeljan Pugatschow den Kopf mit dem Schwert herunter. Auf wessen Weisung das geschah, ist nicht genau zu klären, im Grunde konnte nur die Zarin einen solchen Befehl geben. Ihr war bewußt, daß sie nicht ausschließlich auf Härte setzen konnte.

Schon kurz nach Beendigung des Türkenkrieges wurden achtundvierzig Artikel zur Verbesserung des Lebens der Soldaten erlassen, eine Maßnahme, welche unabdingbar schien angesichts der hohen Zahl von Überläufern aus den Reihen der Armee während des Pugatschow-Aufstandes. Unter anderem gab es den üblichen Generalpardon für alle Deserteure und eine Erhöhung der Verpflegungsrationen, die Prügelstrafe für Soldaten und Unteroffiziere wurde abgeschafft. Im März 1775 verkündete Katharina eine Amnestie und ordnete gleichzeitig an, alles, was mit dem Aufstand zusammenhing, sollte tiefem Schweigen und ewigem Vergessen anheimfallen. Bei Androhung der Todesstrafe war es fortan verboten, den Namen Pugatschows zu nennen, dessen Geburtshaus niedergerissen wurde. Selbst geographische Bezeichnungen mußten verschwinden – die Zarin ließ den Fluß Jaik in Ural, die Hauptstadt Jaizk in Uralsk umbenennen. Jede Erinnerung an den Aufstand sollte getilgt werden, weil Katharina dem Ausland das Bild eines reichen, glücklichen Rußland vorspiegeln wollte, das nur kurzzeitig von einigen Verbrechern gegen den Willen seiner zufriedenen Bevölkerung drangsaliert worden sei. In der gebildeten Gesellschaft Westeuropas zeitigte dieserart Propaganda wenig Wirkung. Selbst Voltaire, der seiner »Heldin des Nordens« die schmeichelhaftesten Briefe schrieb, bezeichnete Rußland als »barbarisches Land, voll von Vagabunden und Verbrechern«.

An den europäischen Fürstenhöfen hingegen betrachtete man Katharina mit respektvoller Anerkennung (sie zeigte ja, wie man gegen aufsässige Untertanen vorgehen mußte) sowie beginnendem Mißtrauen wegen der wachsenden Macht des Russischen Reiches. Die Zarin verstand es, im Inneren reinen Tisch zu machen. Die Vorfälle am Jaik nutzte sie, um den Unruheherd des Kosakentums generell abzuschaffen. Im April 1775 wurde der Sonderstatus der Dnepr-Kosaken aufgehoben, obwohl sich von ihnen kaum einer am Pugatschow-Aufstand beteiligt hatte. Gegen die Saporosher am Dnepr ließ man überall Kanonen auffahren und nötigte sie so, sich der Zentralmacht zu unterwerfen. Über die Stimmung im Lande berichtete der britische Gesandte anläßlich des feierlichen Einzugs der Zarin in Moskau (Februar 1775): »Das Volk, das sich auf den Straßen, durch die sie fuhr, versammelt hatte, begrüßte sie kaum durch Zurufe und zeigte keinerlei Freude.« Das Friedensfest, welches am 21. Juli 1775 dort gefeiert wurde, besaß einen bitteren Beigeschmack, daran änderten auch kostenlose Volksbelustigungen mit gebratenen Ochsen, Weinfontänen und Seiltänzern nichts.

VIII. Rußlands aufgeklärte Despotin

»In meiner Jugend wollte ich immer alles nach Voltaires Sinne und Schriften haben: Nun, was daraus geworden ist, das mögen Sie selber wissen.«

Katharina II. an Grimm,
19. Juli 1781

Grigori Potjomkin

Anläßlich des Moskauer Friedensfestes erhielt ein Mann den Grafentitel für seine Verdienste während des Türkenkrieges und des Pugatschow-Aufstandes, dessen Name seit einigen Monaten zu den bekanntesten im russischen Imperium zählte: Grigori Alexandrowitsch Potjomkin. Dieser eigenwillige Sohn eines adligen Garnisonsobristen war seit März 1774 erklärter Favorit der Zarin und konnte auf eine zwölfjährige, wenn auch häufig unterbrochene, Bekanntschaft mit ihr zurückblicken. Es begann mit jener Degenquaste beim Staatsstreich von 1762, damals war Potjomkin noch ein brünetter, gutaussehender Jüngling mit anziehendem Gesicht und geschmeidigem Wuchs. Daß aus diesem Provinzjunker einmal Rußlands einflußreichster Politiker werden sollte, dürfte niemand geahnt haben.

Ursprünglich wollte er Priester oder Mönch werden und bewahrte sich zeitlebens eine Affinität zu allem, was mit Religion in Beziehung stand. Die Orlow-Brüder führten ihn am Zarenhof ein, und man darf vermuten, daß er sich heftig in Katharina verliebte. Unausrottbar hält sich die Legende, der eifersüchtige Grigori Orlow habe ihm deshalb ein Auge ausgeschlagen. Die Wirklichkeit war profaner und bezeichnender für Potjomkins Wesen. Eine eitrige Entzündung seines

Auges überließ er den Händen eines religiösen Wunderheilers und Kurpfuschers mit dem Erfolg, daß sich der Abszeß verschlimmerte. Ungeduldig versuchte Grigori, mit einem rostigen Federmesser dem Übel an die Wurzel zu gehen, und erblindete linksseitig. Äußerlich entstellt, gab er jede Hoffnung auf, Katharinas Gunst zu erringen, und zog sich für anderthalb Jahre in ein Kloster zurück. Erst diskrete Bitten der Zarin ließen ihn 1768 wieder an den Hof zurückkehren, wo man ihn wegen seiner Einäugigkeit mit dem Beinamen »Zyklop« verspottete. Im Türkenkrieg erwarb sich Potjomkin bei Chotin Verdienste als Kavallerieführer und avancierte zum Generalmajor, bis ihn im Dezember 1773 ein Brief der Zarin erreichte, den man wohl als kaum verhüllte Liebeserklärung betrachten darf. »Da ich sehr darauf bedacht bin, mir eifrige, tapfere, intelligente und tüchtige Männer zu erhalten, bitte ich Sie, sich keiner Gefahr auszusetzen«, hieß es, und unterzeichnet war das Schreiben mit »immer Ihre sehr wohlwollende Katharina«.

Intelligenz gehörte zu jenen Eigenschaften, welche die bisherigen Liebhaber nicht gerade auszeichneten. Vor allem Wassiltschikow, Favorit der Jahre 1772 bis 1774, verkörperte in dieser Hinsicht einen fatalen Mißgriff. Der junge Mann besaß keine schlechten Charaktereigenschaften, aber trotz seines ergebenen Lächelns und seiner anmutigen Beflissenheit langweilte sich Katharina sterblich. Ausgerechnet diese Frau, der man später nachsagte, sie habe ihre Liebhaber wie Hemden gewechselt, brachte es nicht fertig, Wassiltschikow einfach den Laufpaß zu geben; sie schien ihre Verbindung mit ihm beinahe als legitime Ehe aufzufassen. Das Schreiben an Potjomkin stellte wohl eine Art Hilferuf zu einem Mann dar, der alles besaß, was Katharina bei ihrem farblosen Günstling vermißte: Geist, Witz, Charme und vor allem einen ausgeprägten Charakter. Es störte sie wenig, daß sein Gesicht nicht gerade anziehend wirkte und seine an sich schon hochgewachsene Statur einen Zug ins Grobe, Ungeschlachte bekam. Ein

Augenzeuge meinte, Potjomkin erinnere ihn an ein großes mächtiges Raubtier. Die Kraft seiner Persönlichkeit half schließlich, das schlechte Gewissen der Kaiserin gegenüber Wassiltschikow zu überwinden; der ausgediente Günstling erhielt den Befehl – aus Gesundheitsgründen! – zu verreisen und wurde, beschenkt mit 100000 Rubel, 7000 Bauern und wertvollem Diamantschmuck, hinwegkomplimentiert. Seine Stelle (offiziell als »Generaladjutant« betitelt) nahm Potjomkin ein. Ihrem literarischen Faktotum Melchior von Grimm berichtete Katharina: »Einen gewissen ausgezeichneten, aber sehr langweiligen Bürger habe ich fortgeschickt, er wurde unmittelbar ersetzt, ich weiß nicht wie, durch einen der größten, seltsamsten und höchst unterhaltsamen Exzentriker dieses eisernen Zeitalters.«

Ohne Zweifel war Potjomkin für Katharina *der* Mann ihres Lebens, der einzige wohl, den sie mit völlig selbstloser Hingabe liebte. Sie sandte ihm Briefe, bei deren Lektüre man unwillkürlich die Frage stellt, ob sie von derselben Hand stammen, die so kühl und berechnend über Politik und Ökonomie zu schreiben wußte. Es offenbart sich darin eine Tiefe des Gefühls, die nicht selten die Grenze des Närrischen streift und ebensooft in die Nähe peinlicher Albernheit gerät. Wenn eine Frau von Mitte Vierzig ihren hünenhaften Liebhaber mit Kosenamen belegt wie: mein Täuberich, mein geliebtes Püppchen, mein kleiner Papagei, Goldhähnchen, süßester Schatz und so fort, dann sagt dies genug – vom übrigen Inhalt der Briefe ganz abgesehen. Leider blieben Potjomkins Antworten nicht erhalten, Katharina verbrannte seine Briefe ausnahmslos. Bei aller übersteigerten Leidenschaft erkannte sie in Grigori auch einen Partner, der ihr über das Bett hinaus wertvolle Dienste leisten konnte. Sein enormer Tatendrang, der zuweilen in Herrschsucht ausartete, ließ es nicht zu, ein untergeordneter Gefährte und Befehlsempfänger wie einst Orlow zu werden. Bald schwang er sich vom Liebhaber zum politischen Berater und Inspirator der Zarin auf, kein Staatsgeschäft wurde mehr ohne ihn erledigt. Es wäre übertrieben, Potjomkin als den eigentlichen Herrn Rußlands zu bezeichnen, aber ohne ihn fiel kaum noch eine politische Entscheidung von Gewicht. Katharina, glücklich über einen geistig ebenbürtigen Partner, ließ sich die Zügel nicht entreißen, konnte es auch nicht, denn bei allen staatsmännischen Qualitäten war Potjomkin ein äußerst unsteter Charakter, ein Mann der Extreme. Viele Projekte betrieb er mit überstürztem Eifer, schmiedete großartigste Pläne, war Diplomat, Verwaltungsfachmann, Bauherr und General – doch mitten in derartiger Rastlosigkeit überfiel ihn unerklärliche Lethargie. Ihn überkamen Anfälle von Schwermut und Mystizismus, zuweilen hockte er tagelang halbnackt und ungewaschen auf einem Sofa, kaute die Fingerkuppen blutig und ergab sich einem düsteren Weltschmerz. Der französische Diplomat Graf Louis Philippe de Ségur traf folgende interessante Einschätzung Potjomkins: »Alles war kompliziert bei ihm: die Geschäfte, das Vergnügen, die Stimmung... Er versprach viel und hielt wenig davon, vergaß aber nichts von dem, was er sah oder hörte. Kein Mensch hat so wenig gelesen wie er, aber nur wenige waren so gut informiert.«

Wie Katharina diese Mischung aus Elan und Gleichgültigkeit, diese bizarren Gewohnheiten ertrug, warum die so sehr auf Etikette bedachte Fürstin es beispielsweise duldete, daß Rußlands leitender Staatsmann Diplomaten und Minister ungekämmt und im Schlafrock empfing, ist schwer zu erklären. Einmal schrieb sie Potjomkin: »Ich liebe Dich mehr als mich selbst«, was für eine Frau von so ausgeprägter Egozentrik recht ungewöhnliche Worte waren. Doch ihre Bindung ging weit über das Physische hinaus. Als Liebespaar hielten es beide nur siebenundzwanzig Monate miteinander aus. Sei es, daß Potjomkin die Reize der zehn Jahre älteren Zarin nicht mehr fesselten, sei es, daß Katharina seine unbeherrschte Launenhaftigkeit und maßlose Eifersucht auf die Nerven fielen – man trennte sich, aber im Unterschied zu allen anderen

Liebhabern behielt er die errungenen Machtpositionen im Staat. Er blieb kommandierender General und Mitglied des Staatsrates, löste 1774 Sachar Tschernyschow als Kriegsminister ab; bis zu seinem Tod 1791 spielte er eine Rolle vergleichbar mit jener des Grafen Leicester bei Elisabeth I. von England. Potjomkin wußte seinen Einfluß auf die Kaiserin zu wahren, seine Mittel dafür waren nicht immer fein. Nach 1776 sorgte er dafür, daß Katharina neue Liebhaber zugeführt wurden, allesamt von gleichem Zuschnitt: jung, hübsch und herzlich unbedeutend. Die künftigen Günstlinge der Zarin, welche noch einer gesonderten Betrachtung wert sind, durchliefen mit einer folgenreichen Ausnahme die Schule des mächtigen Grigori Potjomkin, der seit 1776 auch den Fürstentitel trug.

Die neue Ordnung

Der Pugatschow-Aufstand hatte Katharina II. gezeigt, daß sich die örtlichen Provinzbehörden mit ihrem lethargischen Warten auf Befehle von oben als völlig unfähig erwiesen, Krisensituationen im Sinne der Petersburger Zentrale zu meistern. Das weitmaschige administrative Netz zerriß, die Staatsmacht hatte den Überblick verloren. Eine autokratische Herrschaft konnte aber nur dann voll funktionstüchtig sein, wenn alle im Interesse des Feudalregimes getroffenen Entscheidungen reibungslos im gesamten Reich ausgeführt wurden. Eine Lösung dieses Problems durch verstärkte Zentralisation der Verwaltung wäre im russischen Riesenreich illusorisch gewesen, vielmehr kam es darauf an, den örtlichen bürokratischen Machtapparat auszubauen. In Rußland existierten bis 1775 insgesamt fünfzehn Gouvernements von so gewaltigen territorialen Ausmaßen, daß sie fast unregierbar waren. An ihrer Spitze standen zumeist ausgediente Offiziere mit höchst begrenztem Sachverstand. Katharina stellte zu diesem Problem fest, »daß verschiedene Gouvernements, in Betracht ihres weiten Umfangs, weder mit zureichenden Gerichtsstätten noch mit hinlänglichen zur Verwaltung nötigen Leuten versorgt waren«. Gleichzeitig beklagte sie »Saumseligkeit, Vernachlässigung und Verzögerungen« der Administration sowie »Mutwillen und betrügerische Ränke« der Beamten. Zum wiederholten Male erließ sie ein scharfes Verbot der allerorten geübten Bestechungspraktiken und forderte, man möge ihr namentlich jene Leute nennen, die Schmiergelder und Geschenke angenommen oder zu hohe Steuern erhoben hatten. Um die Übersichtlichkeit der Reichsverwaltung zu erleichtern und die Kontrollen in der Provinz zu stärken, verkündete die Zarin am 18. November 1775 die »Verordnung zur Verwaltung der Gouvernements des Russischen Reiches«. Vorarbeiten für dieses Gesetz leistete vorrangig Jakob von Sievers, der zum Generalgouverneur von Nowgorod und Pskow ernannt wurde.

Die neue Ordnung teilte Rußland in einundvierzig Gouvernements ein, die im Regelfall 300000 bis 400000 männliche Einwohner zählen sollten und ihrerseits wieder aus mehreren Kreisen bestanden. Ein von der Zarin ernannter Gouverneur wurde als »Bewahrer sämtlicher Gesetze Seiner Kaiserlichen Majestät« eingesetzt. Er fungierte als Präsident der Gouvernementsregierung und war den örtlichen Truppenbefehlshabern übergeordnet. Ausdrücklich hieß es in der Verordnung, daß dem Gouverneur keinerlei richterliche Befugnisse zustanden; somit erfolgte in Rußland erstmals eine Trennung von Justiz und Verwaltung. Kaufleute, Handwerker und halbfreie Kronbauern erhielten ihre eigenen Gerichte und durften auch in bestimmten Angelegenheiten der öffentlichen Wohlfahrt (Seuchen- und Krankheitsbekämpfung, Schulwesen, Waisenhäuser, Armenversorgung) mitreden. In Form des sogenannten Gewissensgerichtes (Sowestnii sud) wurde in allen Kreisen eine Art Schiedskommission eingerichtet. Jedes Gouvernement erhielt einen Kameralhof, dessen Aufgabe in pünktlicher Erhebung der Steuern bestand; über Einnahmen und Ausgaben sollte peinlich genau Buch geführt werden, außerdem mußten in jedem Kreis halbjährliche Revisionen stattfinden.

Die Ausdehnung des Verwaltungsapparates erforderte eine erheblich höhere Anzahl von Zivilbeamten. Gleichzeitig wurden auch dem Landadel größere Mitspracherechte in der Administration eingeräumt. Die Verordnung von 1775 legte Finanzen, mittlere Gerichtsbarkeit und lokale Verwaltung in die Hände des örtlichen Adels, was jedoch keine Wiedereinführung der Dienstpflicht bedeutete, weil die gesamte Verantwortung beim Gouverneur blieb. Die Adligen wurden in regelrechten Korporationen organisiert, an ihrer Spitze stand ein alle drei Jahre zu wählender Kreismarschall. Somit besaß der Gutsherr neben der Gewalt über seine Leibeigenen auch juristische Befugnisse gegenüber dem größten Teil der Bevölkerung seines Kreises, eine Rechtsnorm, die bis 1917 Gültigkeit hatte. Lediglich in den Städten gab es erste Ansätze einer kommunalen Selbstverwaltung, bis zum Gesetz von 1785 stand diese aber mehr auf dem Papier. Durch ihre Verwaltungsreform wollte Katharina »Übermut, Liederlichkeit, Verschwendung, Tyrannei und Härte zähmen«, vor allem aber überzog sie das Land mit einem dichten Netz staatlicher Institutionen, in denen der Adel den Ton angab. Zudem gelang es, viele Unterschiede der ins Russische Reich eingegliederten Territorien zu nivellieren. Das erleichterte der Selbstherrscherin den Überblick über die Verwaltung des Imperiums, außerdem wurden etliche Petersburger Zentralbehörden überflüssig. Viele Kollegien (kollektive Ministerien) schaffte die Zarin ab, 1796 existierten nur noch die Ämter für Krieg, Marine, auswärtige Angelegenheiten, Kommerz sowie das Medizinalkollegium.

Katharina selbst charakterisierte die Gouvernementsordnung gegenüber Voltaire: »In dieser ganzen Unmenge an

Worten ist bestimmt weder Genie noch Esprit, aber sehr viel Nützliches.« Gleichzeitig machte sie sich Gedanken über die Reform des Rechtswesens, in deren Mittelpunkt ein angemessenes Verhältnis zwischen Delikt und Strafe stand. »Ich bin überzeugt, daß die Strafprozeßordnung dann am besten und sichersten gewährleistet ist, wenn alle Verfahren innerhalb einer festgelegten Zeit durch drei Instanzen laufen; sonst wäre die persönliche Sicherheit des Angeklagten der Willkür der Leidenschaften, der Ignoranz, den unfreiwilligen Tölpelhaftigkeiten und den Entscheidungen der Hitzköpfe preisgegeben.«

Das Jahr 1775 brachte nicht nur die Gouvernementsreform und das Ende Pugatschows, sondern auch eine Betrugsaffäre, die eher kurios gewesen wäre, wenn nicht Katharina mit aufsehenerregender Härte darauf reagiert hätte. Seit einigen Monaten trieb sich eine attraktive Frau in Italien und Frankreich herum, die überall behauptete, Tochter der Zarin Elisabeth und ihres Geliebten Alexej Rasumowski zu sein. Diese angebliche Fürstin Tarakanowa gehörte zu jener Sorte Hochstapler, von denen das 18. Jahrhundert bevölkert war. Immerhin spielte die schöne Frau ihre Rolle als Enkelin Peters des Großen recht überzeugend; in einer geheimnisvollen Kassette verwahre sie das Testament der verstorbenen Elisabeth, hieß es, worin ihr die russische Krone zugesprochen werde. Es gab tatsächlich etliche reiche Müßiggänger, die sich von diesen Phantasmen blenden ließen. Der polnische Fürst Radziwill dachte sogar daran, die Tarakanowa (deren wirklicher Name unbekannt blieb) als Prätendentin gegen die »falsche Zarin« Katharina II. aufzustellen. Damit bekam ein Schwindel politische Dimensionen; da jedoch alle Welt wußte, daß Elisabeth nie Kinder gehabt hatte, brauchte man sich in Petersburg nicht übermäßig zu beunruhigen. Aber Katharinas Nerven waren nach dem Pugatschow-Aufstand aufs äußerste gereizt. Wie konnte es jemand wagen, sei es auch nur ein überspanntes Weibsbild, die Rechtmäßigkeit ihrer Herrschaft in Frage zu stellen? Alexej Orlow, der Flottenkommandant im Mittelmeer, erhielt einen scharfen Befehl: »Bringen Sie in Erfahrung, wo diese Frau jetzt weilt; locken Sie dieselbe an einen Ort, von welchem sie bequem auf ein Schiff gebracht werden kann, und lassen Sie sie dann unter Bewachung hierherbringen.« Im Februar 1775 spürte Orlow die falsche Zarentochter in der norditalienischen Hafenstadt Livorno auf. Katharina befahl ihm, sie »nach Möglichkeit geräuschlos« zu entführen; falls die Behörden aber Schwierigkeiten machten, sollte er zu Repressalien greifen und notfalls die Stadt beschießen! Es gelang dem schlauen Orlow, die Tarakanowa an Bord seines Flaggschiffes zu locken. Dort wurde sie im Namen der russischen Kaiserin festgenommen. Admiral Greigh erhielt Order, die Gefangene sicher nach Rußland zu schaffen, während sich Alexej Orlow in Italien von seiner schweren Aufgabe erholte.

Am 23. Mai traf das Schiff in Kronstadt ein; die unglückliche Hochstaplerin wurde in einem feuchten Verlies der Peter-Pauls-Festung bei Wasser und Brot arretiert und zahllosen Verhören unterworfen. Sie behauptete, Elisabeth zu heißen und dreiundzwanzig Jahre alt zu sein, alles andere war ein Gespinst an Lügen und Widersprüchlichkeiten, so daß der verwirrte Untersuchungsrichter Fürst Golizyn am Ende nicht viel mehr zu sagen wußte, als daß die Gefangene kein Wort russisch spreche und wie eine Italienerin wirke. Katharina schimpfte über das »abgefeimte Luder«. Selbst als die Ärzte bei der Gefangenen eine fortgeschrittene Tuberkulose feststellten, ließ die Zarin sie weiter in ihrer dumpfen Zelle. Diese Affäre berührte für sie Fragen der Staatsräson, ein Gebiet, auf dem sich die sonst eher zur Großmut neigende Katharina bis zur Unmenschlichkeit verhärten konnte. Selbst ein flehender Brief vermochte sie nicht zu rühren, die Tarakanowa blieb lebendig begraben, bis am 15. Dezember 1775 ein Blutsturz ihrem Leiden ein Ende setzte.

Die Entführungsszene von Livorno rief einiges Aufsehen

an den europäischen Höfen hervor. Mit Rußlands Zarin war offenbar nicht zu spaßen – langsam schuf Katharina eine Aura konsequenter Härte um sich, die ihr außenpolitisches Prestige stärkte.

Schiedsrichterin Europas

Großbritanniens Gesandter in Petersburg, Sir Robert Gunning, erhielt Ende Juli 1775 einen Befehl aus London, er möge eruieren, ob Rußland die Briten in Amerika »mit irgendwelchen größeren Abteilungen ihrer Infanterie unterstützen werde«. Seit Jahren schon befanden sich die nordamerikanischen Kolonien in offenem Aufruhr gegen die Herrschaft der Engländer. Im April 1775 entstand aus dem politischen Streit eine militärische Auseinandersetzung. Da Großbritannien nicht genügend eigene Truppen besaß, wurde in halb Europa die Werbetrommel gerührt. Viele deutsche Kleinfürsten vemieteten ihre Untertanen als Söldner nach Amerika. Wer Gleiches von Katharina erwartete, täuschte sich sehr. Freundlich, aber entschieden erklärte sie Gunning, Rußland könne keinen einzigen Soldaten entbehren. Auch Potjomkin und Panin vermochten sie nicht umzustimmen mit ihrer Argumentation, man solle die Gelegenheit nutzen und sich England zum Verbündeten machen. Selbst als König Georg III. einen persönlichen Brief an die Zarin schrieb mit der Bitte, 20000 russische Soldaten nach Amerika zu schikken, lehnte Katharina ab. Zwar hielt sie stets auf monarchische Solidarität, grundsätzlich aber war sie außenpolitischen Abenteuern und militärischen Spaziergängen abgeneigt, wie auch ihr Verhalten während der Französischen Revolution beweist. Viel eher schwebte ihr die Rolle einer Schiedsrichterin für internationale Streitfragen vor. Zu diesem Zweck wurden auch die diplomatischen Beziehungen Rußlands erwei-

Graf Nikita Panin

tert, Katharina ließ neue Gesandtschaften errichten, unter anderem in Malta (1769), dem Königreich beider Sizilien (1777), Portugal (1778) und den meisten süddeutschen Staaten.

Zuweilen sah Katharina ihre sorgsamen außenpolitischen Aktivitäten unerwartet durchkreuzt. Ursache dafür war das Verhalten ihres Sohnes, der 1776 von einem Extrem ins andere fiel. Seine Ehe mit der hessischen Prinzessin erwies sich trotz aller Vorbereitung als schlechte Wahl. Verschwenderisch, frivol und egoistisch, betrog sie ihren Gemahl ganz ungeniert, so daß sich die Zarin schon drei Monate nach der Hochzeit in einem Brief nach Darmstadt beschwerte: »Die Großfürstin fängt an, Gegenstand des Hofklatsches zu werden.« Paul hingegen zeigte sich geradezu vernarrt in seine Frau, und als Natalja am 26. April 1776 an einer Fehlgeburt starb, drohte er vor Schmerz den Verstand zu verlieren. Man mußte ihn gewaltsam am Selbstmord hindern, während Katharina meinte: »Man soll nicht an Dinge denken, die nicht zu ändern sind; gegen dieses traurige Ereignis gibt es kein Mittel mehr, die Toten sind tot, man muß an die Lebenden denken.« Um Paul von seinem Kummer zu kurieren, griff seine Mutter zu einem rabiaten Mittel. Sie zeigte ihm die intimen Briefe der Verstorbenen an ihren Liebhaber Andrej Rasumowski, den besten Freund des Großfürsten! Nun willigte Paul ein, Natalja zu vergessen und ein zweites Mal zu heiraten. Um ganz sicherzugehen, sollte er sich seine Frau diesmal selbst in Deutschland aussuchen. Als Beistand fungierte dabei Prinz Heinrich von Preußen, der seit April 1776 wieder in Petersburg weilte, um das Bündnis mit Rußland zu festigen und Streitigkeiten über den Danziger Hafen zu beenden. Der Prinz, nicht aber der Großfürst, wußte, daß in Wirklichkeit die Braut schon in Berlin bereitstand. Friedrich II. und Katharina hatten die siebzehnjährige Sophie Dorothea von Württemberg gewählt, ein großes, blondes, gesundes Mädchen von angenehmem Wesen. Sie war zwar schon mit dem Erbprinzen von Hessen-Darmstadt verlobt, aber der trat sie gegen eine jährliche Pension von 10000 Rubel ab!

Paul und Heinrich begaben sich im Juni nach Potsdam, wo der russische Thronfolger die württembergische Prinzessin traf und sich an Soldaten, Uniformen und preußischem Drill begeisterte. Während seines vierwöchigen Aufenthaltes benahm sich Paul zuweilen höchst undiplomatisch, er faselte vom Haß seiner Mutter, die ihn enterben oder vergiften wolle, und warnte vor ihrem Ränkespiel. Friedrich der Große urteilte über seinen Gast: »Er zeigte sich stolz, hochmütig und heftig, und so fürchteten alle, welche die russischen Verhältnisse kennen, er werde Mühe haben, sich auf dem Thron

Sophie Dorothea (Maria Fjodorowna) von Württemberg

zu behaupten oder als Herrscher eines harten und halbwilden Volkes ... ein ähnliches Schicksal erleiden wie sein Vater.« Die Prophezeiung des Preußenkönigs wurde 1801 Wirklichkeit. Prinz Heinrich mühte sich in den Potsdamer Tagen nach Kräften, das gute Einvernehmen aufrechtzuerhalten. Immerhin mochte sich der König zugute halten, daß er wiederum erfolgreich den Ehestifter gespielt habe. Über seine Braut Sophie Dorothea geriet Paul vom ersten Augenblick an in Entzücken. Dieses geduldige, liebevolle, häusliche Fräulein, das in Rußland den Namen Maria Fjodorowna erhielt, wurde am 7. Oktober 1776 seine Ehefrau.

Preußen zeigte sich auch nach dem Besuch des Großfürsten an gedeihlichen Beziehungen zu Rußland interessiert. Der Defensivvertrag von 1764 wurde im April 1777 um weitere acht Jahre verlängert. Für Katharina war das Einvernehmen mit Preußen nicht unwichtig, weil ihr in König Gustav III. von Schweden ein nördlicher Rivale entstand, auf den sie ständig Obacht geben mußte. Schon seit den fünfziger Jahren hatte sich die russische Politik ungeniert in innere Angelegenheiten Schwedens eingemischt. Dort herrschte zuweilen eine ähnlich »glückliche Anarchie« wie in Polen, und Katharinas Diplomaten förderten diese Entwicklung, indem sie eine unbotmäßige Adelsfraktion (die sogenannten Mützen) kräftig unterstützten. Dem König wurde von diesen übermütigen Edelleuten sogar vorgeschrieben, wieviel Wein täglich an seiner Tafel getrunken werden durfte! Durch einen Staatsstreich machte Gustav III. im August 1772 solchen Zuständen ein Ende. Er emanzipierte die Königsherrschaft vom Adelsregiment und vom Einfluß des Auslandes. Durch zahlreiche Reformen in Landwirtschaft, Gewerbe und Finanzwesen, Erleichterung der Lage des Bauernstandes, Verbesserungen des Verkehrs-, Gesundheits- und Pressewesens bewahrte er Schweden vor dem polnischen Schicksal. Dem König mußte an guten Beziehungen zu seinem übermächtigen Nachbarn im Osten gelegen sein. Als hochgebildeter Mann voll künstlerischer und literarischer Ambitionen glaubte sich Gustav III. mit der ähnlich gearteten Katharina verständigen zu können, denn ihn beunruhigte vor allem die massive russische Flottenrüstung. Auf seinen Wunsch kam im Juni 1777 ein persönliches Treffen in Petersburg zustande. Dort fanden die beiden Monarchen zwar anfänglich Gefallen aneinander, doch die politischen Gegensätze blieben, weil Rußland nicht auf seinen Einfluß in Skandinavien verzichten wollte.

Beim Gegenbesuch der Zarin im finnischen Frederikshamn

Fürstin Jekaterina Daschkowa

verstärkten sich die Mißhelligkeiten eher noch. Fürstin Jekaterina Daschkowa, die an den Gesprächen teilnahm, meinte: »Ich muß gestehen, daß ich nicht an eine große Anhänglichkeit zwischen gekrönten Häuptern, die so zusammengebracht werden, glaube. Ungeachtet aller Hilfsquellen, welche Verstand, Geist und die ausgezeichnetste Höflichkeit gewähren, wird ihnen die Zeit doch lang werden. Zudem muß die Politik solch täglichen Verkehr verlogen und bedrückend machen.« Katharina empfand die Situation wohl ähnlich, wenn sie an Grimm schrieb: »Wissen Sie, warum ich den Besuch der Könige fürchte? Weil sie gewöhnlich langweilige, fade Personen sind und man sich mit ihnen steif und gerade halten muß.« Zum Wesen Gustavs III. fand sie offensichtlich keinen Zugang. Schwedens Monarch konnte dem Russischen Reich eines Tages gefährlich werden.

Zur Jahreswende 1777/78 bahnte sich in Süddeutschland eine politische Krise an, die bezeichnende Schlaglichter auf das Gebaren mancher feudaler Dynastien wirft. Am 30. Dezember 1777 starb Kurfürst Maximilian Joseph von Bayern kinderlos. Sein Herzogtum fiel an einen Vertreter der jüngeren Wittelsbacher Linie, Kurfürst Karl Theodor von der Pfalz. Dieser prachtliebende und verschwenderische Monarch wollte seine unehelichen Kinder von der Schauspielerin Seyffert unbedingt durch den Kaiser zu Fürsten von Bretzenheim erheben lassen. Als Gegenleistung trat er im Januar 1778 ganz Niederbayern, die schwäbische Herrschaft Mindelheim und die böhmischen Lehen in der Oberpfalz an Österreich ab, das schon wiederholt Versuche zum Erwerb bayrischen Landes gemacht hatte. Am 19. Januar marschierten kaiserliche Truppen in Schwaben und in die Oberpfalz ein. Friedrich II. von Preußen, der fürchtete, Österreich könnte in Süddeutschland zu mächtig werden, erhob gegen den Kuhhandel Karl Theodors auf dem Reichstag zu Regensburg Einspruch. Da die Verhandlungen nicht zum Ziel führten, ließ der Preuße am 5. Juli seine Regimenter in Böhmen einrücken und erklärte Österreich den Krieg. »Lieber ein ewiger Konflikt als die Vorherrschaft der stolzen Habsburger«, soll er gesagt haben. Doch keine der beiden Parteien war sich ihrer militärischen Überlegenheit sicher. Der Bayerische Erbfolgekrieg, wegen des chronischen Mangels an Lebensmitteln für die Soldaten auch als »Kartoffelkrieg« bezeichnet, spielte sich mehr am Verhandlungstisch als auf dem Schlachtfeld ab. Sowohl Preußen als auch Österreich suchten von Anbeginn eine diplomatische Alternative. Da zu befürchten stand, daß Rußland sich gewaltsam in den Konflikt einschalten könnte, erwarteten beide Seiten die Vermittlung der Zarin. Zahlreiche juristische Gutachten wurden nach Petersburg gesandt. Diese Dokumente waren teilweise derart spitzfindig abgefaßt, daß Katharina fragte: »Aber wer zum Teufel hat denn recht oder unrecht, und wer ist denn ein Lügner?« Sogar Kaiserin Maria Theresia schrieb ihr einen freundlichen Brief mit der Bitte, den Streitfall zu schlichten, obwohl die Österreicherin Katharina verabscheute und sie nur als »dieses Weib« bezeichnete. Friedrich der Große sagte, die Zarin werde »das Haus Habsburg zwingen, Gerechtigkeit und Billigkeit in Deutschland wiederherzustellen«.

Dieserart umworben zu werden gefiel Katharina außerordentlich, dennoch mußte sie auf der Hut sein, keine Fehlentscheidung zu treffen. Der sächsische Gesandte berichtete aus Petersburg: »Was Ludwig XIV. und sein Nachfolger zu ihrer Zeit in Deutschland waren, das kann Rußland jetzt sein. Diese Rolle ist groß und schmeichelhaft.« Nach langen Wochen der Bedenkzeit entschied sich die Zarin. Das Recht sei auf Preußens Seite, schrieb sie an Grimm und bezeichnete die Österreicher als »politische Nachtwächter«, von Maria Theresia könne sie »anders nicht sagen, als daß sie große Anfechtungen der Hab- und Herrschsucht leidet«. Kaiser Joseph II. ließ sie ausrichten, falls er seine Ansprüche auf Bayern nicht aufgebe, werde sie »einem ungerechten Krieg nicht tatenlos zusehen können und sich gezwungen sehen, Maßnahmen zur Wahrung der Interessen Rußlands und seiner Freunde, der deutschen Fürsten, zu treffen, die sich um Schutz an sie gewandt hätten«. Der Inhalt dieser Note ging zur selben Zeit an Preußen, Großbritannien, Frankreich, Dänemark, Schweden und Bayern. Ihrem Sondergesandten Fürst Repnin erklärte Katharina, »daß sich dann daraus für Rußland das erwünschte Vorrecht ergeben dürfte, ein Bürge der deutschen Reichsverfassung zu werden« und damit Frankreichs Rolle zu übernehmen. Auf ihren Vorschlag (dessen drohender Unterton nicht zu überhören war) begann im März 1779 eine Konferenz im schlesischen Teschen, wo am 13. Mai ein Friedensvertrag unterzeichnet wurde. Österreich erhielt von Bayern das sogenannte Innviertel (den Distrikt zwischen Donau, Inn und Salzach mit der Stadt Braunau), mußte aber allen weiteren Ansprüchen entsagen; Preußen wurde dafür die Erbfolge in den fränkischen Fürstentümern Ansbach und Bayreuth zugestanden. Für Wien war diese politische Niederlage nicht Ergebnis eines militärisch verlorenen Krieges, sondern Folge eines blind provozierten, völlig überflüssigen Scheinkonflikts. Der Gegensatz Preußen–Österreich war durch Katharinas Vermittlungsaktion zeitweilig beigelegt. Es zeigte sich, daß man ohne Rußland in Mitteleuropa keine erfolgreiche Politik machen konnte. Kaiser Joseph II. begriff das schnell, bemühte sich hinfort demonstrativ um ein gutes Verhältnis zur Zarin und wies seine Petersburger Botschafter Cobenzl an, »weder mit Geld noch Mühe zu sparen, um womöglich Rußland von der Allianz mit Preußen abzuziehen und die alte vertraute Freundschaft zwischen beiden kaiserlichen Höfen wiederherzustellen«.

Die Vermittlung des Teschener Friedens stellte Realitätssinn und Scharfblick der Zarin in ein helles Licht. Ganz allgemein betrachtete man sie schon als Schiedsrichterin Europas. Das Verhältnis zu Preußen allerdings trübte sich in der Folgezeit erstaunlich schnell. Großfürst Pauls ungenierte Bewunderung für Friedrich den Großen und dessen Armee stimmte Katharina allmählich mißtrauisch. Zwar erklärte der König ihr: »Ganz Deutschland dankt Ihnen den Frieden, welchen wir jetzt zu genießen beginnen«, doch das klang eher nüchtern, verglichen mit jenen schmeichelhaften Tönen der Bewunderung, die Joseph II. bei jeder Gelegenheit über sie verkündete. Der Kaiser setzte alles daran, Katharina persönlich zu begegnen. Seine Mutter Maria Theresia war entsetzt über diesen Plan, das Ganze werde üble Folgen haben, warum solle das ehrwürdige Haus Habsburg um die Gunst einer »katherinisierten Prinzessin von Zerbst« buhlen. »Diese Reise macht mir große Sorgen«, gestand sie ihrer Tochter, der französischen Königin Marie Antoinette. Doch Joseph ließ sich nicht beirren, wobei ihm die Neugier der Zarin entgegenkam, welche den für seinen Reformeifer bekannten Monarchen und Vertreter der aufgeklärten Selbstherrschaft gern kennenlernen wollte.

Inkognito unter dem Namen eines Grafen von Falkenstein und begleitet nur von zwei Adjutanten, machte sich der Kaiser 1780 auf die Reise nach Rußland, wo er am 4. Juni in Mogiljow mit Katharina zusammentraf. Beide versuchten sich an Höflichkeit und Liebenswürdigkeit zu überbieten. Dennoch besaß der gegenseitige Ton stets etwas Unechtes, Gezwungenes. Joseph II. war ein ausgezeichneter Psychologe; unter der Maske eines wohlwollenden Biedermannes wußte er scharfsinnigen Verstand mit boshafter Ironie zu paaren. Schnell erkannte er Katharinas grundlegende Schwäche, ihr grenzenloses Bedürfnis nach Lobhudeleien, und richtete sein Verhalten danach. Zum österreichischen Kanzler Wenzel Graf von Kaunitz bemerkte er: »Sie ist sich selber zum Götzenbild geworden, ihr maßloses Glück sowie der Wetteifer ganz Europas in übertriebenen Huldigungen haben sie verdorben.« Potjomkin nannte er einen ungebildeten Faulpelz und den Staatssekretär Besborodko einen Emporkömmling. Den alten Menschenkenner und -verächter Friedrich II. hatte Joseph nicht täuschen können, bei der Zarin gelang ihm dies zumindest anfänglich recht gut. »Ich glaube, daß keiner der heute lebenden Herrscher ihm an Verdiensten, an Kenntnissen und Höflichkeit gleichkommt; ich bin entzückt von seiner Bekanntschaft«, schrieb Katharina an Potjomkin, der den Habsburger nicht ausstehen konnte. Wenig später erklärte sie allerdings, der junge Mann aus Wien müsse in mancher Hinsicht als politischer Dilettant gelten. Man hatte vor allem die orientalische Frage erörtert, wobei Joseph II. sich sehr skeptisch zu den Plänen Rußlands hinsichtlich Konstantinopels äußerte. Da Österreich vermöge seiner Stellung an der unteren Donau einem russischen Vordringen auf dem Balkan gefährlich werden konnte, schien es angebracht, den Kaiser freund-

Kaiser Joseph II.

lich zu stimmen. Sein sieben Wochen dauernder Aufenthalt in Rußland war angefüllt mit Besichtigungen von Manufakturen, Archiven, Werften und Gerichtssälen; auch eine Visite im Privattheater des Grafen Scheremetjew auf dessen riesigem Landgut in Kuskowo bei Moskau stand auf dem Programm.

Obwohl Katharina auch nach diesem Besuch ihr Bündnis mit Preußen nicht aufkündigte, gewannen ausländische Beobachter den Eindruck, Joseph habe »dem hiesigen Einfluß des preußischen Königs einen solchen Schlag versetzt, daß derselbe niemals wiederherzustellen sein dürfte«. Auch in Berlin zeigte man sich beunruhigt. Friedrich II. faßte die unselige Idee, seinen Neffen und Thronfolger Prinz Friedrich Wilhelm als Botschafter des guten Willens nach Petersburg zu schicken. In dessen Instruktion hieß es unter anderem: »Die Kaiserin ist eitel. Man muß bei jeder Gelegenheit ihrem Hochmut schmeicheln und ihren Ruhm hervorheben. Aber es darf nicht grob wirken.« Von allen Russen sei Panin der Mann, »dem wir am meisten Vertrauen entgegenbringen können«. Friedrich Wilhelm solle für den Bestand der Harmonie zwischen Rußland und Preußen sorgen, eine Aufgabe, an welcher der unbeholfene, geistig wenig regsame Prinz scheitern mußte. Seine Mission im September 1780 geriet zum Debakel. Zwar spielte Katharina die gönnerhafte Freundin, verlieh ihm den Sankt-Andreas-Orden, hinter seinem Rücken amüsierte sie sich jedoch über den »Truthahn« und äußerte nach dessen Abreise: »Der hochehrerbietige Lehrjunge, so von hier gewandert, der muß noch stark wandern, daß der Geselle aus ihm kommt.« Friedrich Wilhelms vertraulicher Umgang mit Großfürst Paul verstimmte sie derart, daß sie dem Thronfolger anläßlich einer Europareise verbot, Berlin zu berühren. Die neuentdeckte Freundschaft zu Wien florierte weiter, zumal der Tod Maria Theresias am 8. November 1780 Hemmungen beseitigte, die einer gemeinsamen Politik Österreich–Rußland im Wege standen. Als sichtbares Zeichen dafür wurden 1781 dem alten preußenfreundlichen Minister

Nikita Panin die auswärtigen Angelegenheiten entzogen; an seine Stelle trat der geschmeidigere Alexander Besborodko, dessen Aufgabe vor allem darin bestand, Katharinas außenpolitische Intentionen in druckreife Form zu bringen. Friedrich II. gewann den Eindruck, daß man sich einer Krisis nähere, doch die Situation blieb auf dem Kontinent ruhig, nur auf den Meeren war das nicht der Fall.

Großbritannien befand sich seit 1779 auch im Krieg mit den Spaniern, welche die Mittelmeerfestung Gibraltar belagerten. London verhängte eine Handelsblockade über den iberischen Gegner und hinderte neutrale Schiffe am Anlaufen spanischer Häfen. Im Februar 1780 wurde ein unter russischer Flagge fahrender Segler, der Getreide zur Stadt Malaga bringen wollte, von den Engländern aufgebracht und beschlagnahmt, die Ladung versteigert, die Matrosen mißhandelt. Diesen Affront nahm Katharina II. zum Anlaß, weiteren Übergriffen der britischen Marine auf die neutrale Handelsschiffahrt einen Riegel vorzuschieben. Am 11. März 1780 verkündete sie die bewaffnete Neutralität. Demzufolge würde Rußland künftig zur Verteidigung des friedlichen Handelsverkehrs Angriffe einer kriegführenden Seemacht mit Waffengewalt beantworten. Ihre Deklaration forderte: »Erstens: Alle neutralen Schiffe dürfen an den Küsten der im Krieg befindchen Nationen ungehindert von einem Hafen zum anderen segeln. Zweitens: Die Güter in den neutralen Schiffen dürfen nicht angetastet werden.« Diesem ersten völkerrechtlichen Dokument, das den Grundsatz »Frei Schiff, frei Gut« festschrieb und damit den Unabhängigkeitskampf Nordamerikas unterstützte, traten Schweden, Dänemark, Preußen, die Niederlande, Portugal, Österreich und beide Sizilien bei. Unter den konkreten Bedingungen konnte die bewaffnete Neutralität nur gegen Großbritannien gerichtet sein; diese mächtige Seefahrernation mußte es zähneknirschend hinnehmen, wollte sie sich nicht mit ganz Europa verfeinden. Überdies waren die Briten auf russisches Material zum Schiffbau (Holz,

Eisen, Segelleinen, Pech) dringend angewiesen. Der neutrale Handelsverkehr mit Spanien sowie Nordamerika wurde durch Rußlands Schutz wiederhergestellt, und Katharinas außenpolitisches Ansehen erreichte seinen Höhepunkt.

Liebhaber, Günstlinge, Favoriten

Über die Gepflogenheiten am Zarenhof berichtete der preußische Botschafter Graf Solms in den siebziger Jahren nach Berlin: »Man ist in Rußland so sehr an das Günstlingswesen gewöhnt, daß man sich durchaus nicht über eine rasche Rangerhöhung eines Mannes wundert, ja sogar die Wahl eines jungen sanften, höflichen Mannes, der weder Ehrgeiz noch Eitelkeit zeigt, sehr billigt.« Diese vielleicht etwas beschönigende Darstellung ist ein Beleg dafür, wie wenig anrüchig Katharinas Privatsphäre von vielen Zeitgenossen empfunden wurde. Allerorten hielten Fürsten ihre Mätressen, warum sollte man einer Fürstin nicht gleiches Recht einräumen. Was man der Zarin verübelte, war nicht eine Reihe von Liebhabern wesentlich jüngeren Alters, sondern die unglaublichen Summen an Geld und materiellen Werten, mit denen diese Männer für in der Regel zwei- bis dreijährige Dienste entlohnt wurden. Katharinas Liebesleben ist bis zum Überdruß romantisiert und vulgarisiert worden. Skandalgeschichten oder Anekdoten voll läppischer Albernheit prägen ihr Bild bis heute. Daß ein derart ausgiebig dokumentiertes Leben Gegenstand so vieler Legenden werden konnte, ist ein Paradoxon, auf das der Biograf Vincent Cronin völlig zu Recht hinweist. Katharina war zu keiner Zeit ihres Daseins jene Frau von zügelloser Sinnlichkeit mit pathologischen Zügen, die sensationslüsterne Pamphletisten aus ihr machten. Ist es vorstellbar, bei der Zarin eine Art dämonischer Doppelexistenz zu vermuten: am Tage die selbstbeherrschte, ordentliche, ausgeglichene

Regentin, nachts die männerverschlingende Messalina? Eher könnte man glauben, daß eine Herrscherin, von der jedermann eine geradezu als männlich empfundene Härte und Unerschrockenheit erwartete, sich zuweilen im Boudoir wie eine Frau fühlen wollte.

Im Rußland des 18. Jahrhunderts kursierten etliche Karikaturen und Spottsiegel auf Katharina, die sie zumeist als geile alte Megäre mit obszönen Symbolen darstellten. Eine französische Witzzeichnung über ihre Orientpolitik zeigt den »imperialen Schritt« der Zarin, welcher acht europäische Monarchen einschließlich des Papstes interessiert unter den Rock schauen. Sexuellen Entgleisungen gegenüber besaß sie – solange sie nicht in ihrer Nähe stattfanden – ein relativ tolerantes Gemüt. Auf ihren Befehl wurde in Petersburg ein »Hospital für die Opfer des ausgearteten Geschlechtstriebes« eingerichtet, wo alle Kranken (männlich oder weiblich) unentgeltlich Pflege und Heilung fanden. Über die dort befindlichen Patienten durfte nicht gesprochen werden. Jeder, der sich einfand, bekam beim Eintritt ein Medaillon mit der Aufschrift »Verschwiegenheit«.

Es ist eine nicht zu leugnende Tatsache, daß die Liebhaber Katharinas im Vergleich zu ihr immer jünger wurden. Sergej Saltykow, der erste von zwölf*, war noch drei Jahre älter, der letzte, Platon Subow, hätte ein Enkel der Kaiserin sein können, er war achtunddreißig Jahre jünger. Mit zunehmendem Alter Katharinas bekamen ihre Liebschaften tatsächlich einen Stich ins Skandalöse, Lasterhafte, Anormale. Deshalb waren viele Menschen bereit, ihr auf diesem Gebiet jedwede Monstrosität zuzutrauen. Besonders kraß geschah das während der Französischen Revolution, als deren erbitterte Gegnerin Katharina hervortrat. Die Franzosen rächten sich dafür mit einer Flut verleumderischer Pamphlete,

* Folgt man dem Historiker Barskow, der Augenblicksleidenschaften wie Wyssozki oder Mordwinow in Rechnung stellt, so ergibt sich die auch nicht eben beeindruckende Zahl von achtzehn Liebhabern.

Katharina II.

in denen der »dicken alten Cateau« sämtliche sexuellen Abirrungen (von lesbischen Praktiken bis zur Sodomie) nachgesagt wurden. Für solche Behauptungen existiert nicht die Spur eines Beweises, was kaum verwundert, denn die Verfasser solcher Schriften waren über Rußlands Verhältnisse meist nur aus zweiter Hand informiert (wie Jean Laveaux) oder verarbeiteten ihre Kenntnisse nach Hofklatschanekdoten (wie Charles François Masson). Bezeichnend ist auch ein in den neunziger Jahren durch die französische Staatszeitung »Moniteur« kolportierter Bericht, worin von »unerhörten Orgien in den Kellern des Winterpalastes« die Rede war. Katharina kommentierte das ironisch: »Ich bin noch nie in den Kellern dieses Palastes gewesen. Wie köstlich hätten wir uns dort amüsieren können, wenn wir das gewußt hätten!«

Als Katharina sich 1776 von Potjomkin trennte, tat das der gegenseitigen Wertschätzung und Bewunderung keinen Abbruch. Es irrten sich all jene, die glaubten, der entlassene Favorit werde nun sein Leben im Kloster beschließen müssen. Er blieb Vertrauter und Mitarbeiter der Zarin, Vollstrecker ihres politischen Willens. Daß er mit ihr 1774 eine Ehe geschlossen habe, ist allerdings nur eine Vermutung, für die jeder positive Beweis fehlt. Potjomkin kannte seine Katharina gut genug, um zu wissen, daß deren sanguinisches Temperament sehr bald nach einem neuen Mann an ihrer Seite verlangen würde. Also sorgte er selber für seine Nachfolger. Im Interesse der eigenen Machtpositionen schickte Grigori nur solche jungen Männer zur Zarin, die er sorgfältig ausgesucht hatte, vor allem mußten es Russen sein, meist nett und unbedarft, die ihm nicht gefährlich werden konnten. Daß er sich von den Günstlingen dafür gut bezahlen ließ, ist allerdings skandalös; Potjomkin setzte sich in die Rolle eines Kupplers, wobei unklar bleibt, ob Katharina von derartigen Praktiken wußte. Die jungen Begleiter der Zarin wurden inoffiziell als »Wremjenschtschik« (frei übersetzt: Mann des Augenblicks) bezeichnet.

Im Sommer 1776 eröffnete der charmante Ukrainer Pjotr Sawadowski den Reigen. Wie alle anderen nach ihm durchlief er eine Prozedur, die Anlaß zu vielfachen, oft unsinnigen Mißdeutungen gab. Katharinas Leibarzt, der Schotte John Rogerson, untersuchte den zukünftigen Liebhaber – jedoch nicht auf sexuelle Potenz oder Ausmaße seines Geschlechtsteiles, sondern auf eventuell venerische oder sonstige ansteckende Krankheiten, eine ebenso berechtigte wie sinnvolle Maßnahme. Anschließend nahm Potjomkin den Kandidaten in

Augenschein, um sich ein Bild von dessen Geistesgaben, seinem Benehmen und seinem Charakter zu machen. Da es sich bei den Auserwählten meist um etwas ungehobelte Gardeoffiziere handelte, übernahm es die Gräfin Praskowja Bruce, den jungen Männern Anstand und höfischen Schliff beizubringen, damit sie sich an der Seite der Kaiserin nicht blamierten. Dem Literaten Masson diente dies als Vorwand, der Gräfin Bruce das offizielle Amt einer »Eprouveuse« (Erproberin) anzudichten. Sie hätte jeden Liebhaber hinsichtlich seiner sexuellen Leistungsfähigkeit zweimal zu testen und darüber Katharina minutiös Bericht zu erstatten. Es ist entlarvend, daß außer dem munteren Schwätzer Masson kein Augenzeuge über ein derartig delikates Amt am russischen Hof zu berichten wußte. Die Tatsache, daß Lord Byron 1820 in seinem »Don Juan« auf die Existenz einer »Eprouveuse« anspielt, stellt schon gar keinen Beweis dar.

Auf Sawadowski folgte 1777 der fidele Husarenmajor Semjon Zoritsch, der einst aus dem Bagno von Konstantinopel geflohen war. Sein Vorgänger empfing zum Lohn 50000 Rubel und 4000 Bauern in der Ukraine. »Du mußt schon zugeben, daß dieses Handwerk hier recht einträglich ist«, schrieb ein französischer Diplomat seinem Bruder. Zoritsch, dem die Hofdamen den Beinamen »Adonis« gaben, wurde schnell maßlos eitel und leichtfertig. Als er hörte, Potjomkin habe möglicherweise schon einen Nachfolger für ihn parat, beging er die Unvorsichtigkeit, den mächtigen Mann zu beschimpfen und ihn sogar zum Duell zu fordern. Es genügte ein Gespräch Potjomkins bei der Zarin, um Zoritsch (selbstredend fürstlich beschenkt) den Laufpaß zu geben. Im Juni 1778 löste ihn der fünfundzwanzigjährige Iwan Rimski-Korsakow ab, ein Vorfahr des berühmten Komponisten. Katharina beschrieb ihn gegenüber Grimm: »Keine Geste an ihm, die nicht anmutig wäre; er strahlt wie die Sonne und verbreitet Glanz um sich; und all das hat nichts Weibisches, sondern ist männlich und ganz so, wie man sich wünscht, daß einer sein soll ...« Völlig anders sah ihn der französische Botschafter: »Das war ein geckenhaftes Püppchen, aber von der ganz kleinen Sorte, die wir in Paris nicht einmal dulden würden.« Offensichtlich muß man dieser Einschätzung zustimmen, denn Rimski-Korsakow besaß ein Gemüt voll entwaffnender Einfalt. Er beauftragte einen Buchhändler, ihm eine Bibliothek zusammenzustellen. Auf die Frage: »Welche Bücher wünschen Euer Gnaden zu besitzen?« antwortete der junge Mann: »Sie wissen schon: unten große Bände und oben kleine, wie bei der Kaiserin.« Offenbar stieg das Glück Rimski-Korsakow zu Kopfe, und er wurde übermütig. Eines Tages betrog er Katharina mit der Gräfin Bruce (vielleicht ist daraus die unselige Eprouveuse-Legende entstanden?) und sah sich in flagranti ertappt. Die ungetreue Hofdame wurde für einige Zeit nach Moskau verbannt, während Rimski-Korsakow den Palast verlassen mußte. Auch er ging wesentlich reicher, als er gekommen war; Katharina benahm sich zu ihren ehemaligen Liebhabern niemals nachtragend.

Der Mann, den die Zarin im Oktober 1779 zu ihrem Günstling machte, Alexander Lanskoi, fällt in mancher Beziehung aus dem Rahmen. Es gibt neben dem Bild der mannstollen Erotomanin Katharina die gegenteilige, ebenso extreme Darstellung einer Herrscherin, die aus verschütteten Mutterinstinkten heraus wesentlich jüngere Männer gleichsam an Kindes Statt betreut habe, um sie völlig uneigennützig zu fördern und auszubilden. Das Verhältnis der einundfünfzigjährigen Katharina zu dem neunundzwanzig Jahre jüngeren Lanskoi (den sie in ihren Briefen oft als »das Kind« bezeichnete) könnte dafür als Paradebeispiel gelten. Die Zarin unternahm bei allen Favoriten den Versuch, sie zu erziehen, zu bilden, zu guten Staatsdienern zu machen. Diese Bemühungen fielen aber nur bei Alexander Lanskoi auf fruchtbaren Boden. Er war ein begabter, feinsinniger, menschenfreundlicher Jüngling, bar jeder Arroganz, als einziger aller Günstlinge verstand er es, sich keine Feinde zu machen. Gewiß betrachtete

Katharina ihn als ihren Schüler, und vieles deutet darauf hin, daß sie ihn auch als Politiker eines Tages an Potjomkins Stelle setzen wollte. Bei Sascha Lanskoi erlebte sie seit langem wieder die Lust des Gedankenaustausches, wobei sie ihm ihre Schlafzimmertür ganz gewiß nicht verschloß. Die geistigen Interessen der Kaiserin fanden beim Geliebten regen Widerhall. Er ließ sich eine Bibliothek nicht nur einrichten, sondern las die Bücher auch. Mit Eifer untersuchte er die Klosterarchive, um Katharina bei der Abfassung eines Werkes über russische Geschichte zu helfen. Auf seinen Vorschlag wurde 1782 Fürstin Jekaterina Daschkowa zur Präsidentin der Akademie der Wissenschaften ernannt. Diese fähige, aber krankhaft geltungsbedürftige Frau glaubte ihre Verdienste nach dem Staatsstreich von 1762 nicht genügend gewürdigt und verharrte seither in Opposition zur Zarin, auch wenn sie diese heimlich bewunderte. Den Posten eines Akademiepräsidenten lehnte sie zunächst wütend ab und erklärte, man solle sie doch gleich zum Direktor der Waschfrauen Ihrer Majestät ernennen. Doch so leicht gab Katharina einmal gefaßte Pläne nicht auf. Sie wußte Fürstin Daschkowa umzustimmen, die sich in ihren Memoiren jener Gespräche mit der Kaiserin erinnerte: »Jeder, der das Glück gehabt hat, sich ihrer Person zu nähern, wird mehr oder weniger den Einfluß der unwiderstehlichen Beredsamkeit und Gewandtheit gefühlt haben, die ihr immer zu Gebote standen, wenn sie gewinnen oder überzeugen wollte.« Mit praktischem Geschäftssinn und Ordnungsliebe leitete Jekaterina Daschkowa die bis dato arg zerstrittene Akademie. Bald erschienen zum Beispiel eine Gesamtausgabe der Werke Lomonossows, zahlreiche Berichte von wissenschaftlichen Expeditionen und ein vollständiges russisches Wörterbuch. Diese Arbeit sublimierte viele Energien der politisierenden Frau, und Katharina schrieb an Grimm: »Sie hat jetzt keine Zeit zu intrigieren, sie hat den Mund voll und genug daran zu kauen.« Klug war Lanskois Anregung überdies, weil die Berufung einer Frau an die Spitze der wissenschaft-

lichen Akademie ganz Europa wiederum einen Beweis vom aufgeklärten Geist in Rußland liefern mußte.

Nicht selten verbesserte Lanskoi auch die orthographischen Fehler der Zarin, die zwar ein lupenreines Französisch beherrschte, mit der russischen Schrift aber zuweilen auf Kriegsfuß stand. Dabei war sie in Stilfragen erstaunlich sicher. Sie »liebte einfache und rein russische Wörter – nicht solche, die aus dem Lateinischen oder westlichen Spachen kamen, und sie kannte viele russische Ausdrücke«, berichtet Katharinas Sekretär Adrian Gribowski. Das Zusammenleben mit Lanskoi war vielleicht nicht die vollkommene Liebe, aber es erwies sich als dauerhaft. Aus dem Jahre 1781 gibt es eine interessante Schilderung über die Zarin und ihren Favoriten: »Sie ist etwas stark an Brust und Körper, hat große blaue Augen, eine hohe Stirn, ein etwas langes Kinn. Da sie jetzt 52 Jahre alt ist, darf man keine jugendliche Schönheit erwarten. Sie ist aber nichts weniger als häßlich; im Gegenteil sind in ihrem Gesicht noch viele Züge von ihrer ehemaligen Schönheit und im Ganzen Kennzeichen von körperlichen Reizen sichtbar. Ihre Wangen sind durch Schminke hochrot gefärbt. In ihrem Blicke hat sie ebensoviel Würde und Majestät als Gnade und Herablassung. Sie trägt dabei ihren Körper mit vielem Anstande sehr gerade, ohne daß es ins Gezwungene fällt ... Herr von Lanskoy ist ... vielleicht die schönste Mannsperson, die ich in meinem Leben gesehen habe. Er ist groß, vortrefflich gewachsen, im Gesicht mehr bräunlich als weiß. Er ist brünett, hat aber dabei etwas Schmachtendes in seinem Gesichte, das man sonst nur bei Blonden zu finden glaubt. In seinem Anstande ist Würde, sein Auge vielversprechend ...« Man weiß nicht, ob Katharina Lanskoi bis an ihr Lebensende treu geblieben wäre, denkbar ist es allemal. Doch Schicksalsschläge verschonen auch große Monarchen nicht.

Während eines idyllischen Sommeraufenthaltes in Zarskoje Selo mußte sich Lanskoi mit entzündetem Hals und hohem Fieber ins Bett legen. Die Ärzte stellten Diphtherie fest,

Von links oben nach rechts unten:
Iwan Rimski-Korsakow, Semjon Zoritsch, Alexander Lanskoi, Alexander Mamonow

Boudoir Katharinas II. im Schloß von Zarskoje Selo

eine Krankheit, die vor der Entdeckung des Erregerbazillus im Jahre 1883 nur schwer zu heilen war. Eine Woche lang rang der Sechsundzwanzigjährige mit dem Tod, während Katharina fast unausgesetzt am Bett ihres »Kindes« Wache hielt. Am 6. Juli 1784 starb Lanskoi in den Armen der Kaiserin. Daß fünf Jahre eines harmonischen Zusammenseins ohne Launen oder Szenen ein derart jähes Ende nahmen, erschütterte Katharina schwer. »Ich bin in tiefstem Leid«, schrieb sie an Grimm. »Mein Glück ist nicht mehr. Ich glaubte diesen unersetzlichen Verlust, den ich vor acht Tagen erlitten, nicht zu überleben. Mein liebster Freund ist nicht mehr! Ich hoffte, er

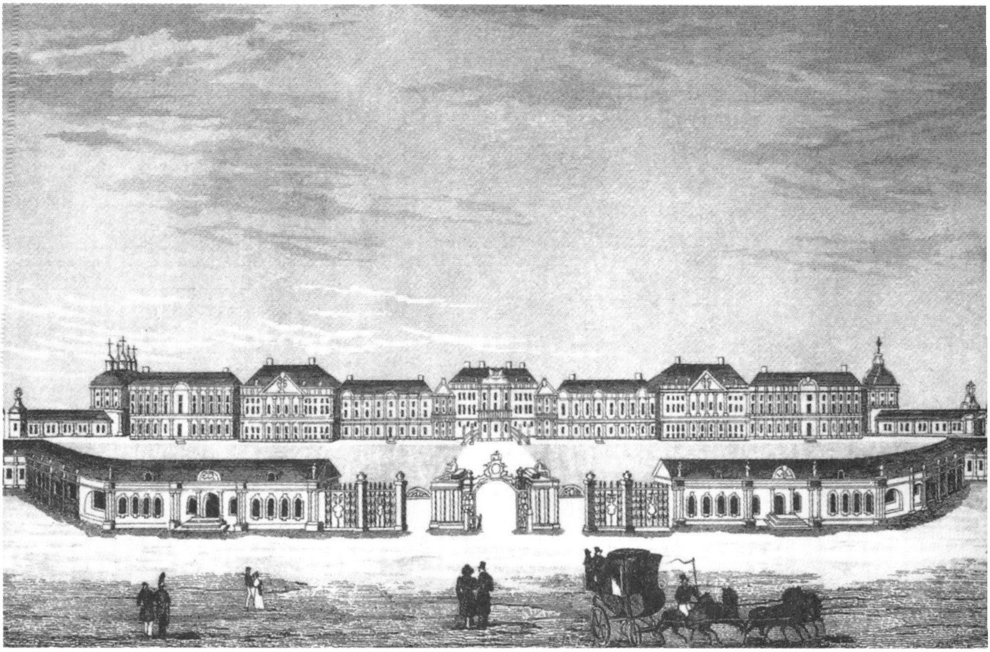

Zarskoje Selo

werde die Stütze meines Alters werden.« Ihre Trauer war tief und echt, zuweilen so expressiv, wie man sie dieser starken selbstbeherrschten Frau nie zugetraut hätte. Trost fand sie schließlich in einem mehrbändigen Werk des hannoverschen Arztes und Philosophen Johann Georg von Zimmermann, »Über die Einsamkeit«. Aus dieser Lektüre erwuchs später ein interessanter Briefwechsel. In den Monaten nach Lanskois Tod empfand die Zarin wohl erstmals ihr Dasein als Last. »Mein Zimmer, in dem ich mich früher so wohl fühlte, ist mir zur leeren Höhle geworden, in der ich mich wie ein Schatten dahinschleppe.«

Es dauerte fast neun Monate, bis Potjomkin sich überwand, seiner Herrin einen neuen Liebhaber zu offerieren, Alexander Jermolow. Es ist schwer zu sagen, warum Katharina diesen weder sonderlich liebenswürdigen noch hübschen Mann, der wegen seiner etwas plattgedrückten Nase den Spottnamen »weißer Neger« trug, akzeptierte. Man kann dahinter wohl nur Macht der Gewohnheit vermuten. Jermolow vergaß zu schnell, wem er seinen Aufstieg verdankte, und ließ sich auf Intrigen gegen Potjomkin ein. Es gelang ihm sogar, den Fürsten wegen einer Unterschlagungsaffäre beinahe in Ungnade zu stürzen. Doch der machterfahrene Potjomkin wußte sich zu wehren und erklärte der Zarin rundweg: »Solange Sie diesen weißen Neger bei sich behalten, werde ich nie wieder meinen Fuß an Ihren Hof setzen.« Jermolow, an dem Katharina ohnehin nicht sehr viel lag, wurde daraufhin im Sommer 1786 entlassen. Sein Abschiedsgeschenk: 130000 Rubel und 4000 Bauern. Ihm folgte schließlich Alexander Mamonow, ein siebenundzwanzigjähriger eleganter Gardeoffizier aus gutem Hause. Kaiser Joseph II. meinte über ihn, er sei »ein ziemlich niedlicher Junge« ohne großen Esprit, während Katharina, die sich auf ihre alten Tage nun doch langsam lächerlich zu machen begann, behauptete, er sprühe vor Geist und sei »von Kopf bis Fuß Anstand, Höflichkeit und Verstand«. Immerhin besaß Mamonow genügend Persönlichkeit, um nach einiger Zeit seine Rolle als männliche Mätresse unwürdig zu finden. Katharina wollte nicht sehen, daß der »Rotrock«, wie sie ihn wegen seiner Uniform nannte, langsam die Lust verlor, ständig den ergebenen Liebhaber zu spielen. Anfang 1789 gestand er der Zarin unter heftigem Schluchzen, er sei schon längere Zeit in die Hofdame Darja Stscherbatowa verliebt und habe ihr die Ehe versprochen. Diese kränkende Enttäuschung wußte Katharina mit bewundernswerter Haltung zu überwinden, vielleicht gewann sogar mütterliches Wohlwollen die Oberhand. Sie zitierte ihren Günstling mit seiner Auserwählten zu sich, gab deren Verlobung bekannt und erteilte ihnen den Segen. »Ich bin niemals irgendeines Menschen Tyrann gewesen und verabscheue jeden Zwang«, schrieb sie Potjomkin, und wenigstens für den privaten Bereich darf man dieser Selbsteinschätzung zustimmen.

Über den letzten Liebhaber Platon Subow ist an anderer Stelle zu berichten, weil er es vermochte, eine politische Rolle zu spielen. Betrachtet man den Reigen der Jahre 1772 bis 1789, von Wassiltschikow bis Mamonow, so ist festzustellen, daß kein Favorit es je erreichte (Potjomkin bildete die große Ausnahme), Einfluß auf die Staatsgeschäfte zu erlangen. Die Zarin wußte ihre Intimsphäre von öffentlichen Belangen zu trennen, was um so bemerkenswerter ist, als Katharina II. zu jenen seltenen Persönlichkeiten gehört, die sowohl ein ereignisreiches Privatleben als auch ein äußerst intensives politisches Leben führten. Wer ihr Verhältnis zu Männern mit der moralischen Elle mißt, wählt sicherlich einen falschen Maßstab. Es kann nicht Aufgabe des Historikers sein, darüber zu richten, ob sinnliches Begehren einer alternden Frau nach Umarmung durch stattliche Jünglinge in den Bereich des Normalen, gerade noch Zulässigen oder Perversen gehört. Wenn man geschichtliche Relevanz zugrunde legt, dann ist Katharina allerdings der Vorwurf zu machen, daß ihre Favoritenwirtschaft den Staat Unsummen kostete. Einigermaßen seriöse Berechnungen über den Wert ihrer freigebigen Zuwendungen anzustellen ist nicht ganz einfach. Bei allen Vorbehalten kann man folgendes sagen: In vierunddreißig Jahren erhielten die Liebhaber der Zarin in Form von Bargeld, Bauern, Ländereien, Juwelen, Palästen, Leibrenten und weiteren Sachwerten Geschenke mit einem Gesamtwert von 92,8 Millionen Rubel. Finanzexperten rechneten diese Summe unter Berücksichtigung von Wechselkursen und heutiger Kaufkraft in etwa 25 Milliarden D-Mark um. Diese enormen Summen zahlte Katharina selbstverständlich nicht aus eigener Tasche, sie benutzte dafür das Geld der Staatskasse, Geld, welches zum größten Teil aus dem Schweiß von Millionen leibeigener

Bauern gepreßt war. Ihren Günstlingen schenkte sie ungefähr 800000 halbfreie Kronbauern, die nun in den erniedrigenden Status von Leibeigenen gerieten. Da war nichts mehr zu spüren von jenen hohen Idealen aus der »Großen Instruktion«, die sie schon 1775 selbst als »leeres Gewäsch« bezeichnet hatte. Solche harten Tatsachen sind geeignet, den Ruf Katharinas II. in der Geschichte weitaus mehr zu verdunkeln, als es irgendwelche sexuellen Abirrungen je könnten.

Mit Buch und Feder

Es gibt nur wenige Herrscher, von denen man sagen kann, daß sie sich so intensiv mit den zeitgenössischen geistigen Strömungen auseinandergesetzt haben wie Katharina. Ihr literarisches Talent stellte sie dabei stets in den Dienst einer geschickten Eigenpropaganda. Schon im Jahre 1769 gründete sie eine Monatsschrift mit dem Titel »Wsjakaja Wsjatschina« (soviel wie »Buntes Allerlei«) und gab damit den Auftakt des russischen Zeitungswesens. Belehren und erziehen wollte die Zarin mit diesem Blatt, für das sie fast alle Artikel anonym verfaßte. Ihre Beiträge allerdings waren mehr zahme Satiren auf russischen Sitten und menschliche Schwächen, unverbindlich-moralisierende Plaudereien, die alle brennenden gesellschaftlichen Probleme möglichst umgingen. Gegen solch verharmlosende Sicht auf Realitäten wandte sich Nikolai Nowikow, ein Vertreter der fortschrittlichen Intelligenz. Seine Zeitschrift »Truten« (Die Drohne) setzte der milden Ironie Katharinas (die ja offiziell als Autorin nicht in Erscheinung trat) bissige Gesellschaftssatiren entgegen, die unter anderem die moralische Verkommenheit und Nutzlosigkeit der Adelsklasse bewiesen. In einem Artikel schrieb Nowikow über die Herausgeberin von »Wsjakaja Wsjatschina«, »daß eine Kur zur Reinigung ihrer Gedanken auch nicht schaden könnte«, während Katharina ihm in einer Replik empfahl, er solle seine Weisheit für sich behalten, »bis ein Lexikon aller menschlichen Schwächen und aller Mängel der verschiedenen Staaten in der Welt geschrieben worden ist. Bis dahin soll er Bücher lesen, in denen er Menschenliebe und Sanftmut lernen kann.« Bei dieser Polemik blieb Nowikow Sieger, die Auflage des »Truten« stieg, während die der »Wsjakaja Wsjatschina« von 1700 Exemplaren nach einem Jahr auf 500 sank. 1770 wurden beide Zeitschriften vorläufig eingestellt.

Bald darauf begann Katharina Komödien zu schreiben, deren erste »O Zeit!« (1772) gegen Scheinheiligkeit, Geiz und Frömmelei gerichtet war und sogar den Beifall Nowikows fand: »Sie haben als erste mit edler Kühnheit jene Laster, die in Rußland herrschen, angegriffen.« Weitere Werke, wie »Frau Klatschmaul und ihre Familie«, waren eher flache Boulevardkomödien mit gutmütiger Kritik an menschlicher Unzulänglichkeit. Nach dem Pugatschow-Aufstand wurde die liebenswürdige Ironie ihrer Lustspiele zunehmend von drohender Gereiztheit abgelöst. Aber was und in welcher Form zu kritisieren sei, wollte sie allein bestimmen. Männer wie Nowikow oder Fonwisin hingegen, welche die Heuchelei des Adels (und damit indirekt auch der Zarin) anprangerten, der sich zwar aufgeklärt gebärdete, aber seine Leibeigenen weiterhin erniedrigte, lebten nicht ungefährlich.

Während ihrer gesamten Regierungszeit sorgte Katharina nach Kräften dafür, im Ausland ein geschöntes Bild der inneren Verhältnisse Rußlands zu verbreiten. Ihr rührigster Gehilfe bei diesem Vorhaben, Voltaire, war im Mai 1778 gestorben, was der Zarin »eine Regung grenzenloser Hoffnungslosigkeit« einflößte. »Im übrigen war er mein Lehrer und mein Meister; er oder vielmehr seine Werke haben meinen Verstand geformt und meinen Geist gebildet.« Sie kaufte die umfängliche Bibliothek Voltaires, deren Bände oft mit eigenhändigen Randnotizen des Philosophen versehen waren; ansonsten jedoch entfernte sie sich immer weiter von dessen

Gedankenwelt. Ersatz für den Verstorbenen fand Katharina in Friedrich Melchior Freiherr von Grimm, mit dem sie seit April 1774 einen regen Briefwechsel führte. Grimm wurde bis 1796 ihr Faktotum: persönlicher Presseagent, diplomatischer Gesprächspartner, kenntnisreicher Gelehrter und abgeschmackter Schmeichler in einem. Seit 1776 arbeitete er als bevollmächtigter Minister des Herzogtums Sachsen-Gotha in Paris, seine »Correspondance littéraire«, die er an viele ausländische Höfe sandte, erwies sich unter anderem als wirkungsvolles Instrument ideologischer Werbung für Rußlands Kaiserin, zumal Grimm auch Bekanntschaften zu Rousseau und d'Alembert pflegte sowie mit Friedrich dem Großen und Gustav III. von Schweden korrespondierte. Katharinas Briefe an Grimm sind eher tagebuchartige Blätter, worin sie über politische Themen plauderte. Sie verstand es, selbst hochwichtige Staatsangelegenheiten noch in leicht scherzendem Ton zu erörtern, immer gewiß, daß sie verstanden wurde. Seine agitatorischen Dienste ließ sich der Freiherr fürstlich entlohnen, er erhielt in fünfundzwanzig Jahren über 300000 Rubel, 250000 Francs und 200000 holländische Gulden als Honorar aus Petersburg, obendrein wurde er zum russischen Staatsrat ernannt. Zuweilen artikulierte sich die Zarin ihm gegenüber derart ungeniert und offenherzig, daß sie in höchste Verlegenheit geriet, als Mitte der achtziger Jahre ihre Korrespondenz mit Voltaire unautorisiert veröffentlicht wurde. Empört schrieb sie Grimm: »Verbrennt meine Briefe, auf daß sie nicht gedruckt werden zu meinen Lebzeiten. Sie sind noch leichtsinniger als jene, die ich Voltaire schrieb, und sie können mich in Teufels Küche bringen. Ich verlange, daß Ihr sie verbrennt, versteht wohl, oder bringt sie an einen Ort, wo hundert Jahre niemand sie entdecken kann.« Der diskrete Grimm verwahrte diese Korrespondenz tatsächlich bis zu seinem Tod im Jahre 1807; erst 1878 wurden sie in Petersburg publiziert. Jakob von Sievers hingegen zog es nach 1796 vor, rund 350 eigenhändige Briefe Katharinas mit den Worten »Ich war es meiner Kaiserin schuldig« zu vernichten – für die historische Forschung ein bedauerlicher Fakt.

Am 11. Juli 1782 feierte Katharina II. mit angemessenem Pomp den 20. Jahrestag ihrer Thronbesteigung. Zur Erinnerung an dieses Datum stiftete sie den Sankt-Wladimir-Orden als Auszeichnung für Verdienste um den Staat; er konnte im Gegensatz zu den bisher bestehenden vier Orden in Rußland auch niederen Beamten und Offizieren verliehen werden. Die ersten zwanzig Regierungsjahre der Zarin waren vor allem außenpolitisch sehr erfolgreich verlaufen, auch im Inneren trat die beginnende Krise des Feudalregimes noch nicht deutlich in Erscheinung. Stets hatte Katharina nach ihrer Maxime gehandelt, die sie 1764 gegenüber dem Generalprokurator Fürst Wjasemski in die stolzen Worte faßte: »Der Zar muß ein Selbstherrscher sein, weil nur die in seiner Person vereinigte Macht so wirken kann, wie es die Ausdehnung eines derart großen Reiches erfordert. Jede andere Regierungsform wäre für Rußland nicht nur schädlich, sondern ruinös.« Ähnlich der geistige Inhalt auch im Paragraph 10 ihrer Großen Instruktion: »Ein weitläufiges Reich setzt eine unumschränkte Gewalt derjenigen Person voraus, die solches regiert.« Diesen absolutistischen Herrschaftsanspruch leitete Katharina im Unterschied zu den meisten Monarchen Europas nicht vom Gottesgnadentum, sondern aus Staatsnotwendigkeiten her. Sie leugnete zwar die Existenz Gottes nie ausdrücklich, sah aber den historischen Prozeß als unabhängig von der Einwirkung eines Weltenschöpfers. Ihr Staat bedurfte keiner religiösen Weihe, sondern der vom Monarchen vorgeschriebenen gesetzlichen Ordnung. Somit hatte sich auch die orthodoxe Kirche dem Willen des Herrschers unterzuordnen.

Nicht nur mit ihrer Religionspolitik setzte Katharina die Ideen und Vorhaben Peters des Großen fort, sie betrachtete sich mit einigem Recht – vor allem auf außenpolitischem Gebiet – als Vollenderin seines Werkes. Programmatischer Ausdruck dieser Geisteshaltung war im August 1782 die Einwei-

Denkmal Peters des Großen von 1782

hung des berühmten Reiterdenkmals auf dem Admiralitätsplatz in Petersburg. Das Standbild Peters des Großen auf dem riesigen Monolithen gehört heute zu den größten Sehenswürdigkeiten und läßt kaum ahnen, welche Schwierigkeiten seiner Ausführung entgegenstanden. Der Bildhauer Etienne Maurice Falconet war 1767 auf Vermittlung seines Freundes Diderot nach Rußland gekommen. Den Auftrag eines monumentalen Reiterstandbildes wollte er zunächst nicht übernehmen, weil ihm die Erfahrung im Bronzeguß fehle. Außerdem lag Falconet, selbst ein überaus schwieriger Charakter, ständig im Streit mit Iwan Bezkoi, dem recht umständlichen Präsidenten der Kunstakademie. Als er 1770 der Öffentlichkeit ein Modell des Denkmals vorstellte, protestierten die höchsten geistlichen Würdenträger bei der Zarin, das Gewand Peters sei »entsetzlich und sträflich«. Falconet hatte für seinen Helden das Gewand eines römischen Imperators gewählt, was Anstoß erregte, weil man den Herrscher, der auch Oberhaupt der orthodoxen Kirche war, nicht als heidnischen Führer darstellen dürfe. Katharina vermittelte, indem sie erklärte, es handele sich um kein heidnisches, sondern um ein »idealisiertes russisches Gewand« – ein kurioses Argument, denn gerade Peter I. hatte jahrelang mit ziemlich drastischen Mitteln darum gekämpft, in seinem Land westliche Kleidung einzuführen! Komplizierter noch als derartige Geschmacksfragen gestaltete sich der Bronzeguß des Denkmals. Zweimal mißlang die Arbeit, erst im Dezember 1777 konnte Falconet einen Erfolg melden. Doch Katharina war zu beschäftigt, um die Statue aufstellen zu lassen, und wartete wohl auch auf einen passenden politischen Anlaß. Entnervt und enttäuscht verließ der Bildhauer 1778 Rußland. Er hielt seine Arbeit, die ihm soviel Mühe bereitet hatte, für vergeblich. Um ein realistisches Bild des metallenen Rosses zu entwerfen, mußten ihm beispielsweise tagelang die edelsten Rennpferde aus dem Stall der Zarin, »Brillant« und »Caprice«, vorgeführt werden.

Die Einweihung des Denkmals 1782 sollte nicht nur eine

Huldigung an Peter den Großen als Mensch mit heroischem Schicksal sein. Der Felsen symbolisiert jene Hindernisse, die zu überwinden waren, um Rußland ans Ziel zu bringen. Das Pferd zerstampft mit seinen Hufen die Schlange des Neides. Straff hält der Monarch die Zügel und macht mit der rechten Hand eine herrische Geste zum Newa-Ufer, wo das Zentrum der russischen Macht lag. Dieser eherne Reiter, so scheint es, sollte sowohl den Ruhm Peters als auch Katharinas verkünden. Am Granitsockel war in Bronzelettern die schlichte und doch prätentiöse Inschrift zu lesen:

PETRO PRIMO	(Peter dem Ersten –
CATHARINA SECUNDA.	Katharina die Zweite)

Mit den Jahren mußte sich die Zarin jedoch daran gewöhnen, daß keineswegs jeder gewillt war, ihr Loblied zu singen. Niemand bestritt ihr Reichtum und Beweglichkeit des Geistes, Vielseitigkeit der Interessen und leidenschaftlichen Arbeitseifer – allein je deutlicher man merkte, daß sie in der Theorie zwar Schülerin der Aufklärung, in der Praxis aber absolute Zarin war, desto öfter und heftiger erhob sich Widerspruch. Seit den sechziger Jahren trat eine neue Schriftstellergeneration in Erscheinung, die weniger weltenfern dachte, deren Themen nicht aus einer idealisierten Sagenwelt antiker Heroen herrührten, sondern aus den konkreten gesellschaftlichen Bedingungen Rußlands. Gleichzeitig entstand ein gebildetes, aufnahmefähiges Leserpublikum aus den Reihen der Kaufleute, des Beamtentums sowie der Lehrer- und Studentenschaft. Die Buchproduktion wuchs in erheblichem Maße; wurden 1760 lediglich dreiundzwanzig Titel aufgelegt, so waren es 1786 schon mehr als dreihundertfünfzig. Dieser Prozeß wurde durch Katharina tatkräftig gefördert. Bereits im März 1772 erteilte sie erste Genehmigungen für private Druckerpressen und Buchhandlungen; diese ursprünglich auf Petersburg beschränkte Erlaubnis dehnte sie 1783 auf ganz Rußland aus. Die für Kultur, Kunst und Literatur aufgeschlossene Herrscherin hatte nichts dagegen, wenn sich die russischen Schriftsteller zur gesellschaftlichen Macht etablierten und gleichsam eine geistige Führungsrolle im Land übernahmen. Doch die Zarin schätzte vorrangig jene Literaten, die den Boden des unverbindlichen Klassizismus nicht verließen oder, wenn sie schon Gegenwärtiges behandelten, ihre Regierung in Lobeshymnen besangen. Zu ihnen gehörte der hochgeschätzte Lyriker Gawriil Dershawin, der, als ursprünglich kritischer Geist, in seiner »Ode an Felizia« (1782) Katharina als Idealbild einer Fürstin stilisierte und den Herrschenden eher lächelnd die Wahrheit sagte.

Ein anfangs wohlgelittener Dichter war auch Denis Fonwisin, zeitweiliger Privatsekretär Nikita Panins. 1769 durfte er der Zarin persönlich seine Komödie »Der Brigadier« vorlesen. Dieses gute Verhältnis trübte sich rasch, als er begann, gegen Mißstände des Adelsregimes zu polemisieren. Zunächst blieb seine milde Kritik geduldet; wenn er in Theaterstücken Leibeigene als fühlende Individuen darstellte, dann deckte sich das noch mit den Intentionen Katharinas, deren frühe Komödien Ähnliches vorführten, beispielsweise ein leibeigenes Liebespaar, dessen Beziehung dem Neid der Gutsherrin zum Opfer fällt. Anfang der achtziger Jahre wurde Fonwisin deutlicher. Über den Zarenhof prägte er in seiner »Höfischen Grammatik« die Sentenz: »Röcke aus Gold und Köpfe aus Blech, höchste Kreise und niedrigste Gesinnung.« Seine Komödie »Der Landjunker« von 1782 kritisierte nicht nur die parasitäre Lebensweise des Adels, sondern stellte das gesamte auf Leibeigenschaft beruhende Gesellschaftssystem an den Pranger. Für ihn war Rußland »ein Staat, wo Leute das Eigentum anderer Leute sind, wo ein Mensch des einen Standes das Recht hat, Kläger und Richter zugleich über einen Menschen des anderen Standes zu sein, wo folglich jeder entweder Tyrann oder Opfer sein kann«. In der Zeitschrift »Sobesednik« (Gesprächspartner) stellte Fonwisin der Zarin 1783 mehrere polemische Fragen über die kaiserliche Regie-

Denis Fonwisin

rungspraxis. Mit hintersinnigem Bezug auf die Große Instruktion von 1766 hieß es beispielsweise: »Warum werden bei uns mit großem Elan und Eifer viele Dinge begonnen, dann aber wieder fallengelassen und nicht selten auch ganz und gar der Vergessenheit überliefert?« Derart heikle Fragen war Katharina nicht mehr gewillt öffentlich zu erörtern. Sie bedeutete Fonwisin, er möge sein »loses Mundwerk« im Zaum halten und sich nicht in Regierungsangelegenheiten mischen; ihre kaum verhüllten Drohungen ließen den Kritiker verstummen. Er starb 1792.

Der Zarin erschien es notwendig, wieder selbst zur Feder zu greifen und die Nation in Komödienform zu belehren. Sie tue das, erfuhr Grimm, »erstens, weil ich Spaß daran habe; zweitens, weil ich unser Nationaltheater, das aus Mangel an neuen Stücken etwas herabgekommen war, zu neuer Höhe führen möchte; drittens, weil es ganz gut ist, den Visionären, welche die Nase hoch zu tragen beginnen, ein wenig auf die Zehen zu treten«. Letzteres zeigt schon die Richtung ihrer Polemik. In Stücken wie »Der Betrüger« (1785) oder »Der sibirische Schamane« (1786) werden Aberglauben, Mystizismus und Unwissenheit gegeißelt. Anlaß dafür war das Auftreten des Abenteurers Alexander von Cagliostro 1779 in Petersburg und 1781 in Kurland. Dieser geisterbeschwörende Schwindler hatte zahlreiche Anhänger gefunden und obendrein eine autonome Freimaurerloge gegründet. Hinter den geheimnisvollen Riten dieses Ordens begann Katharina allmählich umstürzlerische Ideen zu wittern. Obwohl die Freimaurer vor allem Wert auf ethische Verinnerlichung des Lebens legten und eine möglichst breite Entfaltung pädagogischer und sozialfürsorglicher Tätigkeit im Interesse aller Schichten des Volkes anstrebten, schien der Zarin diese Geheimgesellschaft suspekt. An ihrer Meinung, es handele sich um »eine der größten Verirrungen der Menschheit«, konnte auch die Tatsache nichts ändern, daß den Freimaurern zahlreiche führende Persönlichkeiten der Gesellschaft angehörten. Großmeister der russischen Loge war der ehemalige Staatssekretär Iwan Jelagin, zum Orden zählten unter anderen Nikita Panin, Fürst Nikolai Repnin, Admiral Samuel Greigh, der konservative Schriftsteller Alexander Sumarokow, Katharinas Privatsekretär Alexander Chrapowizki und sogar Großfürst Paul. In völliger Verkennung der Realitäten machte die Zarin den Freimaurerorden sogar für den Ausbruch der Französischen Revolution verantwortlich und ließ 1794 alle Logen in Rußland schließen. Solch aggressives Vorgehen stand in erheblichem Gegensatz zur Anschauung Friedrichs des Großen, der im

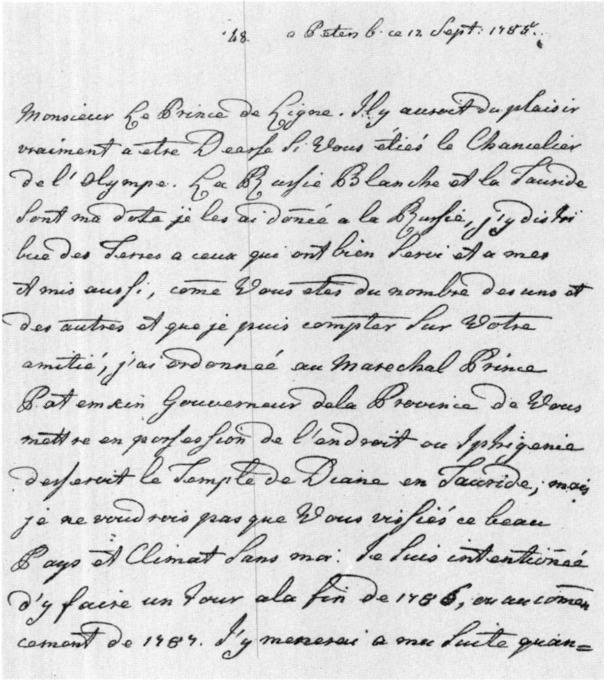

48 a Petersb. ce 12 Sept: 1785.

Monsieur Le Prince de Ligne. Il y auroit du plaisir vraiment a etre Deesse si Vous etiés le Chancelier de l'Olympe. La Russie Blanche et la Tauride sont ma dotte je les ai donée a la Russie, j'y distribue des Terres a ceux qui ont bien servi et a mes Amis aussi, come Vous etes du nombre des uns et des autres et que je puis compter sur Votre amitié, j'ai ordonnée au Marechal Prince Potemkin Gouverneur dela Province de Vous mettre en possession de l'endroit ou Iphigenie desservit le Temple de Diane en Tauride; mais je ne voudrois pas que Vous visiés ce beau Pays et Climat sans moi: Je suis intentionée d'y faire un Tour ala fin de 1786, ou au comencement de 1787. J'y menerai a ma Suite gran=

Schreiben Katharinas II. an den Fürsten de Ligne, September 1785

Jahre 1777 über die Freimaurer bemerkte: »Eine Gesellschaft, welche nur arbeitet, damit alle Arten von Tugenden in meinen Staaten keimen und Früchte tragen, kann stets mit meinem Schutz rechnen.«

Die kaiserlichen Satiren gegen Cagliostro (»der Klabautermann auf dem sinkenden Schiff der französischen Kultur«) und andere erwiesen sich letztlich als wenig zugkräftige Stücke mit farblosen Charakteren. Sogar der artige Schönredner Grimm erlaubte sich vorsichtige Kritik, worauf Katharina antwortete: »Wer kann, soll bessere machen, und sobald das geschieht, werden Wir keine mehr schreiben, sondern Uns an den seinen erfreuen.« Beaumarchais' gesellschaftskritische

Komödie »Figaros Hochzeit« gehörte für sie offenbar nicht zu derart erfreulichen Werken, sie fand es »stets doppelbödig auf eine Weise, die nichts taugt ... Im übrigen ist das ein Intrigengewebe, das nur Kunstfertigkeit enthält und keinen Funken Natur.« Als nächstes versuchte sich die Zarin im Drama (»Rurik«, »Fürst Igor«), wozu ihr umfangreiche Geschichtsstudien das Vorbild lieferten. Mitte der achtziger Jahre erwachte in Katharina ein ausgeprägtes Interesse an Rußlands Vergangenheit. 1787 erschienen aus ihrer Feder ausdrücklich für die Jugend geschriebene »Aufsätze betreffend die russische Geschichte«. In zwei Bänden wurde die Zeit bis zum Mongoleneinfall 1224 abgehandelt. Es hieß im Vorwort, das Werk sei geschrieben »in einer Zeit, da in fremden Sprachen Bücher unter dem Namen der russischen Geschichte herauskommen, die man eher parteiische Erdichtungen nennen könnte«. Da jedoch Katharina selbst nur lückenhafte historische Kenntnisse besaß, wimmelte das Buch von Fehlern und war eigentlich nur dazu gut, dem Leser einen angeblich weltweiten Einfluß des alten Rußland einzureden. Tatsächliche Verdienste erwarb sich die Zarin, indem sie eine Veröffentlichung zahlreicher mittelalterlicher Chroniken und Epen, wie den »Bericht vom Feldzug Igors«, anregte.

Schließlich arbeitete Katharina, die vier Sprachen (Russisch, Französisch, Deutsch und Englisch) fließend beherrschte, 1784/85 an einem vergleichenden Wörterbuch. Darin versuchte sie, etymologische Wurzeln der Ursprache aller Menschen aufzudecken, und zog zu diesem Zweck selbst die entferntesten Idiome wie Tscherkessisch oder Amharisch in Betracht. Den amerikanischen Botschafter in Paris und späteren USA-Präsidenten Thomas Jefferson bat sie um eine Übersetzung von russischen Wörtern in die Sprache der Delaware-Indianer! Wenn man den umfangreichen Verantwortungsbereich Katharinas bedenkt, dann ist es erstaunlich, wieviel geistige Energie sie nebenher noch frei machen konnte. Ihre Tätigkeit auf den Gebieten des Dramas, der Satire, der Linguistik, der Geschichte und des Journalismus vermochte höchsten Ansprüchen sicher nicht zu genügen, als Zeugnis großer didaktischer Regsamkeit bleibt sie bemerkenswert. Schließlich erforderten es Katharinas familiäre Verhältnisse auch, daß sie sich verstärkt Fragen der Pädagogik zuwandte.

Die kaiserliche Großmutter

Kinderliebe gehört zu den zwiespältigen Kapiteln im Leben Katharinas II. Ihre eigenen Söhne besaßen keinen großen emotionalen Stellenwert für sie. Das Verhältnis zu Paul kann man als neurotisch bezeichnen, während sein Halbbruder Alexej Bobrinski ein flatterhafter Taugenichts war, dessen einzige hervorstechende Eigenschaft im Schuldenmachen bestand. 1782 mußte man ihn unter Kuratel stellen und in Reval internieren. Alle Erwartungen setzte die Zarin in künftige Enkelkinder, die sie nach ihren Vorstellungen zu erziehen gedachte. Einstweilen begnügte sie sich damit, mehrere Waisenkinder in den Räumen des Winterpalastes zu betreuen. Auch die jungen Elevinnen des 1764 gegründeten Smolny-Instituts zählte sie indirekt zu ihrer Kinderschar. Über deren Erziehung berichtete sie Voltaire: »Wir sind weit davon entfernt, aus unseren Mädchen abgezehrte Nonnen zu machen, die mit ihrem nächtlichen Kirchensingen schließlich an Schwindsucht eingehen... Wir erziehen sie im Gegenteil dazu, einmal die Freude ihrer Familie zu sein, die sie gründen werden; wir wollen sie weder spröde noch gefallsüchtig, sondern sie sollen liebenswürdig sein und in der Lage, später ihre Kinder zu erziehen und ihren Haushalt zu führen.« Fehlgeburt und Tod der hessischen Schwiegertochter im Jahre 1773 hatten sie um eine familiäre Hoffnung ärmer gemacht, mit um so größerer Ungeduld erwartete sie nun die Niederkunft der Württembergerin.

Als diese schwanger wurde, verfaßte Katharina Erziehungsgrundsätze sehr modernen Zuschnitts: »Im Sommer wie im Winter ist es besser, die Kinder nicht zu warm anzuziehen. Es ist besser, sie nachts ohne Haube schlafen zu lassen. Die Kinder so oft wie möglich in kaltem Wasser baden ... Es wäre gut, ein Kind schwimmen zu lassen, wenn es das rechte Alter dazu hat.« Sie war fest entschlossen, ein Mädchen bei den Eltern zu lassen, einen Jungen hingegen in ihrer Obhut zu behalten. Das schlechte Beispiel der Zarin Elisabeth, die ihr einst den Sohn entzogen hatte, schien vergessen.

Am 23. Dezember 1777 kam ein Knabe zur Welt, der spätere Kaiser Alexander I. Ohne Widerspruch zu dulden, nahm Katharina den »himmlischen Jüngling« mit sich, der künftig ausschließlich in ihren Privatgemächern lebte. Die Eltern durften ihn ab und zu besuchen, mehr nicht. »Großmama macht aus ihm, was sie will«, hieß es in einem Brief an Grimm, und: »Dieses Kind wird mein Vermächtnis an Rußland sein.« Zwar blendete großelterlicher Stolz die Zarin zuweilen (»Es ist erstaunlich, daß dieses Kind, obwohl es noch nicht sprechen kann, mit zwanzig Monaten schon Kenntnisse besitzt, die jedes andere Kind mit drei Jahren noch nicht hat.«), aber die Grundsätze ihrer Betreuung erwiesen sich als sehr vernünftig, angefangen bei der Säuglingspflege bis zur geistigen Ausbildung. Auch Alexanders im Mai 1779 geborenen Bruder Konstantin nahm Katharina in ihre Obhut. Sie brachte den Knaben das Abc bei, spielte mit ihnen und schrieb für sie Märchen, Gleichnisse, Fabeln, verfaßte »Grundlehren des bürgerlichen Unterrichts« sowie Moralpredigten, die an einen Vorläufer des Struwwelpeter erinnern. In diesen Erzählungen kommt der Zappelphilipp ebenso vor wie ein Vielfraß oder ein schusseliger Hans-guck-in-die-Luft. (»Er zerschlug sich die Nase wie einen Pfannkuchen.«) Es gab darin Phantasievoll-Erheiterndes wie eine Schilderung aus Afrika, wo es so heiß sei, daß die Leute bis an den Hals in großen Krügen voll Wasser säßen, und Belehrendes, wenn etwa

Katharinas Enkel Alexander um 1785

eine Mutter zu ihrem Kind sagt: »Laß dich durch Vernunft regieren und deine Vernunft durch Wahrheit leiten; aber ganz vollkommen wirst du nie werden.« Im »Märchen vom Zarewitsch Fewei« dominieren brave Musterknaben, die ihren Eltern immer gehorchen. Fewei läßt sich auch freudig gegen Pocken impfen, eine Prozedur, die auf Katharinas Wunsch 1781 wiederum Thomas Dimsdale an den kaiserlichen Enkeln vornahm. Mit praktischem Sinn entwarf die Zarin sogar bequeme, mit Haken und Ösen verschließbare Kinderkleider; ihre Zeichnung, die Grimm erhielt, erinnert sehr an den heutzutage so beliebten Overall. Ein geschäftstüchtiger französischer Fabrikant namens Cuvet übernahm diese Idee und wurde reich damit.

Daß ihre Kinder von der Großmutter derart sorgfältig betreut wurden, mag für die Eltern ein schwacher Trost gewesen sein. Weitere Nachkommenschaft, vielleicht weiblichen Geschlechts, die man behalten durfte, blieb beim Großfürstenpaar zunächst aus, so daß die Beziehungen zwischen Paul und seiner Mutter sich weiter verschlechterten. Kaiser Joseph II. war 1780 in Petersburg Zeuge dieses Zerwürfnisses gewesen und hatte geraten, den Thronfolger und seine Frau auf Europareise zu schicken, damit sich die Fronten entspannten. Die Fahrt sollte durch Polen, Österreich, die Schweiz, Italien, Frankreich und die Niederlande führen, aber der Großfürst, mißtrauisch gegen alle Vorschläge seiner Mutter, lehnte erst ab, sagte dann wieder zu und lehnte wieder ab. »Gott weiß, alle jungen Leute wollen mehr, wie sie können, und ich liebe die Köpfe, die da ohne Wollen von selbst laufen«, schrieb Katharina, die froh war, als sie Sohn und Schwiegertochter Anfang 1782 für eine Weile los wurde. Auch ihr Verhältnis zur Großfürstin Maria Fjodorowna war belastet, die junge Frau brachte es fertig, ihren exzentrischen Gemahl aufrichtig zu lieben, sie vertrieb dessen Depressionen, die er seine »schwarzen Schmetterlinge« nannte, und teilte sowohl Pauls Bewunderung für Preußen als auch seine Aversionen gegen die Zarin. Beide hinterließen auf ihrer Europatour schlechte Eindrücke. In Florenz bemängelte Paul gegenüber Herzog Leopold I. von Toscana die Expansionspolitik seiner Mutter und drohte, deren Ratgeber absetzen und auspeitschen zu lassen. Dem französischen König Ludwig XVI. redete er ein, daß man ihn in Rußland verfolge und sein Leben die reinste Hölle sei. Selbst dem Fürsten de Ligne, einem guten Bekannten Katharinas, tischte er in Brüssel Schauermärchen auf, so daß dieser notierte: »Sein Geist ist falsch und sein Herz starrsinnig, sein Urteil zufallsbedingt ... Wehe seinen Freunden, seinen

Feinden, seinen Verbündeten und seinen Untertanen!« Selbst in der kleinen Markgrafschaft Baden kam es zum Eklat, und der dortige Staatsminister Wilhelm Freiherr von Edelsheim sagte: »Der Erbprinz vereinigt Wahnsinn und Arroganz, Egoismus und Schwäche«, sein Kopf scheine dafür geschaffen, die Krone nur im Sarg zu tragen. Lediglich ein Treffen in Zürich mit dem protestantischen Theologen Johann Kaspar Lavater, den Paul und Maria verehrten, verlief ohne peinliche Zwischenfälle. Während schadenfrohe Gemüter sich über die Blamagen des Großfürstenpaares freuten, zeigten sich die russischen Botschafter besorgt. Katharina durfte ihren Sohn so schnell nicht wieder aus den Augen lassen.

Im August 1783 brachte Maria ein weiteres Kind zur Welt. Diesmal war es ein Mädchen, dem bis 1795 noch weitere fünf folgten. Für diese Enkelinnen wählte man die Witwe Charlotte von Lieven als Gouvernante; sie sollte mit ihrem ruhigen Wesen der hysterischen Atmosphäre des Großfürstenhaushalts entgegenwirken, was auch glückte. Nicht nur am Heranwachsen ihrer Enkelkinder merkte Katharina allmählich das nahende Alter. Ein Brief von 1781 enthielt erstmals eine Klage über Krankheit: Rheumatismus in der linken Hand. Anläßlich ihrer Geburtstagsfeier 1785 äußerte sie: »Ich hasse diesen Tag wie die Pest; ein schönes Geschenk, welches er mir darbringt, indem er ein Jahr zu den übrigen hinzufügt; wie gern würde ich das entbehren.« Solche wehmütigen Anwandlungen gingen jedoch meist schnell vorüber.

1783 wurde der achtundzwanzigjährige Schweizer César Fréderic Laharpe zum Erzieher der beiden Prinzen ernannt. Von dieser Entscheidung ist viel Aufhebens gemacht worden, weil der überzeugte Republikaner Laharpe nicht recht an den autokratischen Zarenhof passen wollte. Doch stand seine Gesinnung durchaus nicht im Widerspruch zu Ansichten Katharinas, die sich mehrfach als »Republikanerin« im Sinne Montesquieus bezeichnete: »Ich habe immer viel von Philosophie gehalten, weil meine Seele eigenartig republikanisch war.«

Der Terminus »republikanisch« bedeutete für sie, strengste Rechtlichkeit zu wahren, und sie benutzte das Wort, um sich selbst als Gegnerin von despotischen Regierungsformen sowie als Anhängerin von Denk- und Glaubensfreiheit zu kennzeichnen. »Mein Herr, seien Sie Jakobiner, Republikaner, alles, was Sie wollen. Ich halte Sie für einen Ehrenmann, und das genügt mir«, äußerte die Zarin später in Petersburg gegenüber Laharpe und überreichte ihm eine Instruktion, die etliche Erziehungsgrundsätze für Alexander und Konstantin festhielt. »Nichts verdient strenger verboten und unnachsichtiger unterbunden zu werden als die Lüge«, hieß es darin. »Ziel der Erziehung ist es, den Kindern Nächstenliebe einzuflößen ... Man muß den Geist der Zöglinge daran gewöhnen, Widerspruch, auch den eigensinnigsten, ruhig und geduldig anzuhören.« Vor allem Alexander, der künftige Zar, sollte zum großen liberalen Herrscher erzogen werden. Zumindest wurde er ein intelligenter, liebenswürdiger Junge, Stolz seiner Großmutter, aber auch mit Hang zur Unaufrichtigkeit. Über Konstantin urteilte Katharina, er sei »auch ein Subjectum von vielem Witz, aber er hat Fehler, die der Bruder nicht hat«. Wie sein Vater jähzornig, heftig und unvernünftig, war Konstantin ein schwieriges Kind, das eigentlich nur Laharpe mit ruhiger Gelassenheit zu bändigen wußte. Als der kleine Großfürst eines Tages wütend schrie, sobald er die Macht habe, werde er mit seiner gesamten Armee in die Schweiz einfallen und das Land zerstören, entgegnete Laharpe: »Wir haben in meiner Heimat unweit des Städtchens Murten ein Gebäude, in das wir die Knochen all derer werfen, die uns solche Besuche abstatten.« Über den freundlichen Alexander hingegen sagte die Zarin: »Das ist unser Herzblatt, er weiß es und gehet seinen Weg.«

Die pädagogischen Intentionen Katharinas erstreckten sich nicht nur auf ihre Enkel. Während ihrer Regierung machte das russische Schul- und Bildungswesen beachtliche Fortschritte. Es kam zur Gründung zahlreicher künstlerischer, wissenschaftlicher und schulischer Institutionen, die für Rußlands Entwicklung zum modernen Staat bedeutsam waren, so das Smolny-Institut 1764, die Bergbauschule 1773, das erweiterte Petersburger Staatsarchiv 1780 und die Medizinische Hochschule 1783. Die erste Doktorpromotion erlangte 1768 der aus Finnland stammende Arzt Orreus. »Es ist klar, daß die Wurzel für alles Böse und Gute die Erziehung ist«, stellte die Zarin fest und beauftragte bereits 1764 den Präsidenten der Kunstakademie, Iwan Bezkoi, einen Reformentwurf für das russische Schulwesen zu erarbeiten. Die von ihm vorgeschlagenen »Erziehungsanstalten« stellten einen wichtigen Schritt dar, das Bildungsprivileg des Adels zu brechen. Sein Volksschulprojekt wurde allerdings nur teilweise verwirklicht. Oftmals fehlte ein genauer Überblick zur Bevölkerungsstatistik. Der von Katharina nach Rußland gerufene Publizist und Geschichtsforscher August Ludwig von Schlözer erwirkte erst 1764 den Befehl zur Führung von Kirchenbüchern. Erstmalig wurden in Rußland von jedermann Geburt, Taufe, Hochzeit und Tod amtlich registriert.

1782 begann eine umfangreiche Schulreform, die von dem serbischen Pädagogen und Umgestalter von Österreichs Bildungswesen Theodor Jankowitsch geleitet wurde. Er legte vier Jahre später ein Volksschulstatut vor, das die Kaiserin bestätigte. Danach wurden in Rußland niedere und höhere Volksschulen eingerichtet, die jedermann ungeachtet seiner sozialen Herkunft offenstanden. Die niedere bestand aus zwei, die höhere aus vier Klassen. Dem preußischen und österreichischen Muster der Elementarschulen folgend, wurden dort neben Lesen, Rechnen und Schreiben auch Grundzüge der Geographie, Geschichte, Bibelkunde und Physik gelehrt. Im Statut hieß es: »Glücklich zu werden ist der Endzweck eines jeden Menschen. Dazu aber sind Erziehung und Unterricht nötig.« Volksschulen gab es allerdings nur in Städten und größeren Siedlungen, so daß der Anteil von Schülern, die aus Dörfern kamen, mit sechzehn Prozent relativ gering blieb. Von Bedeutung war namentlich der Ausschluß der ungebildeten Popen von der Organisation des Schulwesens. Bis zum Jahre 1796 gab es in Rußland 316 Volksschulen mit 744 Lehrern und 17341 Schülern, in Anbetracht der Einwohnerschaft von neunundzwanzig Millionen keine sehr große Zahl. Obwohl es an finanziellen Mitteln fehlte, eine allgemeine Schulpflicht einzuführen, stellte die Reform von 1782 bis 1786 den ersten wichtigen Schritt zur Bildung und Aufklärung der russischen Bevölkerung dar. Beeindruckt notierte der Rußlandreisende William Coxe: »Die wahrhaft große Fürstin hat im Laufe weniger Jahre mehr getan, den Geist ihrer Untertanen zu schulen, als alle ihre Vorgänger auf dem Thron seit der glorreichen Ära Peters des Großen es je vermochten.«

Wesentliche Fortschritte machten ebenso Architektur und Bauwesen. Schon Anfang 1763 wurde die Kommission für den Bau Sankt Petersburgs und Moskaus gegründet, zwei Jahre später folgte die »Kanzlei für den Bau Ihrer Majestät Häuser und Gärten« unter Leitung von Iwan Bezkoi. Zahlreiche Kulturdenkmale entstanden als Auftragswerke der Zarin. An Katharina II. erinnern im heutigen Leningrad die »Kleine Ermitage« von Jean-Baptiste Vallin de la Mothe, die Kathedrale im Alexander-Newski-Kloster und das Taurische Palais von Iwan Starow, das Ermitage-Theater, die Akademie der Wissenschaften und die Staatsbank von Giacomo Quarenghi sowie die »Alte Ermitage«, die Granitfassung der Newa-Kais und die schmiedeeisernen Tore am Sommergarten von Georg Velten. 1768 wurde der Grundstein für die zweite Isaak-Kathedrale gelegt. Moskaus Kreml-Gebäude erhielten ihre heutige äußere Gestalt 1767 bis 1773 von Wassili Bashenow. Katharina ließ ebenso zahlreiche Bauten in der Provinz errichten, wobei sie stets den einfachen Stil des Klassizismus dem verschnörkelten Rokoko vorzog; das an Potjomkin verschenkte Taurische Palais beispielsweise war dem Vorbild eines römischen Patrizierhauses nachempfunden. Raffaels Loggien im Vatikanpalast lieferten das Vorbild für eine originalgetreue Kopie dieses Renaissancekunstwerkes durch Christoph Unterberger in den Galerien der »Neuen Ermitage«. Auch viele Privatgemächer der Zarin wurden nach antikem Muster umgestaltet oder neu errichtet, wie die Cameron-Galerie im Park von Zarskoje Selo. Diese archtitektonischen Meisterwerke kosteten Unsummen, und Katharina schrieb an Grimm: »Das Bauen ist eine verteufelte Sache; das frißt Geld, und je mehr man baut, desto mehr will man bauen; das ist eine Krankheit so wie das Saufen, aber auch eine Art von Gewohnheit.« Schließlich sollten die großen Bauten den steingewordenen Ruhm von Rußlands Kaiserin aller Welt verkünden. Aus dem Jahr 1785 berichtet ein Augenzeuge: »Es ist unglaublich, was die Kaiserin gegenwärtig baut. In Moskau, in Zarskoje Selo, in Riga und in Kronstadt wird gebaut, und die Summen, welche jährlich dazu erforderlich werden, ... gehen in die Millionen. Es sind Appartements in Zarskoje Selo, davon ein einziges mit den Möbeln auf 120000 Rubel zu stehen kommt.«

IX. Potjomkinsche Dörfer

»Wer hätte gedacht, mich mit Katharina II. und den Botschaftern Frankreichs und Englands durch die Tatarensteppe irren zu sehen. Das ist eine völlig neue Seite im Buch der Geschichte.«

Kaiser Joseph II., Mai 1787

Griff nach der Krim

Wenn Katharina ihrem Enkel den Namen Konstantin gab, dann war dies nicht nur von familiärem Belang. Darin manifestierte sich ein ganzes politisches Programm. Das ehemals christliche Konstantinopel (die Stadt des Konstantin), nun als türkische Hauptstadt Istanbul genannt, sollte mit Rußland vereinigt werden. Solche Projekte waren keineswegs neu. Seit der Eroberung Konstantinopels durch die Türken im Jahre 1453 betrachtete sich das Russische Reich als Rechtsnachfolger dieses christlichen Kaisertums und führte demonstrativ den byzantinischen Doppeladler im Wappen. Die moskowiter Großfürsten nahmen 1549 den Zaren- (Kaiser-) Titel an. Peter I. begann 1695 den ersten, noch vergeblichen Versuch, Rußland am Schwarzen Meer Stützpunkte für eine Belagerung der türkischen Metropole zu schaffen. Katharina II. war diesem Ziel 1774 mit dem Frieden von Kütschük-Kainardshi einen beträchtlichen Schritt nähergekommen. Damals wurde das Khanat der Krimtataren von der seit 1475 bestehenden türkischen Oberherrschaft losgelöst und nominell selbständig. Das hinderte den Sultan jedoch nicht, 1775 seinen Anhänger Dewlet-Girej anstelle von dessen rußlandfreundlichem Bruder zum Khan zu ernennen. Rußland stellte daraufhin einen dritten Bruder, Schagin-Girej, als

Gegenkandidaten auf. Vor allem Grigori Potjomkin machte sich in der Folgezeit zum Vorreiter einer Annexion der Krim. Katharina ernannte ihn zum Generalgouverneur der südlichen Provinzen. In dieser Eigenschaft ließ Potjomkin russische Truppen zum Schutz Schagin-Girejs auf der Krim stationieren mit dem strikten Befehl, jedwede militärische Aktion gegen die Türken, deren Flotte drohend vor der südrussischen Küste kreuzte, zu vermeiden. Auf der Halbinsel entstand eine gefährliche Situation, zumal bei der türkischen Seite die Ambitionen Katharinas bekannt waren. Ihr Enkel Konstantin wurde zielgerichtet zum Herrscher eines zukünftigen christlich-hellenischen Kaiserreiches erzogen. Man gab ihm griechische Spielgefährten, seine Kindermädchen kamen von der Ägäis-Insel Naxos, schon als Kind sprach er fließend griechisch.

Ende 1781 legte Potjomkin der Zarin sein möglicherweise nicht ganz ernst gemeintes »orientalisches Projekt« vor, dessen Kernpunkt in der Errichtung eines neuen Kaiserreiches Konstantinopel bestand. Zuvor sollte die Krim offiziell eingegliedert werden. Da man bei diesem Vorhaben die Interessen Österreichs auf dem Balkan berücksichtigen mußte, fragte Katharina in Wien an, ob auf Hilfe »bei der Wiederherstellung der alten griechischen Monarchie« zu rechnen sei. Joseph II. lehnte zwar bedauernd ab, versprach aber, das Projekt nicht zu durchkreuzen. Die Annexion der Krim wurde sorgfältig vorbereitet. Potjomkin ließ zunächst zahlreiche Bewohner christlichen Glaubens (1778 allein 31000) nach Südrußland umsiedeln. Das entzog sie religiös motivierten Verfolgungen im Khanat und half gleichzeitig bei der Erschließung der 1774 neu erworbenen dünnbesiedelten Gebiete. Als im Herbst 1781 von den Tataren angezettelte Unruhen auf der Krim ausbrachen, wurden dort wieder russische Truppen stationiert. 1783 fanden Verhandlungen mit Khan Schagin-Girej statt, der sich schließlich bereit erklärte, gegen eine Pension von 200000 Rubeln und die vage Aussicht auf den Thron des Schahs von Persien sein Land an Rußland abzutreten. Katharina betrachtete diese Vorgänge als innere Angelegenheit, lehnte österreichische und französische Vermittlungsversuche ab. »Ich bin fest entschlossen, nur auf uns zu zählen und auf niemanden sonst«, schrieb sie Potjomkin. »Wenn der Kuchen erst fertig ist, haben sie alle Hunger.« Am 19. April 1783 verkündete ein Manifest die Einverleibung der Krim, des Kubangebietes und der Taman-Halbinsel. Der Türkensultan hielt sich ruhig, weil er wußte, daß seine Streitkräfte momentan nicht stark genug waren, um Rußland Paroli zu bieten, zunächst mußte man sich mit dem unbequemen Nachbarn am Schwarzen Meer abfinden und dessen Vorgehen 1784 im Vertrag zu Konstantinopel bestätigen.

Die Eroberung von 1783 war vorrangig das Werk Grigori Potjomkins, den Katharina als Belohnung zum Fürsten von Taurien (antiker Name der Krim) ernannte. Als Generalgouverneur der südlichen Provinzen »Neu-Rußland« und der hinzugewonnenen Gebiete vereinigte er beträchtliche Macht in seinen Händen. 1784 bis 1786 unternahm er eine grundlegende Heeresreform, die nicht nur Bewaffnung und Organisation verbesserte, sondern auch Zopf, Perücke und geknöpfte Gamaschen abschaffte und zweckmäßigere Uniformen sowie leichte Helme einführte. Die Dienstzeit der Soldaten wurde auf maximal fünfundzwanzig Jahre begrenzt, den Offizieren wurde (übrigens nicht zum erstenmal) verboten, Untergebene zum persönlichen Dienst zu verwenden. In Südrußland ließ Potjomkin Städte bauen, neue Straßen anlegen, Schulen gründen, Werften errichten. Er warb Siedler mit kostenlosen Landzuteilungen an und erschöpfte sich bei der Aufstellung immer neuer Projekte. Dabei lebte er wie ein orientalischer Pascha in kaum vorstellbarem Reichtum. Als Ratgeber, Feldherr und Minister der Zarin durfte er sich buchstäblich alles leisten. Sein Charakter war ein Gemisch heterogenster Eigenschaften. Er konnte bezaubernd und ordinär, verschwenderisch und geizig, hochfahrend und schmeichlerisch zugleich sein. Dieses Zwitterwesen aus Genie und Wirrkopf, Mittelding zwischen Staatsmann und Satyr, dieser Mensch, der eleganter Schöngeist, liederlicher Satrap und entsagungsvoller Mönch in einem war, bestimmte Rußlands Politik in erheblichem Maße. Katharina wußte recht gut, wie Potjomkin einzuschätzen sei, aber sie tat, als bemerke sie dessen Fehler und Schwächen nicht, und sah in ihm einen entschlossenen, vor nichts zurückschreckenden Verbündeten, der durch seine Kühnheit (»wie der leibhaftige Teufel«) alle Widerstände überwand. Während die Zarin ihren Luxus auf feierliche Anlässe beschränkte und keineswegs ständig von goldenen Tellern speiste, war des Fürsten von Taurien Verschwendungssucht grenzenlos. Er hielt sich extra einen Generaladjutanten, welcher ständig zu Pferd unterwegs sein mußte, um in ganz Rußland oder Westeuropa Delikatessen und exotische Artikel zu besorgen. Das ging vom Astrachaner Kaviar bis zu provenzalischen Feigen und Parfüm aus Paris. Wenn er bei Laune war, dann warf er mit Edelsteinen um sich, anderenfalls setzte es Prügel für Gegner, die ihn beim Kartenspiel übertrumpften.

Es sind vor allem diese extravaganten Charakterzüge, die das Bild des Fürsten Potjomkin bis heute prägen. Dabei kann man ihm weder Talente auf politisch-wirtschaftlichem Gebiet, wie die Kolonisierung Südrußlands beweist, noch auf militärischem Sektor (die Heeresreform) absprechen. Zu seinem Sachverstand gesellte sich oft unbezähmbare Energie, wobei man nie vergessen sollte, daß sehr vieles, was er unternahm, von der Zarin angeordnet, inspiriert und festgelegt wurde. Ließ sie Potjomkin freie Hand, dann überstieg sich dessen bizarrer Geist zu phantastischen Vorhaben. So wollte er beispielsweise Jerusalem erobern und in Palästina einen Judenstaat errichten; zu diesem Zweck ließ er eine Schwadron jüdischer Lanzenreiter aufstellen. Damit sollten gleichzeitig alle Juden aus Rußland in den Nahen Osten ausgesiedelt werden, weil der Fürst als fanatischer Anhänger der orthodoxen

Kirche keinen hebräischen Glauben dulden wollte. Katharina hatte die einst von Zarin Elisabeth vertriebenen Juden 1769 wieder nach Rußland zurückgerufen, sie hauptsächlich im Süden angesiedelt und Diskriminierungen untersagt, was von den örtlichen Behörden nach Kräften sabotiert wurde. Potjomkins Pläne beantwortete sie 1791 mit der Verleihung einiger bürgerlicher Rechte an die jüdischen Einwohner. Im Bereich der Religionspolitik ließ die Kaiserin stets Toleranz walten. Als man sie aufforderte, die vom Papst 1773 verbotenen Jesuiten in Polen zu unterdrücken, antwortete sie: »Ketzer müssen beim Jüngsten Gericht viel leiden – laßt uns wenigstens in dieser Welt nett zu ihnen sein.« Jekaterina Daschkowa wollte vor der Akademie eine Lobrede halten, in der sie Katharina als »wohltätige Gottheit« bezeichnete. Die Zarin befahl, jenen Terminus zu streichen, denn »eine Apotheose verträgt sich nicht mit der christlichen Religion, und ich fürchte, ich habe keinen Anspruch auf Heiligsprechung, da ich die irdischen Verhältnisse der Geistlichkeit einigen Beschränkungen unterworfen habe«.

Jedes Jahr am Dreikönigstag mußte der kaiserliche Beichtvater Geistliche aller Religionen zusammenrufen und ihnen auf Staatskosten ein Fest arrangieren. Dort saßen dann kalvinistische Prediger neben orthodoxen Bischöfen, Jesuiten neben Mullahs. Man mag sich vorstellen, wie die ironische Deistin Katharina dieses Schauspiel genoß. Freilich besaß Duldsamkeit auch auf diesem Gebiet ihre Grenzen. Der von unzufriedenen orthodoxen Priestern angestiftete Kaufmann Alexej Smolin beklagte sich 1771 in einem Schreiben an die Zarin, sie lasse Kinder das Tanzen lehren, obwohl doch Gott Hüpfen und Springen mit dem Tode bestrafe. Neben solcherart seltsamen Bemerkungen fiel auch die zornmütige Frage: »Du läßt Räuber und Diebe streng bestrafen, aber welche Strafe hast du selbst verdient für die Beraubung der heiligen Klöster?« Über Antworten auf jenes Problem durfte Smolin fünf Jahre im Gefängnis der Festung Schlüsselburg nachdenken.

Im Jahre 1762 hatte Zar Peter III. den russischen Adel von der Dienstpflicht befreit. Die folgenden zwei Jahrzehnte standen im Zeichen des Kampfes um eine Bestätigung dieses und weiterer Privilegien durch Katharina II. Die Zarin war jedoch, anders als Peter, nicht gewillt, den Adligen alles auf einmal zuzugestehen. Mit beträchtlichem Geschick verstand sie es, diese Frage hinauszuzögern durch die Ankündigung, demnächst ein neues Adelsgesetz zu erlassen. Zahlreiche Spezialkommissionen beschäftigten sich mit der Sachlage, während Katharina versuchte, in dieser Zeit ihre Stellung als autokratische Fürstin zu stärken. Dem Adel wesentlichen Einfluß auf zentrale Verwaltung und Gesetzgebung einzuräumen, ihn quasi zur autonomen Körperschaft zu erklären, fiel ihr schwer. Erst die Erschütterungen durch den Pugatschow-Aufstand erhöhten die Bereitschaft der Kaiserin, dem Begehren des Adels, welcher ohnehin schon das alleinige Recht auf Grundeigentum und Besitz von Leibeigenen besaß, nachzugeben. Lange Zeit hatte sie versucht, durch Verleihung des Erbadels an bürgerliche Unternehmer und Kaufleute die starren Grenzen zwischen Adelsklasse und städtischem Mittelstand zu verwischen. Die Zahl der Adligen wuchs auf ungefähr 500000 an. Deren beharrliche Forderungen nach juristischer Absicherung ihrer Privilegien führten schließlich zum Ziel.

Am 2. Mai 1785 erließ Katharina die »Gnadenurkunde für den Adel« (Shalowannaja gramota). Darin hieß es unter Punkt 17: »Wir bestätigen für ewige Zeiten, erblich für künftige Geschlechter, dem russischen Adel seine Unabhängigkeit und Freiheit.« Die Urkunde räumte den Adligen neben ihren persönlichen Vorrechten und dem starken Einfluß auf die örtliche Administration auch das Recht der innerständischen Selbstverwaltung durch Korporationen auf Kreis- und Gouvernementsebene ein. Wer adlig war, bestimmten fortan die

Adligen selbst. Nur durch entehrende Verbrechen wie Raub, Diebstahl, Verrat oder Betrug konnte man dieses Adels wieder verlustig gehen. Der »Wohlgeborene« brauchte keinerlei Steuern zu zahlen, war aber verantwortlich für pünktliches Eintreffen der Kopfsteuer seiner Leibeigenen und deren Erscheinen zum Militärdienst. Sämtliche Einschränkungen in der Ausnutzung des Grundbesitzes wurden aufgehoben. Künftig durfte der Adlige seine Güter verkaufen, Bodenschätze ausbeuten, Wälder verwerten; ihm war es erlaubt, Dörfer zu kaufen und auf dem Land Fabriken zu betreiben. Die Adelswürde wurde immer häufiger für erblich erklärt, überdies erhielt jeder Adlige das Recht, »in den Dienst anderer euopäischer Mächte, die mit uns verbündet sind, einzutreten und in fremde Länder zu reisen«. Als Gegenleistung verlangte der Gnadenerlaß, daß jeder Edelmann die Pflicht erfülle, »sooft es die russische Selbstherrschaft nötig hat und sooft der Dienst des Adels für das allgemeine Wohl nötig und erforderlich ist, auf den ersten Ruf der autokratischen Macht herbeizueilen und weder Mühe noch Leben im Dienst des Staates zu schonen«. Diese Verfügungen, deren Gültigkeit bis 1917 dauerte, stärkten letztlich die zaristische Selbstherrschaft, auch wenn dem Adel darin einige Rechte des Monarchen abgetreten wurden. Kehrseite der Medaille war die weitere Zementierung des Leibeigenschaftssystems. Katharina selbst forcierte diesen Prozeß noch, indem sie 1783 die Freizügigkeit der nordukrainischen Bauern aufhob. Damit lieferte sie mehre hunderttausend Menschen der Leibeigenschaft aus, über die sie einst urteilte, sie sei eine Erscheinung, welche Rußland nur zur Schande gereichen könne. Für die Bevölkerung der Ukraine, die sich 1654 in der Union von Perejaslawl freiwillig mit dem Russischen Reich vereinigt hatte, war das ein erheblicher Rückschritt.

Wenn die erwähnte Gnadenurkunde den Adel begünstigte, so förderte die Städteordnung im selben Jahr Rußlands Bürgertum. Diese Reform Katharinas ergab wichtige Ansatzpunkte für eine Weiterentwicklung von Industrie, Handel und Gewerbe. Zunächst sollten alle Stadtbürger registriert und in sechs Kategorien eingeteilt werden: Hausbesitzer, Kaufleute, Zunfthandwerker, Händler, »vornehme Bürger« (Geistesschaffende) und die übrige Stadtbevölkerung (Possad-Leute). Die Städteordnung garantierte ihnen Schutz des Eigentums und der persönlichen Ehre, Anspruch auf Gerichtsverfahren, Erblichkeit ihres Standes sowie Handels- und Gewerbefreiheit. Das Bürgertum mußte jedoch im Gegensatz zum Adel Steuern zahlen und Rekruten stellen. Ausgenommen von der Rekrutierung blieben nur sehr reiche Kaufleute, die sich loskaufen konnten. Erste Formen einer kommunalen Selbstverwaltung wurden eingeführt. Die Städte erhielten das Recht, eine allgemeine Duma (Stadtparlament) zu wählen, die wiederum den Magistrat bestimmte. Er sollte unter anderem die Entfaltung des städtischen Handels regeln und die Lebensmittelversorgung sichern. Um diese Vergünstigungen auf möglichst viele Bürger auszudehnen, ernannte Katharina mehrere größere Siedlungen zu Städten. So ist auch ihre Bemerkung zu verstehen, sie habe 144 Städte gebaut; oft war damit nur die Verleihung des Stadtrechts gemeint. Es kam indes während ihrer Regierung auch mehrfach zur Gründung von bedeutenden Städten, so Taganrog 1769, Cherson 1778, Perm 1781, Sewastopol 1784, Jekaterinoslaw (heute Dnepropetrowsk) 1787, Nikolajew 1788, Odessa 1793 und Jekaterinodar (heute Krasnodar) 1794.

Mit ihrer Städteordnung versuchte Katharina, den für die Weiterentwicklung der Produktivkräfte wichtigen Mittelstand als gesellschaftliche Kraft stärker zur Geltung zu bringen. In diesen Bereich gehört auch die staatliche Förderung von Fabrik- und Manufakturgründungen, deren Zahl während ihrer Regentschaft von 984 auf 3161 stieg, sowie die Errichtung neuer Zweige der Heimindustrie (Leinenweberei, Töpfer- und Lederwaren). Es entstanden leistungsfähige Privatunternehmen wie die Textilfabriken und Webereien des

Sawwa Jakowlew im nordrussischen Jaroslawl. 1790 wurden in Rußland 82000 Tonnen Eisen, mehr als im ganzen übrigen Europa, und 3300 Tonnen Kupfer gefördert. Die Erschließung reicher Silbervorkommen in Sibirien (Jahresproduktion 22 Tonnen) aktivierte den Bergbau; der russische Außenhandelsumsatz stieg von 13,8 Millionen Rubel 1765 auf 43,2 Millionen 1785, wobei der liberale Zolltarif von 1782 diese Entwicklung weiter begünstigte. Dabei wuchs jedoch auch das Haushaltsdefizit, weil die Ausgaben für Armee, Flotte, Bauten und Hofhaltung größer waren als die Einnahmen. Das in Umlauf gesetzte Papiergeld führte zur schleichenden Inflation. Insgesamt war Katharinas Wirtschaftspolitik darauf angelegt, das sich formierende Bürgertum Rußlands zu unterstützen. Eine Herausbildung kapitalistischer Verhältnisse wurde von ihr gefördert, soweit dies im Rahmen der existierenden Feudalgesellschaft überhaupt möglich war.

Triumphzug nach Süden

Am 17. August 1786 starb in Potsdam Friedrich der Große, jener Mann, der Katharina einst den Weg zum Zarenthron ebnete. Damit ging eine mehr als vier Jahrzehnte währende Beziehung zu Ende, die, obwohl nie ganz frei von Zweideutigkeit, beiden Seiten viele Vorteile gebracht hatte. Bis zum Frieden von Teschen 1780 waren die russisch-preußischen Verhältnisse zufriedenstellend. Doch die Hinwendung der Zarin zu Österreich und die Verlagerung ihrer politischen Interessen nach Süden brachten eine erhebliche Trübung. »Seit einigen Jahren schon habe ich diese Denkart der Kaiserin mir gegenüber bemerkt. Und jetzt habe ich Gelegenheit, mich von Jahr zu Jahr davon zu überzeugen«, beschwerte sich Friedrich am Schluß seiner Regierungszeit. 1781 endete der Schriftwechsel mit Katharina, der weniger herzlich als von konventioneller

Höflichkeit geprägt war. Oftmals aber vertrauten beide Monarchen einander auch Staatsgeheimnisse an, nicht ohne gegenseitige Berechnung. Insgesamt erwies sich das Bündnis Petersburg–Berlin als krisenfest – ob das auch unter dem neuen preußischen König Friedrich Wilhelm II. (dem »Truthahn«) so bleiben würde, mußte die Zukunft erweisen.

Was Katharina 1786 am meisten beschäftigte, war aber nicht der Tod des Preußenkönigs, sondern die Vorbereitung einer Reise in die eroberten Gebiete Südrußlands. Den Anstoß für diese Fahrt gaben zahlreiche vorhandene Neider und Widersacher des Fürsten Potjomkin am Zarenhof. Sie glaubten, der allmächtige Günstling werde fallen, wenn die Zarin mit eignen Augen wüste, dünnbevölkerte und ärmliche Landstriche sähe. Dabei malte man sämtliche Verhältnisse im Süden weitaus schwärzer, als sie tatsächlich waren. Potjomkins Tätigkeit gab der gesamten Nordküste des Schwarzen Meeres ein neues Gesicht, und er verdoppelte seine Anstrengungen noch, als ihm die Intrigen seiner Gegner bekannt wurden. Ihm blieb immerhin mehr als ein Jahr Zeit, ehe alle Reisepläne realisiert werden konnten. Katharina beabsichtigte, aus ihrer Fahrt einen Triumphzug zu machen. Um den kaiserlichen Pomp aller Welt zu präsentieren, lud sie Freunde, Diplomaten und Monarchen ein, sich ihr anzuschließen. Am 3. April schrieb sie an den Prinzen Charles-Joseph de Ligne, er möge sich das schöne Land und Klima von Taurien ansehen. Der aus Belgien stammende Fürst in österreichischen Diensten, erster Pair von Flandern, war der Zarin 1780 vorgestellt worden, und sie hatte an diesem kosmopolitischen Witzbold, scharfen Beobachter und gewandten Salonmenschen voller Bonmots rasch Gefallen gefunden. »Das ist ein origineller Kopf, der sehr tief denkt, und dabei macht er dumme Streiche wie ein kleines Kind«, schrieb sie an Grimm. De Ligne seinerseits brachte der Kaiserin ergebene Bewunderung entgegen, sah aber als Mann von klarem Urteil auch die Schwächen ihrer Regierung.

Charles-Joseph
de Ligne

Über ihre Reisevorbereitungen informierte Katharina auch Johann Georg Ritter von Zimmermann, der seit 1768 als königlicher Leibarzt in Hannover praktizierte. Seit dessen populärphilosophisches Buch »Von der Einsamkeit« sie über den Tod Alexander Lanskois hinweggetröstet hatte, wollte die Zarin »Unterhaltung mit diesem Mann von Geist und nicht gewöhnlichen Kenntnissen genießen« und eröffnete eine rege Korrespondenz. Sie sandte Zimmermann Gesetze zur Begutachtung wie das Adelsstatut und die Städteordnung und veranlaßte ihn, unter seinen Medizinerkollegen für Rußland zu werben; so kamen 1786 auf dessen Empfehlung dreiundzwanzig Ärzte nach Petersburg. Katharina ernannte ihn zum Mitglied der wissenschaftlichen Akademie und Ritter des Wladimir-Ordens. Wie Grimm gehörte auch Zimmermann künftig zu ihrer Propagandatruppe, wofür ihn auch seine Bekanntschaften mit Moses Mendelssohn, Georg Forster und Johann Gottfried Herder prädestinierten. Das gute Einvernehmen zwischen Arzt und Kaiserin war allerdings insoweit entlarvend, als Zimmermann eine Entwicklung vom Demokraten zum eingefleischten Monarchisten durchgemacht hatte. In den achtziger Jahren wetterte er heftig gegen die »Volksaufwiegler«, worunter jene Aufklärer zu verstehen waren, die Katharina einst so sehr schätzte. Sein »Hannoversches Magazin« stellte ein Sprachrohr der Konservativen dar, und der streitlustige Zimmermann steigerte sich schließlich derart in Wut und Erbitterung gegen vermeintliche Demagogen und Revolutionäre, daß er 1795 als Geisteskranker starb. Seine Briefe an die Zarin sind nicht viel mehr als Dokumente einer in Ehrfurcht ersterbenden Lobhudelei. So bezeichnete er sie als »die größte Göttin, die hoch vom goldnen Thron die kalte Nacht des alten Skythiens [Rußlands] durch ihres Geistes Wunderkraft zum holden Frühlingstage macht«. Um so interessanter wirken Katharinas Anworten, die oftmals ihren politischen Standpunkt sehr deutlich zum Ausdruck bringen.

Normalerweise mußte sich die Kaiserin auf der als Staatsaktion angelegten Krimreise von ihrem Sohn, dem künftigen Zaren, begleiten lassen. Doch dem standen einige Hindernisse entgegen. Der zweiunddreißigjährige Thronfolger drohte allmählich verrückt zu werden, und Katharina dachte immer öfter daran, ihn zugunsten des Enkels Alexander zu enterben. Viel wäre Rußland erspart geblieben, hätte sie dieses Vorhaben wahr gemacht. Paul verwandelte sein Landgut Gatschina, das ihm seine Mutter 1783 geschenkt hatte, in einen paramilitärischen Stützpunkt. Rings um den Palast ließ er alle Bäume fällen und Häuser abreißen, damit man rechtzeitig erkenne, ob Feinde im Anmarsch seien! Argwöhnisch und reizbar, fand er Freude nur an stumpfsinnigem Drill und ermüdendem Exerzieren der ihm ausgelieferten 2500 Mann starken Truppe. »Das schlimmste sind diese schönen russischen Soldaten, die durch vorsintflutlich geschnittene preußische Uniformen aus der Epoche Friedrich Wilhelms I. völlig entstellt werden«, berichtete eine Besucherin. Von seiner geduldigen Frau und den verschreckten Töchtern abgesehen, hielt es kaum jemand in Gatschina aus. Und über jene, die blieben, urteilte Fjodor Rostoptschin, im denkwürdigen Jahr 1812 Gouverneur von Moskau: »Der Großfürst hat den Kopf voller Gespenster und umgibt sich mit Leuten, von denen der Anständigste noch den Galgen ohne Gerichtsurteil verdient hätte.« Dabei verlor Paul immer mehr Kontakt zur politischen Wirklichkeit und gab sich reaktionärsten Ideen hin. Katharina schien es geraten, den Thronfolger in seinem selbstgewählten Exil bleiben zu lassen.

Um das Wunder der russischen Kolonisation im Süden überall publik zu machen, ließ sich die Kaiserin von den Botschaftern der Großmächte begleiten: dem Briten Sir Alleyne FitzHerbert, dem Österreicher Johann Philipp von Cobenzl und dem Franzosen Louis Philippe de Ségur. Letzterer hatte sich 1776 gemeinsam mit Lafayette nach Nordamerika begeben, um gegen die Briten zu kämpfen; aufgrund seiner liberalen Einstellung war er für Katharina besonders interessant. Auch an Kaiser Joseph II. und den Polenkönig Poniatowski ergingen Einladungen, und selbstverständlich mußte auch der aktuelle Liebhaber Alexander Mamonow mit von der Partie sein. Am 16. Januar 1787 setzte sich bei klirrendem Frost ein Zug von 14 Kutschen, 124 Schlitten und 40 Gepäckwagen von Petersburg aus in Bewegung. Bis zu 30 Pferde zogen die größten Schlitten, welche eher einem Salon auf Kufen glichen, mit gepolsterten Sitzen, Teppichen, Tischen, Porzellanöfen und Leuchtern. Potjomkin hatte, dieser Karawane immer vorauseilend, den Ablauf der Reise meisterhaft organisiert. Weniger ansehnliche Dörfer und Städte wurden meist abends in schnellem Lauf passiert, bei Sehenswertem machte man halt. Da nächtliche Schlittenpartien nicht ganz ungefährlich waren, trafen Potjomkins Gehilfen Vorsorge. »In sehr kurzen Abständen wurden zu beiden Seiten der Straße riesige Scheiterhaufen aus Tannen-, Zypressen-, Birken- und Fichtenholz errichtet, so daß wir auf einem Weg dahinfuhren, der heller erleuchtet war als am Tage«, berichtete Botschafter Ségur. Oft übernachtete man in Privathäusern, deren Besitzer vorher Geld für Instandsetzungsarbeiten erhielten. Auch während der Fahrt ließ Katharina die Arbeit nicht ruhen. Sie stand um sechs Uhr auf, konferierte mit ihren Ministern, spätestens um neun Uhr ging es per Schlitten nach Süden. Über Smolensk und Tschernigow erreichte die Reisegesellschaft am 20. Februar Kiew, wo man den Frühlingsbeginn abwarten wollte. Wenn der Dnepr eisfrei war, sollte es zu Schiff weitergehen.

Im März traf der Fürst de Ligne ein und notierte: »Mein Gott, was für ein Gefolge, was für ein Spektakel, wie viele Diamanten, Gold, Ordenssterne und -bänder...« Diese Prachtentfaltung wurde ganz bewußt in Szene gesetzt als politische Demonstration und Provokation gegen die Türkei. Potjomkin und Katharina wollten der Welt zeigen, über welche Mittel Rußland verfügte. Ségur schilderte einen typischen Auftritt: »Das erstaunte Auge sah beieinander einen prunkvollen Hof, eine alles beherrschende Kaiserin, einen reichen und kriegerischen Adel, stolze und eitle Fürsten und Granden, Kaufleute mit wallenden Gewändern und langen Bärten, Offiziere aller Waffengattungen, die berühmten Don-Kosaken in üppigen asiatischen Gewändern, die Tataren, welche einst Rußland beherrschten und sich heute demütig unter das Joch einer Frau und Christin beugen, einen Fürsten Georgiens, der die Geschenke von Kolchis und des Landes am Phasis zu Füßen des Thrones von Katharina niederlegte, mehrere

Reisekutsche Katharinas II.

Abgesandte der zahlreichen Kirgisenstämme und schließlich die wilden Kalmücken ...« Beeindruckt zeigten sich sowohl Stanislaw Poniatowski als auch Joseph II., die Mitte Mai während der Dneprfahrt der Zarin ihre Aufwartung machten. Eine derartige Flotte aus sieben großen, rot-golden bemalten Galeeren und 73 weiteren Schiffen hatte noch niemand gesehen. Am Ufer der Stadt Krementschug fand ein Manöver von 12000 frischuniformierten Soldaten statt. Nachdem man am 25. Mai die neugebaute Stadt Cherson an der Dneprmündung erreicht hatte, schrieb Katharina enthusiastisch an

Grimm: »Die Bemühungen des Fürsten Potjomkin haben aus dieser Stadt und diesem Gebiet, wo vor dem Frieden nicht einmal eine einzige Hütte stand, ein wirklich blühendes Land gemacht, und es wird hier jedes Jahr besser werden.« Erlag die Kaiserin damit einem raffinierten Betrug?

Der Begriff »Potjomkinsche Dörfer« ist heutzutage allbekanntes Synonym für einen vorgetäuschten Zustand, ein rasch hergestelltes Blendwerk. Die Geschichte von den auf Leinwand gemalten Häusern in der Ferne stammt aus einem Buch von August Kotzebue, der wohl ein effektvoller Dichter, aber kein glaubwürdiger Augenzeuge war. Zweifellos hat Potjomkin, der große Impressario der Krimreise, oftmals versucht, der Realität noch die Fiktion hinzuzufügen, aber nicht auf so plumpe Weise, wie oft angenommen wird. Ein Beispiel dafür ist seine Anweisung für den Gouverneur von Charkow, Wassili Tschertkow, wie sich die Bevölkerung bei Katharinas Durchreise zu verhalten habe: Alle mußten ihre besten Kleider anziehen, die Mädchen sich mit Blumen schmücken; sämtliche Kranken und Bettler hatten von den Straßen zu verschwinden; überall, wo die Zarin vorbeikam, mußten Häuser angestrichen, Dächer und Zäune ausgebessert werden; nur Lebensmittel von tadelloser Beschaffenheit durften auf den Markt gelangen. In günstiger Form und gefälliger Beleuchtung wollte Potjomkin seinen Machtbereich präsentieren und alles, was die Ausnahme bildete (Wohlstand, Reinlichkeit, Nüchternheit), sollte als Regel hingestellt werden. Zuweilen versteckte man tatsächlich besonders armselige Hütten hinter einer Scheinarchitektur aus leichtem Holz. Das meinte de Ligne, der im Gegensatz zu Katharina oft zu Fuß umherging, wenn er sagte, »manche Häuser besaßen keine Dächer, Fenster und Türen«. Selbstverständlich merkten so intelligente Zeitgenossen wie Joseph II. oder Ségur, daß überstürzt Geld und Menschen für Augenblickserfolge geopfert wurden. »Hier gelten Leiden und Mühen, ja Menschenleben so gut wie nichts«, schrieb der Kaiser. »Hier baut man Straßen und

Häfen, Festungen und Paläste mitten in den Sumpf; man pflanzt Wälder in die Wüste; und das alles ohne Lohn für die Arbeiter, die ohne Klage Entbehrungen erdulden, die auf dem nackten Erdboden schlafen und oft Hunger leiden... Der Herr befiehlt, der Sklave gehorcht.« Diese Eindrücke berührten Joseph besonders unangenehm, weil er als aufgeklärter Monarch in seinen Ländern 1781 die Leibeigenschaft aufgehoben hatte, eine Maßnahme, die Katharina ferner denn je lag.

Botschafter Ségur faßte seine Eindrücke so zusammen: »Hier hat alles mehr äußeren Glanz als wirklichen Wert. Man bemüht sich hier, alles zu schmücken, zu verschönern, alles momentan für die Augen der Kaiserin zu beleben; aber wenn Katharina einmal wieder abgereist ist, wird auch all diese Herrlichkeit aus diesen riesigen Gebieten verschwinden, sein [Potjomkins] Theatercoup ist zu Ende, der Vorhang hat sich gesenkt.« Und er setzte hinzu: »Aber wenn man alles abzog, was an diesem Schauspiel nur schöner Schein war, so entdeckte man doch auch einiges, was wirklich war.« Die Behauptung, Potjomkin habe, um großen Bevölkerungsreichtum vorzutäuschen, Tausende Menschen von Reiseort zu Reiseort schleppen lassen, so daß Katharina stets dieselben Gesichter von Kiew bis Cherson begegnet wären, gehört ins Reich der Fabel. Die künstlich berechneten Eindrücke, die der Fürst von Taurien hervorrufen wollte, bedurften solcher Maßnahmen nicht, abgesehen davon, daß man weder der Zarin noch gar ihrer Begleitung völlige Blindheit unterstellen sollte. Inwieweit Katharina alles, was sie sah, für echt hielt, ist schwer zu beurteilen. Natürlich mußte ihr daran gelegen sein, das Bild eines machtvollen, blühenden Rußland nach außen zu tragen. Selbsttäuschung spielte ohnehin eine gewisse Rolle in ihrem Denken, aber etliche Dinge beobachtete sie doch recht genau. So schrieb sie nach den Manövern bei Krementschug an den Moskauer Generalgouverneur Pjotr Jeropkin: »Ich habe hier ein Drittel jener hervorragenden leichten Reiterei gefunden, von der gewisse Leute behauptet hatten, sie existiere nur auf dem Papier. Allein sie existiert in der Wirklichkeit ... Dies bitte ich allen Neugierigen zu erzählen.« Realität war auch die Grundsteinlegung für die Stadt Jekaterinoslaw am 20. Mai 1787, die heute unter ihrem Namen Dnepropetrowsk größte Metropole des Dneprgebietes ist.

Als Katharina mit ihrem Gefolge am 1. Juni die Landenge von Perekop passierte und sich südliche Gefilde der Krim dem Auge darboten, besaß die Szenerie in der Tat etwas Unwirkliches. Die Halbinsel mit ihren verschleierten Frauen und weißen Häusern, ihren Minaretten, tatarischen Reitern und subtropischer Vegetation schien einem Märchen aus Tausendundeiner Nacht entstiegen. »Ein einzigartiges Schauspiel, dieser Aufenthalt«, schwärmte die Zarin, während sie im Khan-Palast von Bachtschisarai inmitten von Lorbeer- und Jasmingärten, Springbrunnen und Marmorwänden wohnte. Fünfmal am Tag höre sie aus der gegenüberliegenden Moschee die Gebete der Mohammedaner und den Ruf des Muezzins. Dann ging es nach Sewastopol, der erst 1784 gegründeten Hafenstadt. Potjomkin organisierte dort eine gewaltige Flottenparade. Vierzig Kriegsschiffe in Schlachtordnung donnerten aus vollen Rohren Salut. Innerhalb von zwei Tagen könnten sie Konstantinopel erreichen, sagte der Fürst und unterstrich diese Demonstration durch einen Triumphbogen mit der Aufschrift »Der Weg nach Byzanz«. Wie de Ligne berichtet, soll Katharina in diesem Augenblick ein Miniaturporträt Peters des Großen hervorgeholt und die rhetorische Frage gestellt haben: »Was würde er sagen, und was würde er tun, wenn er hier wäre?« Kaiser Joseph II. schrieb nach der Flottenrevue seinem vertrauten Freund Franz Moritz Graf von Lascy: »Wenn ich mich genauso nahe bei Berlin befände und wenn die Preußen so dumm wären wie die Türken – ich glaube kaum, daß ich der Versuchung widerstehen könnte, sie zusammenzuschlagen.« Tage zuvor, als bei Cherson plötzlich ein osmanisches Geschwader am Horizont auftauchte, hatte Katharina verkündet, es sei an der Zeit, die Türken an ihre Niederlage von Tschesme zu erinnern. Dennoch erteilte sie ihrem Botschafter in Istanbul den Auftrag, eine versöhnliche Note an den Sultan zu überreichen; sie wollte keinesfalls in den Ruf einer Kriegstreiberin geraten. Der Aufenthalt von Sewastopol, wo binnen kürzester Zeit steinerne Häuser, Lagerhallen, Werften und ein großer Kriegshafen entstanden waren, stärkte das Vertrauen der Zarin in die Leistungskraft ihres Landes weiter.

Die Rückreise ging wieder über Cherson, kurz danach, bei Berislaw, verabschiedete sich Joseph II., der Nachrichten über Unruhen in den österreichischen Niederlanden erhalten hatte. »Man hat uns von Illusion zu Illusion geführt«, sagte er zu Ségur. »Das Innere der Dinge hat hier große Mängel, aber das Äußere besitzt ebensoviel Glanz.« Potjomkin hatte als Krönung der Fahrt noch eine Überraschung parat. Am 28. Juni marschierten bei Poltawa etwa 50000 Soldaten in historischen Uniformen auf, um die berühmte Schlacht von 1709 nachzugestalten, in der Peter I. den Schwedenkönig Karl XII. geschlagen hatte. Auch die militärische Demonstration machte großen Effekt auf die Zuschauer. In Charkow verlor Potjomkin plötzlich die Lust und fuhr wieder nach Süden; seine Stellung war fester denn je. Was er vorzuweisen hatte, glich zwar manchmal einer Scharlatanerie, meist steckte aber echte und fleißige Arbeit dahinter. Katharinas Fahrt führte sie über Kursk, Orjol und Tula nach Moskau. Von dort erhielt Zimmermann ihren Bericht: »Ich sah schöne Länder und das beste Klima der Welt. Ich sah vor allem eine große Zahl sehr alter Menschen, ein Beweis für mich, daß das Klima, vornehmlich in Taurien, nicht so gefahrvoll ist, wie man glaubt.« Was sie allerdings nicht sah oder sehen konnte, waren die Folgen einer Mißernte, die gerade 1787 Rußland heimsuchte. Die Gouverneure hatten hungernde Bettler aus allen Orten vertrieben, die von der Zarin berührt wurden, und organisierten Jubel befohlen. Daher klang es eher arglos als zynisch, wenn Katharina an Grimm schrieb: »Das Korn ist teuer, aber dennoch ißt man allerwegen Brot und brennt Branntwein.«

Am 1. August traf die Zarin wieder in Zarskoje Selo ein. Ihre Krimreise hatte, wie zu erwarten, heftige Empörung bei den Türken ausgelöst. Geschürt wurde das durch die Gesandten Englands, Frankreichs und Preußens, deren Souveränen ein so demonstrativ zur Schau gestellter Machtanspruch in Südeuropa nicht geheuer schien. Zwar mokierte sich Katharina über die westlichen Staaten, denen Wohl und Wehe asiatischer Muselmanen offenbar so sehr am Herzen lagen, daß sie diese gegen Rußland aufstacheln mußten, aber sie erkannte den Ernst der Lage. Die Paraden von Sewastopol und Poltawa sollten die Türken ja mehr einschüchtern als zum Angriff reizen, jedenfalls nicht sofort. Einen eventuellen Feldzug auf dem Balkan mußte man sorgfältig vorbereiten, zumal die Haltung Schwedens gegenüber Petersburg von kaum noch verhüllter Feindseligkeit zeugte. Sultan Abd ul-Hamid jedoch gedachte nicht abzuwarten, bis man ihn überfiel. Am 16. August 1787 forderte er vom russischen Gesandten Jakow Bulgakow ultimativ die Herausgabe der Krim, was dieser selbstredend zurückwies. Das Szenarium glich dem von 1768: Bulgakow wurde in der Festung der Sieben Türme eingekerkert, und zwei Tage später folgte die türkische Kriegserklärung an Rußland. Österreich, dessen Kanzler Kaunitz den Konflikt vorausgesehen hatte, erklärte sich zum Alliierten Rußlands, und Joseph II. schrieb am 30. August an Katharina, man solle »mit dem Donner der Kanonen dem Sultan und seinen ungeschliffenen Ratgebern einen guten Morgen entbieten«. Zunächst sah es jedoch nicht danach aus.

Man kann nicht behaupten, daß die türkische Kriegserklärung unerwartet gekommen wäre. Schon im April 1787 sagte Katharina zu ihrem Privatsekretär Chrapowizki, es gäbe genügend Konfliktstoff zwischen beiden Ländern, um besorgt zu sein. Allerdings glaubte sie, die osmanische Armee sei für einen Angriff zu schwach. Die Türkei befand sich zwar Ende des 18. Jahrhunderts im Niedergang auf ökonomischem und militärischem Gebiet, besaß aber noch zahlreiche Soldaten, die ausdauernd und fanatisch kämpften. Ursprünglich sah der russische Operationsplan vor, mit Hilfe zweier Flotten vom Schwarzen Meer beziehungsweise vom Mittelmeer aus die feindliche Hauptstadt Istanbul in die Zange zu nehmen. Doch eine Wiederholung der Ereignisse von 1770 sollte es nicht mehr geben. Großbritannien, verärgert über die Deklaration der bewaffneten Neutralität, verweigerte russischen Kriegsschiffen jegliche Fahrt durch den Ärmelkanal; König Georg III. untersagte die Vermietung von Transportschiffen und verbot englischen Matrosen, in den Dienst der Zarin zu treten. Hinzu kam, daß am 19. September die russische Schwarzmeerflotte durch einen schweren Sturm arg beschädigt wurde, zwei Linienschiffe gingen verloren. Damit war an eine offensive Seekriegführung vorerst nicht zu denken. Vielmehr mußte man sich der Türken erwehren, die Anfang Oktober die Festung Kinburn an der Dneprmündung belagerten. Es gelang General Alexander Suworow am 12. Oktober, das gegnerische Korps zu vernichten, wofür ihn die Kaiserin mit einem goldenen Ehrendegen auszeichnete. Sie besaß überhaupt eine hohe Meinung von diesem ungewöhnlich begabten Feldherrn, dessen Verdienste ihr schon im ersten Türkenkrieg aufgefallen waren. Wenn er sich zuweilen am Zarenhof taktlos benahm, störte sie das nicht. Als aber 1790 in der »Göttinger Zeitung« zu lesen war, Suworow sei angeblich Sohn eines Fleischers aus Hildesheim,

General Alexander Suworow

verlangte sie über diplomatische Kanäle eine Richtigstellung. »General Suworow stammt aus altem russischem Adel«, erklärte sie völlig zutreffend und gab sich erst zufrieden, als der Göttinger Journalist einen reumütigen Widerruf veröffentlichte.

Katharina billigte ihren Truppenkommandeuren in der Regel weitreichende Vollmachten zu, das erleichterte den Generalen eine selbständige Strategie. Potjomkin allerdings, der die 1. Armee im Süden führte, war von Zaghaftigkeit und Lethargie erfüllt. Offenbar hatte die Krimreise seine Energien aufgebraucht. Im Gegensatz zu Feldmarschall Rumjanzew, der die 2. Armee in der Ukraine befehligte, schlug er im Frühjahr 1788 sogar vor, man solle den Türken die Krim wieder zurückgeben. Entsetzt antwortete Katharina: »Darauf kann ich nicht eingehen. Wegen der Krim wird Krieg geführt ... Um Gottes willen, denke nicht mehr daran; ich verstehe Dich gar nicht. Wie sollen wir auf so große, in Krieg und Frieden errungene Vorteile verzichten?« Österreichs Kriegserklärung an die Türkei am 7. Februar ließ die Siegeschancen wieder steigen. Potjomkins Armee konzentrierte sich auf die Eroberung

Eroberung der Festung Otschakow, 17. Dezember 1788

der Festung Otschakow. Dieses 1492 erbaute Bollwerk am Dnepr-Liman gegenüber Kinburn war einer der stärksten türkischen Stützpunkte am Schwarzen Meer. Die Belagerung begann im Juli 1788, zog sich aber in die Länge, weil der Oberbefehlshaber keinen Sturmangriff erlauben wollte. Suworow sagte verärgert zu Potjomkin: »Durch bloßes Anschauen nimmt man keine Festung« und fiel prompt in Ungnade beim Fürsten von Taurien. Katharina hingegen schickte den befähigten General nach einer Privataudienz als Divisionskommandeur zur Armee Rumjanzews.

Auch die Österreicher kamen im Süden nicht recht voran. Zwar besetzten sie Chotin, erlitten aber auch zwei Niederlagen im Feld. Vor Otschakow wurde die Situation bei Winteranbruch prekär; Kälte und mangelnde Lebensmittelzufuhr machten den Belagerern zu schaffen, so daß sich Potjomkin endlich doch zum Sturm auf die Festung entschließen mußte. Am 17. Dezember wurde nach einem fürchterlichen zweistündigen Gemetzel, das zehntausend Türken und viertausend Russen ihr Leben kostete, Otschakow genommen. Es war ein schwer erkaufter Sieg, der Katharina höchstens moralisch stärken konnte. Ihre Aufmerksamkeit mußte sich seit Monaten dem entgegengesetzten Teil des Reiches zuwenden. Der von ihr einst als »Sir Falstaff« verspottete König Gustav III. hatte seinen lange befürchteten Angriff auf die Ostseeprovinzen begonnen.

Gefahr aus dem Norden

Schweden und die Türkei waren im Jahre 1739 einen gegenseitigen Beistandspakt eingegangen. Dieses verstaubte Dokument holte Gustav III. nun hervor, um sich zum rechten Zeitpunkt seiner Bündnisverpflichtungen zu erinnern. In einer Note an Petersburg, die Katharina »hirnverbrannt und verrückt« nannte, forderte der König, Rußland solle den Türken die Krim wiedergeben und außerdem Karelien sowie die finnischen Festungen Nyslott und Kexholm an Schweden abtreten. Mit der Ablehnung solcher Ansinnen war fest zu rechnen, weshalb die schwedische Flotte am 9. Juni 1788 den Hafen von Karlskrona verließ und Kurs auf das Baltikum nahm. Gustav III. provozierte den Konflikt ganz zielgerichtet, um den Einmischungsversuchen Rußlands eine Ende zu bereiten. In den letzten Jahren hatte Katharina mit Hilfe ihres Botschafters Andrej Rasumowski den oppositionellen Adel Schwedens gegen den König nachhaltig unterstützt. Der finnische Baron Magnus von Sprengporten verriet in Potjomkins Sold die Verteidigungspläne seines Landes. Nun warf sich Gustav III. zum Verteidiger aller vom Zarenreich bedrohten Nachbarstaaten auf. Katharina war außer sich über solch »frechen Treuebruch« und schrieb an Grimm: »Der Kerl glaubt, daß er allein die Klugheit gefressen hat und daß die ganze Welt ein dummer Teufel ist.« Sie prophezeite, er werde »zur Schande und zum Spott der Nachwelt werden«.

Mit solchen Sentenzen wollte sie sich wohl selbst Mut machen, denn die Situation sah plötzlich sehr kritisch aus, vergleichbar wohl nur der Zeit des Pugatschow-Aufstandes. Rußlands Armeen kämpften in Südeuropa, Petersburg war von Truppen entblößt, die Flotte über alle Meere zerstreut. Katharinas bester Admiral Samuel Greigh starb im Oktober 1788, und dessen Nachfolger Prinz Karl Heinrich von Nassau-Siegen war ein Abenteurer, der zuvor in spanischen und französischen Diensten zweifelhaften Ruhm geerntet hatte. Schon kreuzte ein schwedisches Geschwader mit zwanzig Linienschiffen vor der Kronstädter Bucht und richtete seine Kanonen drohend auf die russische Hauptstadt. Eine Panik brach aus; viele Adlige flohen mit ihrer Habe aufs Land, Archive und Dienststellen wurden ausgelagert. Nur Katharina, die Unerschütterliche, blieb und bemerkte

König Gustav III. von Schweden

voller Ironie: »Da es beschlossen ist, mich aus Sankt Petersburg zu verjagen, hoffe ich, daß man mir erlauben wird, mich in Konstantinopel in Sicherheit zu bringen.« Ihrem Freund de Ligne schrieb sie spottend: »Mein sehr lieber Cousin und Nachbar Gustav III. bewaffnet sich zu Lande und zur See mit bemerkenswerter Wildheit ... Er hat offenbar vergessen, daß sein trauriges Felsenland nicht gerade beeindruckend ist und daß es recht schwer ist, der Welt zu imponieren.«

Doch bei aller äußerlichen Gelassenheit schwebte die Zarin in großer Sorge. Der schwedische Kanonendonner ließ die Fensterscheiben im Winterpalast klirren, und ein Besucher des Ermitage-Zirkels berichtet von Katharinas Äußerung: »Was habe ich dem Himmel angetan, daß er ein so schwaches Werkzeug wie den König von Schweden zu meiner Demütigung gebraucht!« Wie oft in solchen Fällen machte die Zarin sich literarisch Luft. Sie schrieb Spottverse über Gustav und verfaßte Ende 1788 eine Opern-Persiflage auf den König, betitelt »Jammer-Held Vorbeizielersohn«, worin er als Zwergenprinz auftrat, der von einem russischen Invaliden mit der Krücke verprügelt wird. Ernst genug blieb die Lage des vom Zweifrontenkrieg bedrohten Rußland dennoch.

Zunächst erhielt Katharina aber Hilfe von unerwarteter Seite. Teile des aufsässigen schwedischen Adels, unzufrieden mit der absolutistischen Herrschaft Gustavs III., weigerten sich, ins Feld zu ziehen, weil der Monarch ohne Zustimmung des Reichstages den Krieg erklärt habe. Es kam zu einer regelrechten Verschwörung (Anjala-Bund) mit dem Ziel, den König zu stürzen. Gustav schlug diese Rebellion zwar mit fester Hand nieder, verlor aber wertvolle Zeit. Katharina ließ inzwischen Petersburg befestigen und konzentrierte eine starke Flotte in der Ostsee. Der Kampf spielte sich vorrangig auf dem Wasser ab. Ein Gefecht bei der Insel Hogland im Juli 1788 brachte den Russen Erfolge. Die entscheidende Seeschlacht fand jedoch am 9./10. Juli 1790 im Svensk-Sund statt.

Dort, in den finnischen Schären, erlitt Katharinas Flotte eine furchtbare Niederlage. Mehr als fünfzig Schiffe wurden von den Schweden in den Grund gebohrt, über siebentausend russische Matrosen kamen ums Leben. Die Ostsee gehörte Gustav III. Katharina war erschüttert über diese unerwartete Niederlage und gestand Potjomkin: »Die unglückliche Sache mit unserer Flottille bekümmert mich so sehr, daß nach der Vernichtung der Schwarzmeerflotte nichts mein Herz derart betrübt hat wie sie.« Überdies wurden die schwedischen Truppen nun auch in Finnland aktiv, sie fügten Rußland im April 1790 zwei Niederlagen zu und besetzten die estnische Festung Baltischport. Katharina verbrachte schlaflose Nächte, und Außenminister Besborodko war den Tränen nahe. Die Tage Karls XII. schienen wiederzukehren, jenes Schwedenkönigs, der neunzig Jahre zuvor Peter I. durch das Baltikum gehetzt hatte. Doch Gustav III. war ein Realpolitiker. Er wußte, daß sein kleines Reich sich auf Dauer nicht gegen den übermächtigen Nachbarn militärisch behaupten konnte. Ihm genügte es, Katharinas Prestige in Nordeuropa empfindlich geschwächt zu haben. Am 14. August 1790 schloß er unter Vermittlung Spaniens den Friedensvertrag von Werelä, der die Dinge beim alten Stand beließ, bis auf eine Ausnahme: Rußland mußte sich hinfort jeder Einmischung in Schwedens innere Angelegenheiten enthalten. Damit hatte Gustav seinem Staat auf lange Zeit politische Unabhängigkeit gesichert. Katharina war ihrerseits froh, so leichten Kaufs davongekommen zu sein. Endlich konnte sie den lästigen Zweifrontenkrieg beenden und sich wieder der Türkei zuwenden. »Die eine Pfote haben wir aus dem Sumpf herausgezogen«, schrieb sie befriedigt an Fürst Potjomkin. »Und wenn wir erst die zweite herausholen, werden wir Halleluja singen.«

Die andere Pfote der Russen stak noch tief im Sumpf. Zwar kam es am 1. August 1789 zu einem Sieg Suworows bei der moldauischen Stadt Focsani, doch die gemeinsame Kriegführung mit den Österreichern besaß ihre Tücken. Der von Wien eingesetzte Oberbefehlshaber Feldmarschall Prinz Joseph von Sachsen-Koburg-Saalfeld gehörte nicht gerade zu den begnadeten Strategen. Suworow hingegen, der einzige Feldherr, welcher nie ein Gefecht verlor, riß seine Verbündeten vorwärts, schlug die Türken am 22. September beim Fluß Rimnic in die Flucht und empfing dafür die Grafenwürde. Katharina glaubte schon, mit diesen Erfolgen wäre jeder Gedanke der Österreicher an einen eventuellen Separatfrieden erledigt, als ihr jäh ein unschätzbarer Freund und Bundesgenosse entrissen wurde. Am 20. Februar 1790 starb der achtundvierzigjährige Kaiser Joseph II. in Wien. Sein Bruder und Nachfolger Leopold II., bisheriger Großherzog von Toscana, sah das Bündnis mit Rußland wesentlich skeptischer. Ihm schien es im Interesse eines gemeinsamen Vorgehens gegen die revolutionären Ereignisse in Frankreich geraten, sich Preußen zu nähern. Erste Kontakte führten zur Konvention von Reichenbach (2. August 1790), sie enthielt unter anderem einen Verzicht Österreichs auf Eroberungen in der Türkei, während Preußen seine Ambitionen in Polen vorläufig zurückstellte.

»Sie hatten einen Adler, aber sie haben ihn verkannt.« Mit diesen Worten kommentierte Katharina die Meldung vom Tod Josephs II. Der Kaiser hatte ihr noch im Sterben einen Abschiedsbrief geschrieben, worin er sich als »der treueste Ihrer Freunde und der gerechteste Ihrer Bewunderer« bezeichnete. Das Jahrzehnt von 1780 bis 1790 stand im Zeichen einer russisch-österreichischen Annäherung, wobei Joseph deswegen im eigenen Land ebenso heftig kritisiert wurde wie für seine wohlgemeinten, aber oft hektischen und unsteten

Reformen im Innern. Über seine Politik hatte die Zarin einst in der ihr eignen Selbstsicherheit geurteilt: »Ich kann noch immer nicht meine Verwunderung überwinden, wie er, der für seine Würde geschaffen, geboren und erzogen ist, voller Geist, Anlagen und Kenntnisse, es angefangen hat, so schlecht und erfolglos zu regieren.« Derlei Kritik war nun nicht mehr vonnöten; Österreich begann Friedensverhandlungen mit der Türkei, und die Russen mußten auf dem Balkan allein aktiv werden.

Die Kampfhandlungen konzentrierten sich 1790 auf die türkische Festung Ismail am nördlichen Mündungsarm der Donau. Dieses durch französische Ingenieure systematisch ausgebaute Symbol osmanischer Herrschaft auf dem Balkan wurde von 30000 Soldaten belagert. Ihr Befehlshaber Suworow machte seinem Ruf als Meister der Offensive alle Ehre und befahl am 21. Dezember den Sturmangriff. Es dauerte einen ganzen Tag, bis die Russen nach mörderischen Kämpfen Ismail einnehmen konnten. Die Stadt wurde zur Plünderung freigegeben, wobei 26000 Türken ums Leben kamen, ein Schandfleck für die Ehre der Zarenarmee. Potjomkin versäumte es, den Sieg auszunutzen, und verzichtete auf weitere energische Schritte, weil ihn ganz andere Sorgen beschäftigten. Katharina besaß seit 1789 einen neuen Liebhaber, den ersten seit dreizehn Jahren, der nicht seine Schule durchlaufen hatte. Potjomkins Widersacher am Hof nutzten dessen lange Abwesenheit, um der Kaiserin als Nachfolger des untreuen Mamonow den zweiundzwanzigjährigen Schönling Platon Subow zu offerieren. Niemand ahnte, daß dieser flotte Gardeleutnant, der so zart und liebenswürdig aussah, von unermeßlichem Ehrgeiz, zynischer Dreistigkeit und bemerkenswerter Lust an Intrigen besessen war, daß der geschmeidige Stutzer die abgebrühte Verschlagenheit und Skupellosigkeit eines altgedienten Höflings besaß. Er wußte der alternden Zarin seine gefällige Erscheinung ins beste Licht zu setzen, so daß sie meinte: »Ich bin ins Leben zurückgekehrt, wie eine Fliege,

Katharina II.
im Jahre 1787

die in der Kälte ganz starr geworden war, von neuem bin ich wieder heiter und gesund.« Daß dieser Subow langsam den Einfluß Potjomkins übertraf, merkte man bald. Jeder bemühte sich um die Gunst des jungen Mannes, der selbst bei Audienzen hochgestellter Würdenträger »sich im schamlosesten Negligé in einem Sessel lümmelte, mit dem kleinen Finger in der Nase bohrte und mit kaltem, hochmütigem Ausdruck gelangweilt zur Decke blickte«. Auch Subows Brüder Nikolai, Valerian und Dmitri nisteten sich am Hofe ein und fielen durch ihre unverschämte Raffsucht auf. Katharina betrachtete die Extravaganzen ihres neuen Favoriten als unschuldige Kindereien; offenbar hatte sich der Blick der Sechzigjährigen im Privatleben erheblich getrübt. Sie hegte die Überzeugung, Platon sei »völlig frei von Bosheit und Verrat, bescheiden, anhänglich und im höchsten Grade dankbar«. Bis auf die Tatsache, daß er aus gutem Grund anhänglich war, stimmt an dieser Einschätzung überhaupt nichts.

Potjomkin besaß wenig Lust, seine politische Machtstellung einem Bürschlein wie Subow kampflos zu überlassen. Voller Wut fuhr er Anfang 1791 nach Petersburg mit der Bemerkung, er werde der Zarin einen Zahn ziehen. Dieses grimmige Wortspiel (»sub« bedeutet im Russischen Zahn), konnte er indes nicht verwirklichen. Am Hof merkte er sofort, daß jedermann vor dem neuen Favoriten dienerte, selbst Großfürst Paul ließ sich dessen Frechheiten widerspruchslos gefallen. Katharina war beherrscht von ihrer, man ist fast geneigt zu sagen senilen, Leidenschaft, und Potjomkin mühte sich vergeblich, klarzustellen, daß sie ihre Gefühle an einen eitlen und arglistigen Gecken verschwendete. Er besaß zwar weiterhin die Gunst der Herrscherin, begriff aber, wie sehr sein Stern im Sinken begriffen war. Seine Reaktion war typisch für diesen Mann, von dem ein Zeitgenosse bemerkte: »Er besaß in höchstem Grade die Kunst, Schlechtes und gleichzeitig Gutes zu tun, Haß gegen sich einzuflößen, währenddem er mit nachlässig leichter Hand seine Wohltaten ausstreute.« Potjomkin beschloß, sich von Katharina symbolisch auf einem Fest zu verabschieden, das mit seinen gigantischen Ausmaßen alles bisher Dagewesene übersteigen sollte. Wochenlange Vorbereitungen gipfelten am Abend des 9. Mai 1791 in einem Empfang, dessen exzessiver Luxus tatsächlich kühnste Vorstellungen überflügelte. 20000 Kerzen und 140000 Laternen, wofür das Wachs aus ganz Rußland beschlagnahmt worden war, beleuchteten das Taurische Palais. 3000 Gäste erschienen, um den Prunk eines Hauses zu bewundern, dessen Blumenschmuck allein 38000 Rubel kostete, wo manche

Zimmer rasenbedeckte Fußböden besaßen, angefüllt mit tropischen Gewächsen, und andere Räume mit marmorverkleideten Wänden prangten. Ein dreihundertköpfiges Orchester musizierte, während Potjomkin sich dem Publikum zeigte, gekleidet in eine mit Gold und Edelsteinen übersäte scharlachrote Phantasieuniform, die er selbst entworfen hatte. Der Hut mit seinem ungeheuren Federbusch war so schwer von Diamanten, daß ein Adjutant ihn dem Fürsten hinterhertragen mußte. Als Katharina im Gewand einer russischen Bojarin erschien, kniete Potjomkin vor ihr nieder und führte sie anschließend zum Tanzsaal, wo sie auf einem Thron Platz nahm. Einem Lustspiel und einem Ballett folgte das exotische Defilee aller von Rußland unterworfenen Völker in Nationaltracht. Während zum Bankett in fünf Reihen je sechshundert Gedecke mit goldenen und silbernen Tellern sowie kostbarsten Kristallkelchen aufgetragen wurden, speisten die Kaiserin und der Fürst von Taurien an einem separaten Tisch, skeptisch beobachtet von Platon Subow. Um zwei Uhr nachts, für ihre Verhältnisse ungewöhnlich spät, zog sich Katharina zurück, wieder kniete Potjomkin nieder, der wohl wußte, daß es ein Abschied für immer werden würde. Die überreich beschenkten Gäste verließen ihn, und er fuhr bald wieder in den Süden, um die Türken endgültig zu vernichten.

Zerrüttung der Staatsfinanzen und Erschöpfung der Armeen – diese Resultate eines schon vier Jahre währenden Krieges machten Rußland friedenswilliger. Als Potjomkin im Hauptquartier zu Jassy eintraf, mußte er feststellen, daß sein Stellvertreter Fürst Nikolai Repnin bereits Waffenstillstandsverhandlungen mit den Türken führte, und zwar auf direkten Befehl der Kaiserin. Tief gekränkt, weil man bereits hinter seinem Rücken Politik zu machen begann, ergab er sich einem zügellosen Prasserleben, das seine Gesundheit untergrub. Selbst als ihn eine fiebrige Infektion befiel, hörte er nicht auf, unmäßig zu essen und zu trinken, alle ärztlichen Mahnungen wurden in den Wind geschlagen. Während sein

Ende näherrückte, führte Alexander Besborodko die Friedensgespräche mit den Türken. Mitte Oktober verließ Potjomkin urplötzlich Jassy, um nach Nikolajew zu gehen, einer Stadt an der Mündung des Bug, die drei Jahre zuvor auf sein Geheiß erbaut worden war. Unterwegs ereilte ihn sein Schicksal. »Meine liebe, meine allmächtige Kaiserin, ich habe keine Kraft mehr, um meine Leiden zu ertragen ... Ich weiß nicht, was aus mir werden wird«, schrieb er an Katharina. Wenige Kilometer hinter Jassy starb der mächtige Fürst von Taurien, zweiundfünfzig Jahre alt, am 16. Oktober 1791. Als man ihm nach russischem Brauch mit einer Münze sein Auge schließen wollte, fand sich in den Taschen des reichsten Mannes von Rußland kein Geld. Einer der Kosaken des Begleitkommandos spendete ein kupfernes 5-Kopeken-Stück ...

Fünf Tage später erfuhr Katharina vom Ende Potjomkins und fiel erstmals in ihrem Leben ohnmächtig zu Boden. Tagelang blieb sie allein, um sich den Kummer von der Seele zu schreiben. Den Tod ihres Liebhabers, später dann Freund, Ratgeber, Minister und General, empfand sie als »furchtbaren Keulenschlag«. »Er war«, so ihr Brief an Grimm, »mit einem Wort ein Staatsmann, den man um Rat fragen konnte und der seine Pläne auch in die Tat umsetzte ... Ich betrachte den Fürsten als einen Mann, der kaum die Hälfte dessen vollbracht hat, wozu er imstande gewesen wäre.« Fürst de Ligne sah den Verstorbenen als »Sinnbild des ungeheuren Russischen Reiches; in ihm waren Wüsten, Goldminen und Diamanten in einem zusammengefaßt.« Sehr treffend auch das Urteil von Louis Philippe de Ségur, dem ehemaligen französischen Botschafter in Rußland: »Fürst Grigori Potjomkin war einer der außerordentlichsten Männer seines Jahrhunderts; um aber eine so merkwürdige Rolle spielen zu können, als er sie wirklich gespielt hat, mußte er in Rußland geboren sein und zur Zeit der Regierung Katharinas an ihrem Hof gelebt haben.«

In Jassy wurde schließlich am 9. Januar 1792 ein Friedensvertrag mit den Türken geschlossen. Rußland erhielt das »Jedisan« genannte Gebiet zwischen den Flüssen Bug und Dnestr, wo später die Stadt Odessa errichtet wurde, einschließlich der Festung Otschakow. Ein ziemlich bescheidener Landgewinn für mehr als vier Jahre verlustreichen Krieges. Außerdem wurden die Eroberungen der Krim und des Kubangebietes vom Sultan bestätigt. Katharinas Regierung wahrte zumindest das Gesicht und konnte sich den Geschehnissen in Polen und Frankreich zuwenden, die Europas politische Landkarte ebenso wie das Denken seiner Bewohner umgestalten sollten.

X. Katharina und die Revolution

»Denken Sie daran, daß ich durch mein Metier Royalistin bin, aber eine Royalistin von jener Art, die wünscht, daß Sicherheit und Eigentum bestehenbleiben, und die meint, Freiheit sei unvereinbar mit Anarchie und Zügellosigkeit.«

Katharina II.
an Johann Georg v. Zimmermann,
27. September 1789

Wetterleuchten aus Paris

Am 14. Juli 1789 stürmte das Volk von Paris die Bastille. Dieses düstere festungsähnliche Staatsgefängnis stellte, obwohl kaum noch genutzt, ein Symbol der absolutistischen Königsherrschaft dar. Eroberung und Zerstörung jenes Wahrzeichens verkörperten den Beginn des Zusammenbruchs der Feudalordnung in Frankreich. Schon zwei Tage später mußte sich der eingeschüchterte König Ludwig XVI. auf dem Balkon des Pariser Rathauses inmitten blauweißroter Fahnen, den Farben der Revolution, seinem Volk zeigen. Am 26. August verabschiedete die Nationalversammlung eine »Erklärung der Menschen- und Bürgerrechte«, in deren erstem Artikel kühne Worte standen: »Die Menschen werden frei und gleich an Rechten geboren und bleiben es.« Beide Ereignisse fanden weit über die Grenzen Frankreichs hinaus erheblichen Widerhall und beeinflußten das gesellschaftliche Bewußtsein; viele Ideologen, Literaten und Künstler der bürgerlichen Aufklärung bekundeten ihre Sympathie mit den Vorgängen in einem Land, dessen »Ancien régime« bisher als Inbegriff des Absolutismus gegolten hatte. In zahlreichen Flugblättern und Zeitschriften wurden antifeudale Forderungen der Volksmassen publiziert. Europa geriet geistig in Bewegung.

Auch in Rußland waren die Wellen der französischen Eruption zu spüren. Die Einberufung der Generalstände im Mai 1789 sowie dort erhobene Forderungen des Bürgertums nach politischer Gleichberechtigung veranlaßten Katharina, zum Botschafter Ségur zu sagen: »Ihr dritter Stand erhebt ja enorme Ansprüche. Er wird damit nur den Groll der beiden anderen Stände wecken, und diese Zwietracht kann ebenso lang anhaltende wie gefährliche Folgen haben. Ich fürchte, der König wird sich zu sehr großen Opfern genötigt sehen, ohne damit die Leidenschaften beschwichtigen zu können.« Als der russische Botschafter in Paris, Alexander Simolin, der Zarin vom Sturm auf die Bastille berichtete, fragte sie ärgerlich: »Wie können Schuster sich in öffentliche Angelegenheiten einmischen wollen? Schuster können nur Schuhe machen.« Von ähnlicher Ignoranz kündet eine Bemerkung an Grimm: »Die Nationalversammlung ist nur ein Haufe von Stänkerern... Würde man einige davon hängen und ihnen ihre 18000 Francs Diäten nehmen, dann kämen die anderen vielleicht wieder zur Vernunft.« Trotz solcher Tiraden war Katharina viel zu sehr Realistin, um nicht zu wissen, daß die Zustände in ihrem Reich denen ähnelten, die in Frankreich zur Revolution geführt hatten: übermäßige Privilegierung des Adels, Bestechlichkeit von Justiz und Verwaltung, Bedrükkung der Bauern mit Steuern und Fronlasten, Verweigerung eines Mitspracherechts für die Bourgeoisie. Ende der achtziger Jahre führten das Wachstum von Gewerbe- und Manufakturproduktion, die beschleunigte Entwicklung des Handels in Rußland zu einer wenn auch im Vergleich zu Frankreich äußerst verlangsamten Herausbildung deformierter kapitalistischer Verhältnisse im Schoß der Feudalordnung. Die Kaufmannschaft wandelte sich allmählich in die neue Klasse der Bourgeoisie, ihre ökonomische und politische Lage wurde gefestigt, sie begann eine immer wichtiger werdende Rolle im Leben des Landes zu spielen. Das Emporkommen dieses »dritten Standes« am Ende des 18. Jahrhunderts bereitete den

Übergang auf das Gleis einer kapitalistischen Entwicklung vor, die sich im 19. Jahrhundert vollzog.

Unter solchen Bedingungen verlief die Diskussion der Französischen Revolution in der russischen Gesellschaft nicht einheitlich. Von bürgerlichen Vorstellungen ging beispielsweise der »Fürstphilosoph« Dmitri Golizyn aus, ein profilierter Vertreter der fortschrittlichen adligen Intelligenz. Er trat für eine Reform des Leibeigenschaftssystems und der Landwirtschaft ein. Katharina nahm auf solche ideologischen Strömungen Rücksicht und beließ es zunächst dabei, die Ereignisse in Frankreich verbal zu verdammen. Als König Ludwig XVI. im Oktober 1789 vom Volk mehr oder weniger gewaltsam von Versailles nach Paris expediert wurde, sagte sie, wenn ein Monarch seine Machtmittel so schlecht zu gebrauchen verstünde, könne man ihn eigentlich nur bedauern. Wahrscheinlich werde Ludwig das Schicksal Karls I. von England erleiden, den seine Untertanen 1649 hinrichten ließen. Der zaristische Repressionsapparat hielt sich noch zurück; in der »Petersburger Zeitung« wurde die Menschenrechtsdeklaration publiziert, und bis Mitte 1790 war eine unbeschränkte Einfuhr französischer Literatur erlaubt.

Es war Katharinas Ziel, als liberale, aufgeklärte Herrscherin in die Geschichte einzugehen. Zu Anfang des Revolutionsjahres 1789 sandte sie Zimmermann einen interessanten Brief, worin sie über ihre Regierungshandlungen und Verdienste philosophierte: »Wenn mein Jahrhundert mich fürchtet, macht es einen schweren Fehler. Ich will niemandem Schrecken einjagen. Ich wünsche mir, geliebt und geachtet zu werden, soweit ich es verdiene, mehr nicht ... Mein Verlangen und meine Freude ist stets gewesen, Glückliche zu machen, aber ich habe oft mir unbegreifliche Hindernisse gefunden ... Im allgemeinen bin ich eine Freundin der Humanität gewesen und habe dies bei keiner Gelegenheit verleugnet.« Des weiteren erklärte die Zarin, kein Russe könne behaupten, sie hätte die Macht ihrer Stellung je mißbraucht. Zimmermann bestätigte diese freundliche Selbsteinschätzung, indes wären viele andere Menschen, nicht nur die Opfer des Pugatschow-Aufstandes, wohl anderer Meinung gewesen. 1789 befand sich die Verfasserin der Großen Instruktion, die Freundin der philosophischen Aufklärer und Enzyklopädisten, die tolerante Fürstin, auf dem Weg zur starren Despotin. Das sollten Ereignisse der folgenden Jahre deutlich beweisen. Von Katharina nach Ausbruch der Französischen Revolution eine Politik behördlich genehmigter Geistesfreiheit zu erwarten wäre auch illusorisch gewesen. Manche großherzigen Ideen, und von denen hegte sie nicht wenige, hielten der Überprüfung durch die Wirklichkeit nicht stand. Aufgabe des Monarchen mußte es ihrer Meinung nach sein, zu regieren mit jener berüchtigten eisernen Hand, welche Rußlands Zarin dem In- und Ausland zu zeigen wußte.

Der Fall Radistschew

Im Juli 1789 erteilte der Petersburger Oberpolizeimeister einem Werk mit dem harmlosen Titel »Reise von Petersburg nach Moskau« die Druckerlaubnis. Autor des Buches war der vierzigjährige Alexander Radistschew, ein Mitarbeiter der russischen Zollbehörde. Er hatte 1766 bis 1771 in Leipzig Rechtswissenschaft, Geschichte und Medizin studiert und war dabei mit Werken der französischen Aufklärung bekanntgeworden. Seine Kenntnisse gipfelten in der Schlußfolgerung, daß die unerträglichen sozialen Zustände in Rußland nur durch eine Volksbewegung beseitigt werden könnten. Seine Ode »Freiheit« von 1783 war ein flammender Aufruf zur Beseitigung des zaristischen Systems, wohl das erste revolutionäre Gedicht der russischen Literatur. Als Sohn eines Gutsbesitzers im Gouvernement Saratow und selbst aus dem Adel stammend, wußte er um die Realitäten Bescheid. Inspiriert von der bürgerlichen Umwälzung in Frankreich und den USA, wollte Radistschew seine Zeitgenossen aus ihrer geistigen Trägheit reißen. Sein Buch, das in 650 Exemplaren gedruckt wurde und, als unverdächtige Reiseerzählung deklariert, die Zensur passierte, enthielt ideologischen Sprengstoff. Es war die bisher schärfste literarische Kritik an der Leibeigenschaft und den Mißbräuchen des feudalen Absolutismus. Die »Reise von Petersburg nach Moskau« führt über fünfundzwanzig Poststationen, die den Kapitelüberschriften ihren Namen geben. An jedem Punkt der Reise sieht sich der Leser konfrontiert mit Erscheinungen der rauhen Wirklichkeit: Fronarbeit höriger Bauern, Zensur, Amtsmißbrauch und Korruption, Mißhandlung von Leibeigenen, Armut der Bevölkerung, Rekrutenaushebungen, Zwangsheiraten leibeigener Paare. Im Kapitel »Mednoje« beschreibt der Verfasser eine öffentliche Versteigerung von Bauern, wobei Familien rücksichtslos auseinandergerissen werden. Voller Pathos und Mitleid schildert Radistschew das Leben eines ausgemergelten Bauern: »Die Arbeitswoche hat sechs Tage, Herr, und sechsmal in der Woche gehen wir zur Fronarbeit... Und schindest du dich auch zu Tode in dieser Fron, es sagt dir keiner Dank.«

Radistschews durchaus realistisches Buch war nicht nur eine bloße Schilderung gesellschaftlicher Mißstände, sondern auch ein fundierter Angriff auf die Leibeigenschaft. »Kann sich ein Staat glücklich nennen, wenn zwei Drittel seiner Bevölkerung aus dem Bürgerstande ausgeschlossen und zum Teil sogar vor dem Gesetz tot sind?« fragte er. Und in einem anderen Kapitel stand die Frage in Gedichtform:

»Wie können goldne Früchte reifen
In einem trägen Sklavenland?
Kann sich Erhabenes entfalten,
Wo man des Geistes Streben bannt?«

Prophetisch sah Radistschew den Sturz der Adels- und Zarenherrschaft voraus, indem er schrieb:

»Ich sehe scharfe Schwerter glänzen,
Und alle Arten Tod umkränzen
Das stolze Haupt, den halben Gott.
Frohlockt, Gefesselte und Knechte:
Man führt kraft angebornem Rechte
Den Zaren selbst auf das Schafott.«

Das war ein direkter Angriff auf Katharina, das »stolze Haupt«, welcher in manchen Kapiteln nur notdürftig verschleiert gesagt wurde, hinter ihrer erhabenen Fassade stünden Mißwirtschaft, Lotterei, Volksbetrug und Willkür. Gelegentlich persiflierte Radistschew sogar den belehrenden Stil ihrer Manifeste. Selbst wenn der Autor den Zustand russischer Landstraßen schildert, verbirgt sich Kritik an der Zarin dahinter, denn nur dort, wo sie entlangfuhr, wurden die Wege ausgebessert, was sie nicht sah, blieb verwahrlost. Und ebenso war es auf sie bezogen, wenn man lesen konnte: »Die Freiheit darf man nicht von Ratschlägen der Gutsbesitzer erwarten, sondern sie ergibt sich aus der Schwere der Versklavung selbst.«

Die »Reise von Petersburg nach Moskau« kursierte in höchsten Kreisen, teilweise sogar als handschriftliches Exemplar. Fürstin Daschkowa nannte das Buch eine »Sturmglocke der Revolution«. Anfang Juli 1790 fiel das Werk auch Katharina in die Hände. Nachdem sie zuerst meinte, der Autor wolle sich offenbar nur wichtig machen, kamen ihr bei gründlicherer Lektüre größte Bedenken. Wurde da nicht Aufruhr gepredigt? Trugen nicht auch Schriftsteller wie Montesquieu, Voltaire oder Diderot oder Rousseau (»sein Stil verdreht jungen Leuten die Köpfe«) durch ihre Kritik Mitverantwortung an den revolutionären Zuständen in Paris? War dieser Radistschew ein zweiter Pugatschow? »Das sind die Prinzipien, welche Frankreich ins Verderben stürzten«, ereiferte sie sich und sagte zu ihrem Sekretär Chrapowizki, in dem Buch wäre »die französische Pest eingestreut«. Mit

Mühe versuchte sie, auf die Argumente der »Reise« sachlich zu reagieren: »Alles, was gegenwärtig in der Welt eingesetzt und geschaffen ist, ist aufgrund von Erfahrungen geschaffen ..., und es ist besser, sich an das Bekannte zu halten, als dem Unbekannten den Weg zu bahnen ..., wird es anders, so wird es schlechter.«

Dem russischen Bauern gehe es unter einem guten Herrn allemal besser als anderswo, also kein Grund, die Lage der Leibeigenen schwarzzumalen. Katharina billigte Radistschew Kenntnisse und Belesenheit zu, meinte aber: »Der Verfasser ist erfüllt und vergiftet von dem französischen Irrwahn, sucht alles mögliche zur Herabsetzung der Achtung vor der Regierung.« Ihr war völlig klar, daß dieses Buch Rußlands Gesellschaftssystem grundlegend in Frage stellte. Für sie war der Autor ein »schlimmerer Rebell als Pugatschow«, man mußte ihn als »ersten Anhänger der Französischen Revolution« im Land ansehen. Auch persönlich fühlte sich Katharina angegriffen. Ein Kapitel, in dem der Reisende von einer besseren Zukunft nach dem Sturz des glänzend-gleichgültigen Staatsoberhauptes träumt, versah sie mit der Randbemerkung: »Diese Zeilen sind mit großer Schimpferei und Böswilligkeit bedeckt.«

Da das Buch anonym erschienen war, mußten die von Katharina aufgeschreckten Behörden zunächst den Autor ausfindig machen. Radistschew wurde in der Peter-Pauls-Festung eingesperrt. Man warf ihm vor, er habe die öffentliche Ruhe gefährdet, die Ehrfurcht des Volkes vor der Obrigkeit untergraben, zum Aufruhr angestachelt sowie Würde und Macht der Kaiserin angetastet. Obwohl der Angeklagte sich entschuldigte und erklärte, er habe nur als Menschenfreund das Gewissen seiner Mitbürger rühren und ihnen die Augen öffnen wollen, wurde er am 4. August 1790 zum Tode verurteilt. Katharina begnadigte ihn zu zehnjähriger Verbannung ins öde Sibirien. Nach der Hälfte des Weges gen Osten ordnete sie an, ihm seine Ketten abzunehmen. Erst 1796 wurde

Alexander Radistschew

Alexander Radistschew vom neuen Zaren Paul I. zurückgerufen. Sein Werk indessen blieb bis zum Jahre 1905 in Rußland verboten.

Ähnlich rigide verfuhr Katharina mit Nikolai Nowikow, jenem kühnen vorlauten Schriftsteller, der sie schon Ende der sechziger Jahre im »Truten« zu kritisieren gewagt hatte. Später setzte er seine bissigen antifeudalen Satiren gegen die Selbstherrschaft in Zeitschriften wie »Der Maler« (1772) und »Der Geldbeutel« (1774) fort. Mit realistischer Detailtreue wurden darin die Armut der leibeigenen Bauern, das trostlose Schicksal ihrer Kinder und die Wehrlosigkeit gegen Willkür der Grundbesitzer beschrieben. 1779 übernahm Nowikow die Leitung der Moskauer Universitätsdruckerei und war gleichzeitig Herausgeber der »Moskowskije Wedemosti«. Als Verleger brachte er innerhalb der nächsten zehn Jahre mehr als tausend Bände geistes- und naturwissenschaftlichen Inhalts auf den Markt. Katharina glaubte zwar, aus seiner Drukkerei würden »wunderliche Bücher« hervorgehen, ließ aber den unbequemen Publizisten vorerst gewähren. Als überzeugter Freimaurer organisierte Nowikow Zusammenkünfte interessierter Adliger, um mit ihnen philosophisch-politische Probleme zu erörtern, stellte auch moralisch-ethische Forderungen an sie, die im sozialen Leben verwirklicht werden mußten. Ähnlich wie Radistschew hatte er einen Reisebericht veröffentlicht, worin unter anderem stand: »Armut und Sklaverei begegneten mir überall im Anblick der Bauern. Ich unterließ es in keiner Siedlung, über die Ursachen des bäuerlichen Elends Fragen zu stellen. Wenn ich ihre Antwort hörte, fand ich immer zu meiner großen Verbitterung, daß ihre Gutsbesitzer selbst daran schuld sind.« Aufgeschreckt durch den Schock der Französischen Revolution, reagierte die Zarin schließlich mit unerbittlicher Härte. In einem Ukas vom 12. August 1792 sprach sie von den »schädlichen Vorhaben dieses Verbrechers und seiner Mittäter, die vom Geist der Eigenwilligkeit und der Gewinnsucht verseucht sind«. Nowikows Vergehen seien »so erheblich, daß sie ihn kraft der Gesetze schwerster und schonungsloser Strafe unterwerfen«. Diesmal leistete sich Katharina nicht den Luxus einer Gerichtsverhandlung wie noch bei Radistschew. Sie ordnete an, den Schriftsteller in der Festung Schlüsselburg einzukerkern mit dem hohnvoll klingenden Zusatz, aus »angeborener Menschenliebe« würde sie ihn für fünfzehn Jahre im Gefängnis lassen, damit er Zeit habe, »für seine Übeltaten Reue zu üben«.

Solche Maßnahmen des Gesinnungsterrors waren allerdings meilenweit entfernt von jenen toleranten und liberalen Vorstellungen aus Katharinas Anfangsjahren. Als Reaktion auf die immer rascher fortschreitende, vor allem ideologische Revolutionierung Europas rettete sie sich in einen geistesfeindlichen Despotismus. Wer sich nicht nach der Druckereiverordnung von 1783 richtete, daß in Büchern »nichts den göttlichen oder bürgerlichen Gesetzen Zuwiderlaufendes oder auch zum öffentlichen Ärgernis Gereichendes« stehen dürfe, mußte mit Bestrafung rechnen. Die Unduldsamkeit ging soweit, daß Katharina alle Werke ihres Lehrmeisters Voltaire in Rußland verbieten ließ! Seine Büste wurde auf den Dachboden verbannt, als die Kaiserin erfuhr, daß französische Revolutionäre die Asche des Philosophen am 11. Juli 1791 feierlich im Ruhmestempel Panthéon versenkt hatten. Es fällt unter solchen Umständen leicht, die letzten Jahre ihrer Herrschaft als Periode verschärfter reaktionärer Bestrebungen nach innen zu kennzeichnen. Dennoch sollte man vorsichtig sein, den Begriff »reaktionär« ungeprüft auf ihre Politik anzuwenden. Unbestreitbar handelte sie im Interesse der Konservativen, weil sie selbst eine überzeugte Konservative geworden war. Die russische Adelsreaktion jedoch übte an der Zarin nicht minder Kritik als die Fortschrittlichen. Gerade im Jahr des Erscheinens von Radistschews »Reise« wurde das ganz offenkundig. 1790 brachte Fürst Michail Stscherbatow sein Werk »Von der Sittenverderbnis in Rußland« heraus. Darin bezeichnete er das gesamte Aufklärungszeitalter von Peter I. bis Katharina II. als großen historischen Irrtum. Die russischen Herrscher, Katharina eingeschlossen, hätten ihr Volk vom rechten Glauben weggeführt und trügen insofern erhebliche Schuld an einer Verderbnis der guten Sitten in allen Bevölkerungsteilen. Derart scharfe Kritik von rechts sah in Anpassungsversuchen des Regimes an die ökonomisch-politische Umwälzung in Europa ernsthafte Gefahren für den Bestand des russischen Feudalstaates. Radistschew und Fürst Stscherbatow repräsentierten zwei gegensätzliche Pole, in deren Spannungsfeld sich Katharina, allerdings immer weniger souverän, bewegte.

Die Zarin befand sich oftmals auf einer literarischen Flucht vor ihrer Gegenwart, und nicht zufällig beschäftigten sie während der neunziger Jahre altrussische Chroniken, deren realitätsabgewandte, mystische Verklärungen sie »bis zur Narrheit« liebte. Auf außenpolitischem Parkett hingegen zeigte Katharina II., daß sie allen Anforderungen immer noch gewachsen war.

Finis Poloniae!

Als die Französische Revolution erste Erfolge zeitigte, glaubte Katharina noch, es handele sich dabei um eine vorübergehende unangenehme Erscheinung. »Ein wenig Tatkraft und Entschlossenheit von seiten der Autorität, und diese Prahlhänse verkriechen sich wieder in ihre Schlupfwinkel«, schrieb sie an die Fürstin Daschkowa. 20000 Kosaken würden genügen, um den Weg von Straßburg nach Paris zu säubern. Doch bald wurde offenbar, daß die Ereignisse in Frankreich der europäischen Freiheitsbewegung mächtige Impulse verliehen. Am Beispiel Polens erfuhr die Kaiserin das besonders deutlich. Dort war 1788 ein Sejm zusammengetreten, dessen Ziel darin bestand, die Macht des polnischen Adels zu festigen und ausländische Einflüsse zurückzudrängen. Die Politik des Reichstages war erklärtermaßen antirussisch, was besonders in Preußen beifällig unterstützt wurde. König Friedrich Wilhelm II. hatte sich bei den Polen schon 1788 beliebt gemacht, als er den Marsch russischer Truppen durch polnisches Gebiet zum Kriegsschauplatz Türkei kategorisch untersagte; 1790 schloß er ein – allerdings wenig aussagekräftiges – Bündnis mit Warschau. Katharina kommentierte das mit den Worten: »Gegen uns ist in Polen ein großer Haß entstanden, zu Ihrer Königlichen Majestät von Preußen dagegen eine heiße Liebe.« Als der Reichstag aber im September 1790 den Beschluß faßte, daß kein Stückchen polnischen Bodens vom Ganzen des Staates abgetrennt werden dürfe, kühlten sich die Beziehungen zu Preußen, das weiterhin auf die Städte Danzig und Thorn Ansprüche erhob, rasch ab.

Am 3. Mai 1791 proklamierte der Sejm eine neue Verfassung, die Staatsmacht und Königtum festigen sollte. Das »Liberum veto« wurde abgeschafft, in allen Fragen entschied nun eine Stimmenmehrheit. Die Bildung von Konföderationen war künftig verboten, außerdem wurde die Erbmonarchie eingeführt. Solche Ansätze einer vermeintlichen Demokratisierung sah Katharina mit großem Mißfallen, weil dadurch der russische Einfluß in Polen zurückgehen mußte. Aber solange sie im Krieg mit Schweden und den Türken lag, beschränkte sie sich auf eine Beobachtung der Lage. Nach dem Frieden zu Jassy jedoch richtete sie ihre ganze Energie gegen eine Erneuerung im Nachbarland. Ein kaiserliches Reskript vom 29. Juli 1791 tadelte den polnischen Sejm heftig, und in Petersburg erwog man erste gewaltsame Schritte. Der britische Diplomat Sir Charles Whitworth berichtete: »Der Plan geht dahin, das Land zu überrumpeln, noch ehe Schritte getan werden können, es zu verhindern; und sollten andere Mächte dazwischentreten, wie sie es wahrscheinlich tun werden, so hat man für diesen Fall einen Teilungsplan entworfen, über den man sich wohl einigen wird, da er allen dreien zum Vorteil gereichen soll.« Die russischen Bestrebungen, Polen als Ganzes zu okkupieren, wurden durch eine Verschärfung der internationalen Lage zunächst begünstigt. Nachdem die Flucht des französischen Königs ins Ausland am 21. Juni 1791 mißlang (dem Monarchen waren gefälschte Pässe von der russischen Botschaft in Paris ausgestellt worden!), erließ Kaiser Leopold II. ein Rundschreiben an die europäischen Mächte. Darin forderte er energische Maßnahmen, um den Herrscher von Frankreich, dessen Macht durch eine Verfassung beschnitten war, wieder in seine alten Rechte einzusetzen. Der Kaiser traf sich mit Friedrich Wilhelm II. von Preußen am 27. August 1791 im sächsischen Schloß Pillnitz. Dort kam eine Deklaration zustande, in der beide Monarchen dem revolutionären Frankreich drohten, militärisch zugunsten Ludwigs XVI. einzuschreiten. Katharina konnte es nur recht sein, wenn Österreich und Preußen sich im Westen engagierten und darüber Polen aus den Augen verloren. »Ich zerbreche mir den Kopf, um den Berliner und Wiener Hof in die französischen Angelegenheiten hineinzuziehen«, äußerte sie gegenüber Chrapowizki. Besonders Friedrich Wilhelm II., in ihrer Einschätzung »der dumme Teufel«, sollte überspielt werden. Dabei war die Zarin viel zu klug, um sich selber in einen Konflikt mit Frankreich zu verstricken. Sie überlasse den Ruhm, die Revolution niedergeworfen zu haben, anderen Mächten, schrieb sie Zimmermann, »zweifellos ist dieser für den König von Preußen reserviert... Aber adieu, ich mache Pläne für andere und muß doch an meine Sachen denken.« Wie intensiv Katharina an ihre eigenen Belange dachte, erfuhr Großbritanniens König Georg III., als sein gegen Frankreich gerichtetes Bündnisangebot von Rußland im September 1791 kurzerhand abgelehnt wurde. Aus Petersburg hörte man zwar harte Worte über die Franzosen: »Europa wird bald in der Barbarei versinken, wenn man nicht eilt, es von der Anarchie zu befreien. Ich meinerseits bin bereit, mit allen Kräften mitzuwirken. Es ist Zeit, zu handeln, die Waffen zu ergreifen, um diese Rasenden zu zügeln. Es ruft die Religion, die Humanität, es rufen die heiligen Rechte Europas.« – Allein Katharina dachte überhaupt nicht daran, ihre flammenden Aufrufe zu verwirklichen. Sie agitierte gegen die Revolution, stachelte andere Länder zur Intervention, unterstützte royalistische Emigranten mit Geld und ließ deren Propaganda in Petersburger Zeitungen zu, doch ihr Blick richtete sich vorrangig auf Polen.

Am 20. April 1792 erklärte Frankreich Österreich den

Krieg; als König Ludwig XVI. nach dem Sturm auf die Tuilerien verhaftet wurde, folgte am 27. Juni die preußische Kriegserklärung. Nun glaubte Katharina, freie Hand zu haben, und offenbarte den Mitgliedern des Außenministeriums, »daß wir in Polen alles tun können, was uns beliebt, weil der widerspruchsvolle Halbwille des Wiener und Berliner Hofes uns nur einen Haufen beschriebenen Papiers entgegenstellt...« Schon im Mai schlossen sich von Rußland bezahlte polnische Adlige gegen die neue Verfassung zur Konföderation von Targowice zusammen und baten die Zarin um Hilfe bei der Wiederherstellung der »alten Freiheit«. Kurz darauf marschierten russische Truppen ein, es kam zu kurzen Kämpfen (Schlacht bei Dubienka am 17. Juli), bis der schwächliche König Stanislaw Poniatowski sich am 23. Juli auf die Seite der Abtrünnigen schlug und sein Heer aufforderte, die Waffen niederzulegen. Während die preußischen und österreichischen Interventen in der Champagne geschlagen wurden und die Franzosen Mainz sowie Frankfurt am Main eroberten, stationierte Katharina ihre Verbände in ganz Polen. Eigentlicher Herr des Landes war der russische Botschafter; König und Sejm wurden völlig entmachtet. Dennoch gingen die Pläne der Kaiserin nicht vollends in Erfüllung. Preußen sah ihrem Treiben nicht tatenlos zu, Friedrich Wilhelm II. drohte, er werde seinen Feldzug gegen Frankreich sofort einstellen, wenn man ihn nicht mit polnischem Gebiet für seine Kriegsverluste entschädigte. Katharina mußte sich widerwillig in Teilungsverhandlungen einlassen, sie hätte eine gänzliche Okkupation Polens der erneuten Zerstückelung vorgezogen. Sie aber deshalb als eine prinzipielle Gegnerin einer Teilung hinzustellen und Preußen die Rolle des Einpeitschers aufzudrängen, geht am Kern der Dinge vorbei. Rußlands Politik gegen seine Nachbarn gebärdete sich seit 1764 ebenso expansiv wie gewalttätig, sämtlichen polnischen Teilungen gingen Einmärsche russischer Truppen voran. Es verwundert nicht, wenn die Zarin sich ärgerte, daß Preußen ihr nun einen

Teil der Beute streitig machte. Sie nannte Friedrich Wilhelm II. einen gierigen Dummkopf und schrieb über den preußischen Politiker Ewald Graf von Hertzberg: »Der dumme Staatsminister weiß gar nichts, der Hochmut macht ihn unwissend und dumm und grob wie einen pommerschen Ochsen.« Hertzberg hatte es gewagt, einige russische Gebietsansprüche zu bezweifeln. Trotz solcher Querelen einigten sich Rußland und Preußen am 23. Januar 1793 auf eine zweite Teilung Polens. Diesmal blieb vom polnischen Kernland nicht mehr viel übrig. 233000 Quadratkilometer mit 3,8 Millionen Einwohnern fielen an Rußland: Wolhynien und Podolien sowie das westliche Weißrußland mit den Städten Minsk, Shitomir und Winniza. Preußen bekam Danzig und Thorn sowie das Land entlang der Warthe mit der Stadt Posen – 52000 Quadratkilometer mit einer Million Einwohner. Von der Unrechtmäßigkeit des Verfahrens ganz abgesehen, wurde die polnische Bevölkerung schwer belastet. Charles Whithworth berichtete nach London: »Die Verteilung der polnischen Bauern ist von Umständen exemplarischer Barbarei begleitet gewesen ..., und sie durften doch nicht wagen, sich auch nur zu beklagen ... Ich erwähne diesen Fakt, weil er den russischen Charakter wiewohl nicht in einem günstigen, aber doch in den wahrsten Gesichtspunkt setzt.« Allein 120000 leibeigene »Seelen« schenkte Katharina in jener Zeit ihren Günstlingen und Generalen. Jakob von Sievers, den die Zarin zu ihrem Botschafter in Warschau ernannt hatte, kommentierte diese Vorfälle mit den Worten: »Das tut dem Herzen nicht wohl.«

Zwei Tage vor der erneuten polnischen Teilung war in Frankreich der vom Parlament zum Tode verurteilte König Ludwig XVI. hingerichtet worden. Katharina reagierte darauf mit dem Abbruch der diplomatischen Beziehungen am 19. Februar. An den Fürsten de Ligne schrieb sie von den »abscheulichen Anstiftern dieser sogenannten Republik, welche das Wort Freiheit auf immer fluchwürdig gemacht haben, weil dies doch nur ein Wort für Schlächter ist, in dessen Namen diese Rebellen all ihre Verbrechen begehen.« Ludwig XVI. sei ein Opfer »seiner viel zu großen Güte und seines viel zu großen Mangels an Festigkeit« geworden. Zu Chrapowizki bemerkte sie in bezug auf ein Schlagwort der Französischen Revolution: »Die Gleichheit ist eine Mißgeburt, die nach der Krone lechzt.« Jeder in Rußland lebende Franzose mußte schwören, »daß ich niemals, weder mit Worten noch Werken, die ruchlosen und verführerischen Grundsätze, welche jetzt Frankreich beherrschen, gebilligt habe«. Wer diesen Eid nicht leistete, wurde ausgewiesen. In Petersburg erschienen zahlreiche geflüchtete Konterrevolutionäre, an ihrer Spitze der Bruder des hingerichteten Königs, Graf Karl von Artois. Emigranten wie der Schriftsteller und Verleger Gabriel Sénac de Meilhan nutzten Katharinas nahezu krankhafte Reizbarkeit gegen die Umwälzung in Frankreich, um ihre Propaganda zu verstärken und die Zarin zur militärischen Intervention zu veranlassen. Das schien ihnen um so notwendiger, als die Österreicher am 15./16. Oktober 1793 eine schwere Niederlage gegen die Revolutionsheere bei Wattignies hinnehmen mußten.

Der Rest des polnischen Staates sah sich nach der zweiten Teilung gleichsam unter Vormundschaft Katharinas II. gestellt. »Der russische Gesandte ist der Vizekönig, seine Kreaturen geben den Ton an, die russischen Armeen fühlen sich in Polen wie zu Hause, der russische Gesandte nährt den Hader zwischen dem König und den Magnaten, um beide Teile zu nötigen, den Schutz der Kaiserin für sich in Anspruch zu nehmen«, vermerkte ein Zeitgenosse. In Warschau führte sich Rußlands neuer Botschafter General Igelström wie ein Alleinherrscher auf; den Bürgern wurden alle Rechte aus der Verfassung vom 3. Mai wieder entzogen, die Armee reduziert und viele Offiziere entlassen. Gegen diese Fremdherrschaft bildete sich eine über das ganze Land verzweigte Verschwörung, von Paris nach Kräften unterstützt, denn Frankreich hatte den Nutzen, wenn seine Gegner die Waffen nach zwei

Seiten wenden mußten. Als erste Unruhen in Warschau und Wilna ausbrachen, wurden dorthin russische Regimenter verlegt, doch der Aufstand begann am 23. März 1794 im Süden. General Tadeusz Kościusko, der schon als Adjutant George Washingtons im Nordamerikanischen Unabhängigkeitskrieg gekämpft hatte, erließ in der Stadt Krakau einen Aufruf zur Wiederherstellung Polens in seinem früheren Umfang, für Freiheit und Unabhängigkeit des Landes. Am 27. März wurde Kościusko zum Diktator proklamiert. Der Erhebung schlossen sich Armee, Adel, Stadtbürgertum und teilweise auch die Bauern an. Ein Sieg, den meist nur mit Sensen bewaffnete Rebellen über eine russische Heeresabteilung erfochten, erhöhte den Mut und die Hoffnung. Auch in Warschau brach ein Aufstand aus, am 17. April wurde die 2000 Mann zählende russische Besatzung gnadenlos niedergehauen und der Palast Igelströms in Brand gesteckt. Kościusko kam in die Hauptstadt und setzte eine nationale Regierung ein.

König Friedrich Wilhelm II., der um seine bei der zweiten Teilung erworbenen Gebiete fürchtete, marschierte daraufhin in Polen ein, eroberte Krakau, schlug die Truppen Kościuskos am 6. Juni bei Rawka und begann, Warschau zu belagern. Als im Rücken der Preußen General Jan Henryk Dombrowski auftauchte und ihnen den Rückzug abzuschneiden drohte, zogen sich die Interventen wieder zurück. Jetzt lag alle Verantwortung bei Katharina. Sie setzte große Truppenkontingente unter dem Befehl ihrer besten Feldherren Pjotr Rumjanzew und Alexander Suworow in Marsch. Letzter besaß seit der Erstürmung von Ismail einen gefürchteten Namen und war bei der Zarin besonders angesehen, obwohl er sich mit seinem unverblümt-direkten, manchmal auch groben Auftreten viele Widersacher am Hof gemacht hatte. Anfang August setzte Suworow seine Regimenter in Bewegung und schlug am 19. September in einer erbitterten Schlacht bei Brest den polnischen General Karol Sierakowski. Das Ende des Aufstandes bahnte sich bei Maciejowice südlich von

Warschau an. Dort verlor Kościusko am 10. Oktober eine Schlacht gegen die Russen, er selbst fiel schwer verwundet vom Pferd und wurde gefangengenommen. Dabei soll er die verzweifelten Worte: »Finis Poloniae!« (das Ende Polens) ausgerufen haben.

Inzwischen waren Krakau von preußischen und Lublin von österreichischen Truppen besetzt worden, als letzte Bastion des polnischen Aufstandes hielt sich Warschau. Suworows Truppen näherten sich der befestigten Vorstadt Praga. Anfänglicher Widerstand wurde rasch gebrochen, und dann begannen die Sieger wahllos Bewaffnete und Unbewaffnete abzuschlachten. Dem Wüten fielen mehr als siebentausend Polen zum Opfer. Dadurch eingeschüchtert, kapitulierte Warschau am folgenden Tag. Suworow zog in die Hauptstadt ein und empfing von Katharina die Ernennung zum Generalfeldmarschall mit den Worten: »Sie wissen, daß ich nie jemand außer der Reihe befördere, aber Sie haben sich selbst durch die Eroberung Polens zum Feldmarschall gemacht.« Auf Befehl der Zarin mußte König Stanislaw Poniatowski am 2. Dezember abdanken, sein gesamtes Eigentum wurde konfisziert, er selbst als russischer Pensionär in der Stadt Grodno interniert. Den ausländischen Botschaftern in Warschau teilte man mit, daß ihre Mission beendet sei, da der polnische Staat nicht mehr existiere.

Polens letzter König war zweifellos eine tragische Figur, deren aus Ohnmacht geborene Politik eher Mitleid als Verachtung einflößt. Sein grundlegender Fehler bestand darin, daß er 1764 die polnische Krone annahm. Man hatte ihn damals nur gewählt, weil er weder im Volk noch unter den hochmögenden Magnaten eine Gefolgschaft besaß, selbst kein Träger eines altehrwürdigen Namens war und überdies als unschlüssige Natur sein Ohr gern Schmeichlern verschiedenster Sorte lieh. Alles, was über seine durchaus verdienstvolle Funktion als Kunstmäzen hinausging, überforderte ihn. Lange Jahre hoffte Poniatowski offensichtlich, er werde seine ehemalige

Geliebte Katharina II. heiraten und damit eine Personalunion zwischen Rußland und Polen anbahnen. Auf dem Papier sicher eine elegante Lösung, in praktische Politik jedoch nicht umsetzbar. Die Nachbarstaaten Österreich und Preußen hätten, unterstützt von Großbritannien, eine Verbindung des riesigen russischen Reiches mit dem zweitgrößten Land des Kontinents nicht zugelassen, genauso wie – als Präzedenzfall – einst die Personalunion zwischen Frankreich und Spanien durch den Krieg 1701 bis 1714 gewaltsam verhindert wurde. Eine eventuelle Heirat Poniatowskis und Katharinas wäre mit großer Wahrscheinlichkeit Auslöser eines polnischen Erbfolgekrieges geworden.

Bald nach dem russischen Sieg begannen die Verhandlungen zur dritten Teilung Polens. Österreich wollte diesmal nicht wieder leer ausgehen wie 1793, und der seit März 1792 herrschende Kaiser Franz II. wies seinen Staatskanzler Johann Freiherr von Thugut an, diesmal energische Forderungen an Petersburg zu stellen. Am 3. Januar 1795 wurde von beiden Mächten ein geheimer Teilungsvertrag unterzeichnet und der preußischen Regierung Anfang August als Ultimatum vorgelegt. Die Lage Friedrich Wilhelms II. schien recht günstig, denn er hatte am 5. April 1795 einen Separatfrieden mit Frankreich geschlossen und konnte seine Aufmerksamkeit nun nach Osten wenden. Dem König von Preußen kamen als einzigem Bedenken, den polnischen Staat einfach von der Landkarte zu tilgen. Er versicherte seinem Minister Karl August von Hardenberg am 24. August: »Ich bin es nicht, der diese letzte Teilung gesucht oder gewünscht hat; ich bin weit entfernt, mich über die Inkonvenienzen [Mißstände] zu täuschen, welche dieselbe nach sich ziehen kann; aber es stand schlechterdings nicht in meiner Macht, sie zu verhindern, es wäre denn, ich hätte mich unter den ungünstigsten Umständen in einen Krieg mit den Kaiserhöfen einlassen wollen ...« Trotz seines schlechten Gewissens trat Friedrich Wilhelm II. am 24. Oktober dem Teilungsvertrag bei. Danach fielen vom polnischen Restgebiet Litauen und Podlesien an Rußland (120 000 Quadratkilometer mit 1,2 Millionen Einwohnern), Kleinpolen mit Lublin an Österreich (46 000 Quadratkilometer und eine Million Einwohner) sowie Masowien mit Warschau und das Gebiet von Bialystok an Preußen (38 500 Quadratkilometer mit einer Million Einwohner). Diese letzte Teilung war für Polen ein nationales Unglück. Gleichzeitig belastete sie in den nächsten hundertdreiundzwanzig Jahren das Verhältnis zu Rußland, vor allem, nachdem 1815 der größte Teil Polens mit der Hauptstadt Warschau Bestandteil des Russischen Reiches wurde. Allein 1794/95 mußten elftausend Teilnehmer des Kościusko-Aufstandes den Weg in die sibirische Verbannung antreten.

Für Katharina schien die polnische Affäre ein erneuter außenpolitischer Erfolg zu sein. Ihre Berater und Militärs erhielten aus den eroberten Provinzen reichliche Geschenke. Marschall Rumjanzew bekam 7100 leibeigene Bauern, Suworow 6900, Fürst Repnin wurden 4400 »Seelen« übereignet, und General Michail Kutusow, der künftige Held von 1812, erhielt 2700. Selbst der Leibarzt Katharinas, Doktor John Rogerson, sah sich mit 1580 Leibeigenen belohnt. Wenn man die Zarin in Paris als größte Sklavenhändlerin Europas bezeichnete, so besaß das bei aller subjektiven Polemik seine Berechtigung.

XI. Semiramis des Nordens

»Sie ist bei schlechter Gesundheit. Ein Gewitter . . . von einer Stärke, wie man es seit dem Tod der Zarin Elisabeth nicht mehr erlebt hat, machte einen tiefen Eindruck auf sie. Sie geht nicht mehr aus.«

Fjodor Rostoptschin über Katharina II., November 1796

Subow und der Hof

Während sich die internationalen Spannungen nach der Errichtung der Jakobinerdiktatur in Frankreich (Juli 1793) und der Enthauptung von Königin Marie Antoinette (Oktober 1793) weiter verschärften, während in Belgien, am Rhein und in Oberitalien die Kanonen donnerten und die Preußen Mainz zurückeroberten, bot das Leben am Hof zu Sankt Petersburg ein Bild ungetrübten Glanzes. Neu waren nur die Scharen französischer Emigranten, die im Winterpalais antichambrierten und von denen Fjodor Rostoptschin sagte: »Die Schurken und die Dummköpfe sind zu Hause geblieben, die Narren aber haben ihr Vaterland verlassen und vermehren nun überall in der Welt das Heer der Scharlatane.« Auch Katharina merkte bald, daß es mit diesen leichtfertigen Adligen nicht weit her war, und komplimentierte viele von ihnen, darunter den bornierten Grafen von Artois, wieder hinweg. Im Gegensatz zu den Verhältnissen auf den russischen Landgütern, wo oftmals allgemeine Menschenverachtung neben rohen Sitten und insolentem Stolz standen, herrschte am Hof unmittelbar unter den Augen der Kaiserin ein feiner, liebenswürdiger Ton, prägten Geist und Geschmack die Szene. Nichts erinnerte mehr an die brutalen Scherze, die Zechgelage und Wachstubengewohnheiten aus der Zeit Peters I. Es gab kaum demütigendes Amüsement auf Kosten anderer. Der geistreiche Spaßmacher Lew Naryschkin, welcher seine Rolle freiwillig übernahm, und die maßlose Klatschbase Matrjona Danilewa erheiterten Katharina ebenso wie ihre eigenen hintersinnigen Wortspiele. »Alles hatte bei ihr Maß und Methode«, erinnerte sich der Fürst de Ligne. »Sie verstand die Kunst des Zuhörens und war so daran gewöhnt, immer geistesgegenwärtig zu sein, daß sie selbst dann zuzuhören schien, wenn ihre Gedanken mit anderem beschäftigt waren. Sie sprach nie um des Redens willen und ließ jeden zur Geltung kommen, der mit ihr sprach ... Sie hielt besser hof, weil alles Theatralische, Übertriebene ihr fremd war.« Jekaterina Daschkowa, die den Liebeshändeln der Kaiserin oftmals sehr kritisch gegenüberstand, meinte: »Ihr nahte niemand mit knechtischer Furcht ..., liebenswürdig, voll Anmut und Heiterkeit im Privatleben, wünschte sie ihren Rang vergessen zu machen.« Auch wenn sie, was selten genug vorkam, Begegnungen mit dem einfachen Volk hatte, benahm Katharina II. sich vollkommen natürlich. Während ihrer Krimreise sprach sie in Kiew mit schlichten Bauern, die Klagen vorbrachten, sie vertraulich duzten und »Mütterchen« nannten. Ihre ebenso angeborene wie einstudierte zwanglose Freundlichkeit brachte menschlichen Gewinn für viele, die sich an sie persönlich wenden durften. Daß die Herrscherin von Rußland frühmorgens eigenhändig ihren Ofen heizte, damit die Lakaien länger schlafen konnten, mag ein Mosaikstein im Programm von Katharinas Selbststilisierung sein, er paßte aber völlig zu ihrem höflich-rücksichtsvollen Betragen gegenüber sämtlichen Untergebenen. Sie behandelte jeden menschlich, auch wenn sie in der Politik zuweilen unmenschlich handelte. Vielleicht wäre die Leibeigenschaft keine derart widerwärtige Erscheinung gewesen, hätten die meisten Gutsbesitzer dem persönlichen Vorbild ihrer Zarin nachgeeifert.

Was einige Adlige, wenn sie es sich leisten konnten, der

Kaiserin nachmachten, war die prächtige Hofhaltung. Es gab Männer wie den wegen seines ungeheuren Reichtums »Diamantenfürst« genannten Alexander Kurakin, der auf seinem Gutsgebäudekomplex Nadeshdino Prunk und Zeremoniell des Petersburger Hofes originalgetreu kopierte. Andere große Herren ließen sich von fünfzig Lakaien gleichzeitig bedienen, darunter mancher, dessen ganze Aufgabe darin bestand, eine bestimmte Tür zu öffnen oder dem Gebieter sein Taschentuch zu reichen. Es gehörte zum guten Ton, ein Orchester zu besitzen. Katharina hörte jede Woche ein- bis zweimal ein Konzert oder eine Oper, obwohl sie völlig unmusikalisch war und nach eignen Worten gänzlich unempfänglich für harmonische Klänge. Den exaltierten Musikliebhaber Graf Skawronski mußten seine Bediensteten sogar in Form von Operntexten ansprechen! Dem Beispiel Katharinas folgend, ließen die Adligen überall im Land Schlösser, Landsitze, Gärten und Privattheater errichten. Mancher ruinierte sich dabei, denn es gehörte nachgerade zur Mode, über seine Verhältnisse zu leben.

Ein besonders prunkvolles Fest war die Hochzeit des Großfürsten Alexander im Jahre 1793. Ihrem Enkel hatte Katharina nach altbewährtem Muster seine Braut in Deutschland ausgesucht. Da der Thronfolger Paul sich immer unmöglicher aufführte, dessen Sohn Alexander hingegen, erzogen von Laharpe, ein vielversprechend intelligenter und liberaler Charakter war, wollte die Zarin ihn so bald wie möglich als vollwertigen Ehemann und Erben ihres Reiches aufbauen. Deshalb lud sie auch zwei junge Markgräfinnen von Baden nach Petersburg, von denen sich der kaum Sechzehnjährige die Angenehmere auswählen sollte. Nichtsahnend machte er Prinzessin Luise den Hof, während sein unhöflicher Bruder Konstantin meinte, die beiden Deutschen wären höchst langweilig. Lediglich als Luise einmal im Thronsaal stolperte und hinschlug, freute er sich herzlich. Katharinas Plan indes ging auf, die mit ihren vierzehn Jahren bereits außerordentlich hübsche Markgräfin gefiel so gut, daß die Hochzeit beschlossene Sache war. Ihre Schwester schickte man reich entschädigt nach Karlsruhe zurück. Zeitgenössischen Berichten zufolge galt der hochgewachsene, dunkelblonde Großfürst Alexander als Musterbild männlicher Schönheit; »das ist Psyche vereint mit Amor«, schrieb die Zarin und entzückte sich über ihre neue Verwandte, die den Namen Elisabeth Alexejewna erhielt. Daß diese Ehe alles andere als glücklich werden sollte, ahnte während der Hochzeitsfeierlichkeiten am 9. Oktober 1793 niemand. Man sah vielmehr den repräsentativen Glanz eines Kaiserreiches, das unbestreitbar zur Großmacht geworden war. Vor dem Thron der Zarin verneigten sich polnische Magnaten und schwedische Generale, ein türkischer Pascha und ein Khan. Seinen Eindruck von Katharina schilderte ein Augenzeuge des Festes: »Mit Gold und Diamanten bedeckt und gekrönt ließ sie ihren Blick heiter über diese gewaltige Versammlung schweifen, in der alle Nationen vertreten waren, und schien sie im Geiste alle zu ihren Füßen liegen zu sehen ... Ein Dichter hätte sie für Juno halten können, die inmitten der Götter thront.«

Doch auch dunkle Flecken und Schattenseiten wurden dem unterrichteten Beobachter offenbar. Zu jenen unangenehmen Verfallserscheinungen gehörte die Person Platon Subows, der stets an der Seite Katharinas zu finden war, seine Arroganz unter einer ergeben lächelnden Maske nur mühsam verbergend. Es war ihm gelungen, sich ab 1792 zum außenpolitischen Berater der Zarin aufzuschwingen und den Einfluß des bisher Verantwortlichen, Alexander Besborodko, einzuschränken. Katharina vertraute ihm grenzenlos, und wenn sie einmal früher die Meinung äußerte, man müsse sich in der Politik entweder von Grundsätzen der Menschlichkeit oder vom eigenen Interesse lenken lassen, so entschied sie sich unter Subows Einfluß für gänzliche Skrupellosigkeit, wie die Vorgänge in Polen bewiesen. Sie erlag einer maßlosen und selbstverschuldeten Täuschung, wenn sie etwa gegenüber Grimm ihren Günstling als »arbeitsam, rechtschaffen, erfüllt von gutem Willen und einer höchst vortrefflichen Haltung des Geistes« bezeichnete. Gewiß neigte sie stets dazu, ihrem jeweiligen Favoriten alle nur erdenklichen Tugenden anzudichten, indes bei Subow, der nicht mehr war als ein gewandter Salonintrigant und von dem Eingeweihte sagten, sein Hochmut werde nur durch die Erbärmlichkeit seiner Schmeichler übertroffen, ging ihr Urteil gänzlich fehl. Potjomkin hatte seine hohe Stellung fast ausschließlich seiner Persönlichkeit zu verdanken, Platon Subow dankte die seine eigentlich nur der Altersschwäche Katharinas, und je mehr sie an Tatkraft und Urteilsvermögen einbüßte, desto mehr gewann er an Einfluß, Macht und Reichtum. Für seine Verdienste bei den polnischen Teilungen erhielt er allein mehr als 13000 leibeigene Bauern zum Geschenk, und die Kaiserin behängte ihn mit so vielen Orden, daß Spötter hinter vorgehaltener Hand flüsterten, er sähe aus wie ein Kurzwarenhändler. Vielleicht war es Ausdruck einer völligen Übereinstimmung der ideologischen Grundhaltung, wenn die Zarin allen und jedem erzählte, ihr Favorit sei das größte Genie, welches Rußlands Adel je hervorgebracht habe. Denn beide mußten nicht lange darüber diskutieren, um beispielsweise die Kościusko-Bewegung als Ableger eines französischen Jakobinerklubs zu deuten, der ein Feuer entzünden wollte, das man austreten mußte, bevor seine Funken Rußland erreichten.

Man kann Subows Karriere auch damit erklären, daß Katharinas Gesundheitszustand seit Ende der achtziger Jahre zu wünschen übrig ließ. Zuweilen hörte Grimm Klagen von ihr, sie fühle sich den Staatsgeschäften nicht mehr recht gewachsen, ihr Gedächtnis lasse sie manchmal im Stich. Auf politische oder militärische Fehlschläge reagierte sie zunehmend mit körperlichem Unwohlsein. Manche inneren Mißstände nahm sie einfach nicht mehr wahr, so beispielsweise das Treiben ihres Geheimdienstchefs Stepan Scheschkowski, der trotz gesetzlicher Einschränkung der Folter seine Opfer oft

Platon Subow

grausamen Torturen aussetzte, bis sein Tod 1794 dem ein Ende bereitete. Mit ihren mehr als sechzig Jahren hatte Katharina ein für damalige Verhältnisse hohes Alter erreicht, dem sie nun Tribut zollen mußte. Die einstmals wegen ihrer Schlankheit bewunderte Zarin begann unförmig dick zu werden, was nicht etwa die Folge einer Neigung zur Völlerei war, das mäßige Essen behielt sie bis zum letzten Tag bei. Ihr Leiden bezeichnet man als Brightsche Krankheit, eine mit Wassersucht einhergehende Nierenentzündung, bei der übermäßige Ansammlung von Flüssigkeit im Gewebe den Körper stark anschwellen läßt. Vor allem die Beine wurden so dick, daß Katharina kaum noch eine Treppe steigen konnte, überall in ihren Palästen mußten deshalb Rampen errichtet werden. Wenn es besonders schlimm kam, blieb ihr nichts anderes übrig, als einen Rollstuhl zu benutzen, den Subow dann mit gottergebener Miene schob.

Ungeachtet ihrer Altersbeschwerden wußte die Kaiserin in der Öffentlichkeit ein majestätisches Bild abzugeben. »Sie war sehr fett, hatte aber noch ein schönes Gesicht«, notierte die französische Porträtmalerin Elisabeth Vigée-Lebrun. »Ihre breite, sehr hohe Stirn schien der Sitz des Genies zu sein. Ihre Augen waren sanft und edel, die Nase griechisch geformt, der Teint sehr frisch, und die ganze Physiognomie überaus lebhaft.« Selbst der boshafte Mathematiklehrer am Petersburger Artillerie-Kadettenkorps, Charles François Masson, räumte ein, daß Katharina es verstand, Korpulenz mit Eleganz und aristokraisches Auftreten mit großer Liebenswürdigkeit zu verbinden. Ansonsten offenbarte sich Masson in seinen »Memoires secrets sur la Russie« als recht erbärmlicher Beobachter, der wohl auch farbenblind war, indem er der Kaiserin hellgraue Augen andichtete, während sämtliche Zeitgenossen an ihr stets eine blaue Augenfarbe hervorhoben. Aber dies gehört zu den geringeren Unzuverlässigkeiten in Massons Elaborat. Vielen erschien Katharina immer noch als »Semiramis des Nordens«. Mit diesem Beinamen hatte sie einst Voltaire geschmückt, wobei man dem philosophischen Spötter dabei durchaus Hintergedanken unterstellen darf, denn jene legendäre, ebenso kluge wie machtbewußte Königin Semiramis von Assyrien war nicht nur berühmt wegen ihrer erfolgreichen Feldzüge und ihrer großartigen Bauten wie den hängenden Gärten zu Babylon, sondern auch berüchtigt wegen ihrer zahlreichen Liebhaber!

Wenn Katharina in ihren Briefen und Manifesten immer wieder gegen die Französische Revolution agitierte, wenn für sie die Republikaner von Paris einer Hydra mit zwölfhundert Köpfen glichen, welche man abschneiden müsse, damit das Land wieder zur Ruhe käme, dann bedeutet dies nicht, daß ihr Haß sie blind für jegliche Gebote politischer Vernunft machte. Zwar ließ sie russische Propagandisten der Revolution für einige Zeit in Irrenhäuser sperren, aber man findet unter ihren Tiraden auch bemerkenswert realistische Einschätzungen der Vorgänge in Frankreich, manchmal sogar Prophezeiungen von hoher Treffsicherheit. Nach der Errichtung der Jakobinerdiktatur schrieb sie Ende Januar 1794 an Grimm: »Freilich werden sich die Höllenbalge selbst auffressen und aufreiben, aber unterdessen ist kein Friede zu hoffen, und alle verlieren Geld und Leute.« Nur wenige Wochen später zeigten Schauprozesse und Todesurteile gegen führende Jakobiner wie Jacques Hébert und Georges Jacques Danton, daß die Revolution tatsächlich, dem altrömischen Gott Saturn gleich, ihre eigenen Kinder zu verschlingen begann. Zur selben Zeit notierte Katharina mit erstaunlichem Scharfblick folgende politische Analyse: »Wenn Frankreich glücklich aus seiner Lage herauskommt, dann wird es stärker sein als je zuvor... Es bedarf dazu nur eines großen Mannes, der, geschickt und mutig, seinen Zeitgenossen, vielleicht dem ganzen Jahrhundert überlegen sein müßte. Ist er schon geboren? Wird er bald erscheinen? Alles hängt davon ab.« Diesen Mann gab es bereits: Napoleon Bonaparte, 1794 noch wenig bekannter fünfundzwanzigjähriger General, sollte zwei Jahre später ganz Europa durch Talente und Persönlichkeit in Erstaunen setzen. Abgesehen von solchen interessanten Einschätzungen, bemerkte man bei Katharina jedoch eine steigende Abneigung gegen jedwede Form von Diskussion. Während sie zu Beginn ihrer Regierung Meinungsstreit über gesellschaftliche Probleme nicht nur tolerierte, sondern geradezu förderte und initiierte, flüchtete sie sich in den neunziger Jahren in Gemeinplätze wie: »Sagen Sie tausend Leuten, sie sollen einen Brief aufsetzen, gestatten Sie ihnen, über jeden Satz zu diskutieren, und Sie werden sehen, was dabei herauskommt.« Es berührt unangenehm, wenn eine eigentlich intelligente Frau ihren Altersstarrsinn mit derart plumpen Erklärungen zu bemänteln sucht.

Als am 9. Thermidor (27. Juli) 1794 Robespierres persönliche Jakobinerdiktatur von den Gemäßigten gestürzt wurde, war das für die Zarin kein Grund, ihre Polemik zu mäßigen. Sie sah in Frankreich weiterhin ein verderbliches Prinzip der Anarchie. Deshalb auch schloß sie mit Großbritannien im Februar 1795 ein Bündnis, in dem erstmals eine militärische Unterstützung Rußlands gegen die Franzosen zugesichert wurde. Obwohl Katharina lediglich und unter Vorbehalten 12000 Mann nach Westen zu schicken versprach, hatte sie es mit der Verwirklichung nicht eilig. Erst wenn die Briten sie öffentlich um Beistand angingen, sollte Waffenhilfe erfolgen – London aber wollte natürlich nicht vor aller Welt als Bittsteller gelten und verzichtete stillschweigend. Empört zeigte sich die Zarin hingegen, als Preußen am 5. April 1795 in Basel mit den Franzosen einen wohlfeilen Separatfrieden schloß. Man könne mit Königsmördern, mit dem »Abschaum der Menschheit«, nicht paktieren, erklärte sie und machte über Friedrich Wilhelm II. wieder einmal sehr unschmeichelhafte Bemerkungen. Vor allem argwöhnte Katharina, Preußen werde nun seine Blicke wieder allzu aufmerksam nach Osten richten, wo sie gerade daranging, den letzten außenpolitischen Erfolg ihrer Laufbahn zu realisieren.

Im Herzogtum Kurland hatte Ernst Johann von Biron 1769 die Krone zugunsten seines Sohnes Peter niedergelegt. Unter dessen Regierung brach die Unzufriedenheit aller kurländischen Stände aus, der Landtag verklagte ihn wegen Mißwirtschaft bei der Kaiserin und beschloß am 18. März 1795, den

Herzog abzusetzen und das Land dem russischen Zepter zu unterwerfen. Unter entsprechendem Druck aus Petersburg unterzeichnete der einundsiebzigjährige Herzog Peter am 28. März gegen eine Jahrespension seine Abdankung. Das 27000 Quadratkilometer große Kurland wurde als 49. Gouvernement dem russischen Imperium angegliedert. Zweiunddreißig Jahre zuvor stand jenes kurländische Herzogtum für den ersten außenpolitischen Erfolg der jungen Zarin, als es ihr gelang, ihren Bundesgenossen Biron dort zu etablieren, symbolhaft schloß diese Ostseeprovinz auch den Reigen äußerer Expansion. Das Territorium Rußlands vergrößerte sich unter Katharinas Herrschaft um 554000 Quadratkilometer, die Einwohnerzahl stieg von zwanzig auf sechsunddreißig Millionen. Diese Erweiterung ihres Reiches erreichte sie sowohl durch geschickte Diplomatie als auch durch ständige Aufstockung der militärischen Schlagkraft. So stiegen die Rüstungsausgaben von acht Millionen Rubel im Jahre 1762 auf dreizehn Millionen im Jahre 1795. Rußlands Flotte zählte unter Kaiserin Elisabeth lediglich noch fünfzehn einigermaßen segelbereite Kriegsschiffe, 1796 gebot die Zarin über eine Seemacht von fünfzig Linienschiffen und zwölf Fregatten. Eine russische Handelsmarine hingegen entstand kaum, erst 1780 wurden dafür erste Werften in Archangelsk eingerichtet. Ex- und Import mußten hauptsächlich auf britischen Schiffen abgewickelt werden.

Einiges spricht dafür, daß Katharina in ihrem letzten Lebensjahr hoffte, es werde mit Hilfe einer Restauration der Bourbonenherrschaft gelingen, Europa einen ständigen militärischen Konflikt am Rhein zu ersparen. Von Emigranten wie Sénac de Meilhan beeinflußt, glaubte sie, daß Frankreich sich seinen Monarchen zurückwünsche, um wieder Ruhe zu haben. »Die ganze Welt ersehnt den Frieden«, schrieb sie im Juli 1795 an den Fürsten de Ligne. »Die Engländer sind schon im Begriff abzuspringen; wenn das glückt, wird der ganze Rest leicht und der Frieden die Folge sein.« Doch die Realität sah ganz anders aus. Großbritannien intensivierte seinen Handelskrieg, nachdem französische Armeen die Niederlande erobert hatten und dort eine Batavische Republik gründeten. Am 5. Oktober 1795 scheiterte in Paris ein konterrevolutionärer Aufruhr von Royalisten im Kartätschenhagel des Generals Bonaparte. Als dieser energische Mann Ende März 1796 den Oberbefehl in Italien übernahm, eröffnete das eine neue Reihe schwerer militärischer Auseinandersetzungen mit Österreich. Auch Katharina ließ sich, schlecht beraten, während ihres letzten Regierungsjahres noch auf kriegerische Abenteuer ein. Platon Subow, von dem Diplomaten meinten, seine Gunst bei der Kaiserin steige in dem Maße, wie die Achtung der Umwelt vor ihm sank, hatte sich in den Kopf gesetzt, es Potjomkin gleichzutun und Rußland durch großartige Eroberungen zu vergrößern. Seine Absichten zielten aber nicht auf Konstantinopel, sondern nach Persien. Subow erreichte es, daß sein Bruder Valerian, der im Polenfeldzug ein Bein verloren hatte, zum Kommandanten einer Invasionsarmee für den Mittleren Osten ernannt wurde. Trotz Warnungen des Großfürsten Alexander, man solle nicht derartigen Hirngespinsten nachjagen, billigte Katharina das Vorhaben. Im Februar 1796 eröffnete Valerian Subow mit 20000 Soldaten den Feldzug und verkündete voreilig, er werde spätestens nach sieben Monaten in die persische Hauptstadt Isfahan einmarschieren. Erobert wurden zunächst die daghestanische Stadt Derbent sowie Baku an der Küste des Kaspischen Meeres. Dann setzten Wasser- und Proviantmangel jedem Vordringen ein Ende. An strapaziöse Wüstenmärsche bis nach Persien war nicht zu denken, vielmehr mußten sich die von Klimaextremen dezimierten Truppen Subows bei Herbstanfang wieder zurückziehen. So verging der Traum von einer russischen Vorherrschaft im Vorderen Orient zum unwiderruflich letztenmal.

»Man muß hier an Ort und Stelle leben, um zu verstehen, in welchem Ausmaß die Leute diese Fürstin täuschen und wie leicht das gelingt, wenn man nur ihrer Eigenliebe zu schmeicheln versteht«, erklärte ein französischer Diplomat. Vielleicht merkte die Zarin anhand des persischen Feldzugdebakels, in welchem Maß ihr Alter dem Urteils- und Durchsetzungsvermögen Grenzen setzte. Sie war jetzt siebenundsechzig Jahre alt und hatte sich in mancher Beziehung selbst überlebt. Langsam wurde es einsam um sie. Viele ihrer Freunde, Gegner, Gesprächspartner, Korrespondenten, Günstlinge und Vertrauten waren gestorben: Voltaire und Diderot, Friedrich der Große und Maria Theresia, Orlow und Potjomkin, Lanskoi und Zimmermann, Joseph II. und Gustav III., Panin und Bestushew. Die Schar der Enkel hingegen wurde immer größer. Am 6. Juli 1796 kam ein weiterer Knabe zur Welt, der spätere Zar Nikolaus I. Wenn Katharina den Blick auf familiäre Belange richtete, so mußte Sorge ihr Gemüt erfüllen. Konnte, durfte sie Rußland ihrem Sohn, dem neurotischen Drillmeister Paul, überlassen? Oder gebot es nicht vielmehr gesunder Menschenverstand, ihn zugunsten seines ältesten Sohnes zu enterben? Es existierten keinerlei staatsrechtliche Bestimmungen, die Paul ein unbedingtes Thronfolgerecht zugesichert hätten, alles stand seit der Reform Peters I. im alleinigen Ermessen des regierenden Herrschers. Aber Alexander ging, je verständiger er wurde, auf immer größere Distanz zu vielen Handlungen Katharinas. Dem polnischen Fürsten Adam Czartoryski, seinem späteren Außenminister, erklärte der Großfürst, »daß er durchaus nicht mit den Ansichten und Denkweisen des Hofkabinetts übereinstimme, daß er weit davon entfernt sei, die Politik und das Verhalten seiner Großmutter gutzuheißen, sondern ihre Grundsätze verwerfe ... Er gestand mir, daß er den Despotismus verabscheue, wo und auf welche Weise er sich auch immer zeige; daß er die Freiheit liebe und daß sie allen Menschen in gleicher Weise zukomme, daß er den lebhaftesten Anteil an der Französischen Revolution genommen habe und die schrecklichen Auswüchse zwar verurteile, der Republik aber Erfolge wünsche und sich darüber freue.« Unwahrscheinlich, daß Katharina von solchen Einstellungen nichts erfuhr oder gar derartige Auffassungen billigte. Eventuell konnte man das Ganze auch als jugendlichen Überschwang abtun; die bessere Lösung blieb Alexander in jedem Fall, verglichen mit seinem unberechenbaren Vater. Doch gerade 1795/96 wurden der junge Großfürst und sein Bruder Konstantin öfter in Gatschina gesehen, wo sie sich von Paul im Kriegshandwerk unterrichten ließen. Daß ihr Lieblingsenkel nun auch noch begann, preußischer Soldat zu spielen, mußte Katharina beunruhigen. Würde er tatsächlich eines Tages ihr Werk vollenden können?

Offenbar beriet die Zarin insgeheim mit Besborodko ein Projekt, ihren Sohn von der Thronfolge auszuschließen und dafür Alexander an seine Stelle zu setzen. Ob sie wirklich beabsichtigte, dies durch eine entsprechende Proklamation am 1. Januar 1797 öffentlich zu verkünden, bleibt ungewiß, weil sich ein solches Dokument nie gefunden hat. Ziemlich sicher ist, daß Platon Subow ihr einredete, man solle über derartige Maßnahmen noch nachdenken. Er hoffte, mit einem zukünftigen Zaren Paul, der ihn fürchtete, besser auszukommen als mit dem souveränen Alexander. Aber auch in diesem Fall irrte sich der elegante Günstling, dessen Unfähigkeit und Leichtsinn der Kaiserin in ihren letzten Lebenswochen noch eine außenpolitische Blamage allerersten Ranges bescherten.

Das Ende

König Gustav III. von Schweden, Katharinas altbekannter Widersacher, war 1792 mitten in Vorbereitungen zu einem antifranzösischen Kreuzzug dem Mordanschlag verräterischer Adliger während eines Maskenballes erlegen. Sein Sohn und Nachfolger Gustav IV. Adolf erbte auch die getrübten Beziehungen Stockholm–Petersburg. Platon Subow verfiel auf die

Idee, den kaum achtzehnjährigen Schwedenkönig mit einer Enkelin Katharinas zu verheiraten, um damit, gewissermaßen auf Familienbasis, bessere Verhältnisse zum nördlichen Nachbarn herzustellen. Daß die älteste Großfürstin Alexandra Pawlowna erst dreizehn Jahre zählte, störte ihn kaum. Notfalls konnte man zunächst eine Verlobung arrangieren. Subow und sein Gehilfe Arkadi Markow stießen bei ihren Verhandlungen mit dem schwedischen Hof bald auf entscheidende Hindernisse. Gustav betrachtete es als unabdingbare Voraussetzung, daß seine künftige Gemahlin zum protestantischen Glauben überträte, während Katharina auf den kaiserlichen Rang ihrer Enkelin hinwies und forderte, ihr das Sonderrecht einer russisch-orthodoxen Kapelle nebst Priestern in Stockholm einzuräumen. Mit seiner unbekümmerten Nonchalance unterschätzte Subow dieses Problem und lud Gustav IV. nach Petersburg ein; insgeheim rechnete er damit, den jungen Monarchen mitten im Glanz des Zarenhofes überreden zu können.

Ende August 1796 trafen der Schwedenkönig und sein Vormund, Herzog Karl von Södermanland, in Rußland ein. Dort schien Subows Rechnung tatsächlich aufzugehen, denn Gustav IV., eigentlich ein ebenso ernster und schweigsamer wie bibelfester Jüngling, fand augenscheinlich Gefallen an der kindlich-koketten Großfürstin Alexandra. »Das ist ein ganz kostbarer junger Mensch, und gewiß kann heute kein anderer Thron in Europa sich so schöner Hoffnungen rühmen«, berichtete Katharina in einem ihrer letzten Briefe an Grimm. »Er ist von ausgesuchter Höflichkeit, spricht sehr gut und plaudert allerliebst.« Der Hof zu Sankt Petersburg hätte im Herbst 1796 ohne weiteres die Staffage einer Salonkomödie abgegeben, so freudig-bunt ging es her zwischen der herzigen Alexandra, dem blondgelockten Gustav, dem charmanten Subow und der gütig-huldvollen Zarin. Katharinas Berichte an Grimm erinnern gelegentlich an das Drehbuch eines Kitschfilmes, wenn von verstohlenen Händedrücken, Liebesbriefchen oder Galeriegeflüster die Rede war. Für einen Augenblick schien jeder vergessen zu haben, daß hier eigentlich ein politisches Szenarium ablaufen sollte. Nur Großfürst Paul blieb gewohnheitsgemäß grollend in Gatschina und ließ sich von seiner Frau durch euphorische Briefe über alles unterrichten. »Mein lieber guter Freund, preisen wir Gott: Die Verlobung ist auf Montagabend festgesetzt«, schrieb Maria Fjodorowna ihrem Gemahl schließlich. An diesem 19. September 1796 gab es allerdings wenig Grund, Gott zu preisen.

Vor den Augen des gesamten diplomatischen Korps sowie den Spitzen der vornehmen Gesellschaft Petersburgs spielte sich ein Skandal ab, groß genug, um Katharinas Würde einige Zeit jene feine Grenze vom Erhabenen zum Lächerlichen überschreiten zu lassen. Um 19 Uhr wartete die Kaiserin inmitten eines zahlreichen Hofstaates, angetan mit Hermelinmantel, Krone und Zepter auf den jungen Schwedenkönig. Selbst Großfürst Paul hatte sich eingefunden. Platon Subow überreichte im Nebengemach den endgültigen Ehekontrakt, worin unter anderem die Klausel verzeichnet war, daß Alexandra nach der Heirat ihren orthodoxen Glauben beibehalten dürfe. Als Gustav diese Passage las, weigerte er sich entschieden, zu unterzeichnen. Niemals werde er seinem Volk eine fremdgläubige Königin zumuten. Entsetzt hielt Subow ihm vor, seine Herrin werde in diesem Punkt niemals nachgeben, worauf der Schwede das Dokument wütend zu Boden warf und den Raum verließ. Im Thronsaal begann man unruhig zu werden, nur die Zarin saß unbewegten Gesichts unter dem Baldachin. Endlich erschien der sichtbar derangierte Subow und flüsterte Katharina etwas ins Ohr. Umstehende hörten sie murmeln: »Ich werd' ihn lehren, diesen Rotzlöffel!« Dann trank sie ihr berühmtes Glas kaltes Wasser, damit der Zorn sich lege, und verkündete einem Spalier tuschelnder Höflinge und Diplomaten, den Schwedenkönig habe eine plötzliche Unpäßlichkeit befallen, die Verlobung müsse aufgeschoben werden. Schleppenden Schrittes verließ die Zarin, gestützt auf ihren Enkel Alexander, den Raum. Die peinliche Szene hatte sie maßlos erregt, in der Nacht erlitt sie nach dem Zeugnis Chrapowizkis eine Ohnmacht, die an einen leichten Schlaganfall erinnerte. Schon am folgenden Tag nahm sie jedoch erneute Verhandlungen mit Gustav IV. auf, ohne Resultat, weil keiner Zugeständnisse machen wollte. Kurz zuvor hatte Katharina an Sénac de Meilhan geschrieben: »Bei meiner angeborenen Nachgiebigkeit kann ich nötigenfalls eigensinnig oder, wenn man so will, fest sein.« Ende September wurde der Schwedenkönig mit vielen falschen Komplimenten aus Petersburg verabschiedet. Von einem Beistandspakt mit Stockholm war keine Rede mehr.

Dem Eklat vom 19. September folgten ungute Wochen. Koliken ließen Katharina nicht mehr zur Ruhe kommen, an ihren Beinen öffneten sich eiternde Wunden. Sie fühle, wie es sichtlich zu Ende gehe, hörte die Hofdame Anna Naryschkina von ihr. Dennoch behielt die Zarin den gewohnten Arbeitsrhythmus bei. Auch am Morgen des 16. November stand sie wie üblich um sieben Uhr auf. Wie ihr Kammerdiener Sachar Zotow berichtete, soll sie gesagt haben: »Heute werde ich sterben.« Zunächst erledigte sie jedoch die Morgentoilette und empfing Platon Subow zum Gespräch. Danach konferierte sie mit ihren vier Staatssekretären Pjotr Turtschaninow, Wassili Popow, Dmitri Troschtschinski und Adrian Gribowski ohne irgendwelche Anzeichen von Ermüdung. Später zog sich Katharina ins Schreibzimmer zurück. Als sie nach längerer Zeit den Raum immer noch nicht verlassen hatte, begaben sich Zotow und die Zofe Maria Peressuchina hinein und fanden die Kaiserin todblaß und schwach röchelnd auf dem Fußboden liegend. Der herbeigeeilte Doktor Rogerson stellte einen Schlaganfall fest und ließ Katharina zur Ader. Weitere Prozeduren schilderte ein Augenzeuge: »Die Ärzte suchten durch zwei mit glühendem Eisen auf die Schulter versetzte Schläge ein Lebenszeichen hervorzurufen. Katharina schlug noch einmal die Augen auf und schloß sie dann für immer.«

Man transportierte die Sterbende in ihr Schlafzimmer, während der jammernde Platon Subow kopflos durch die Gemächer des Winterpalastes irrte. Ganz Petersburg wurde an diesem Tag von Schneemassen begraben. 2200 Kilometer entfernt, im sonnigen Italien, errangen die Truppen Napoleon Bonapartes an der Brücke von Arcole einen historischen Sieg über Österreichs Eliteregimenter.

Großfürst Alexander, der mit Sicherheit von den Plänen seiner Großmutter wußte, ihn zum Thronfolger zu machen, fehlte der Mut, die Situation zu nutzen und sich gegen den Vater aufzulehnen. Er versteckte sich und ließ niemanden in seine Nähe. Subows Bruder Nikolai holte eilends aus Gatschina Großfürst Paul herbei. Der glaubte anfangs, man wolle ihn verhaften, und sagte zu seiner Frau: »Meine Liebe, wir sind verloren.« Doch bald begriff er, daß die Stunde günstig war. Am Abend des 16. traf er im Winterpalast ein und stand am Sterbebett der Kaiserin »mit dem Ausdruck der Befriedigung und glückstrahlend«, wie ein Augenzeuge berichtet. Kurz darauf erschienen Alexander und Konstantin, dem Vater zuliebe in preußischer Uniform, was sie vorher mit Rücksicht auf Katharina nie gewagt hätten. Jedermann schien Paul schon als Zaren anzuerkennen, selbst Subow, ohne seine Gönnerin nur ein erbärmlicher Niemand, fiel vor Paul gnadeheischend auf die Knie. Am Morgen des 17. November 1796 meldete Doktor Rogerson, das Ende der Kaiserin sei nahe. Nach dreißigstündiger Agonie, die sie kaum bewußt durchlitt, starb Katharina II. im Beisein ihrer Kinder und Enkel. Fjodor Rostoptschin notierte: »Es schlug ein Viertel nach neun, als Katharina die Große ein letztes Mal aufseufzte und, wie es allen Sterblichen beschieden ist, vor dem Richterstuhl Gottes erscheinen mußte.« Während der Großfürst niederkniete und sich bekreuzigte, verkündete Generalprokurator Graf Alexander Samoilow den Wartenden: »Meine Herren, die Kaiserin ist tot, und ihr Sohn, Seine Majestät Pawel Petrowitsch, hat geruht, den Thron Rußlands zu besteigen.«

XII. Nachruf

»Als ich zum Hof kam, fand ich die ersten Gemächer in Schwarz; aber mit der einzigen Ausnahme des Fürsten Subow, der seinen gerechten Schmerz nicht verbergen konnte, schienen alle Höflinge auch vollständig die große Herrscherin so vergessen zu haben, als ob sie seit zwanzig Jahren tot sei.«

Karl Heinrich Baron von Heyking
»Aufzeichnungen eines kurländischen Edelmannes«

Pauls Rache

Noch auf dem Weg von Gatschina nach Petersburg sagte der nunmehrige Zar Paul I.: »Zweiundvierzig Jahre bin ich jetzt alt. Bis hierher hat Gott mir geholfen. Vielleicht gibt er mir auch Kraft und Verstand zu dem Amt, für das er mich bestimmt hat. Erhoffen wir alles von seiner Güte.« Doch wenn überhaupt jemand Hoffnungen in Paul gesetzt hatte, dann wurden sie bald enttäuscht. Zunächst befaßte der neue Kaiser sich nur mit den Toten. Sein erster Ukas betraf die Verhaftung der Mörder Peters III., sein zweiter die Überführung von dessen Leichnam aus den Katakomben des Alexander-Newski-Klosters in das Winterpalais, wo er neben dem Katafalk Katharinas aufgebahrt wurde. Wenig später befahl er, Potjomkins sterbliche Überreste aus der Sankt-Katharina-Kirche in Cherson zu holen und auf den Schindanger zu werfen. Alles, was er tat, bestätigte die Einschätzung der Fürstin Daschkowa: »Von der ersten Stunde von Pauls Thronbesteigung an zeigte er den größten Haß und die äußerste Verbitterung gegen das Ansehen seiner Mutter und beeilte sich, alles, was sie getan hatte, zu ändern oder zu zerstören.« Völlig zu Recht urteilte ein Zeitgenosse, Paul sei ein Fürst, »bei dem man nie wußte, wo der Eigensinn aufhörte und der Wahnsinn anfing«. Objektiv betrachtet, erwuchs aus diesem Eigensinn für manchen Gutes: der Freimaurer Nowikow, der radikale Publizist Radistschew, der polnische Freiheitsheld Kościusko – sie alle setzte Rußlands Zar in Freiheit, aus purer Abneigung gegen jede Maßnahme seiner Mutter, nicht aus Sympathie für selbständig denkende Geister. Auch ohne die bei Thronbesteigungen übliche Amnestie darf man sicher sein, daß der Zar Katharinas politische Widersacher samt und sonders freigelassen hätte. Selbst Stanislaw Poniatowski durfte seine armselige Zuflucht Grodno gegen eine luxuriösere Gefangenschaft in Petersburg tauschen. Wahnsinn hingegen atmeten schon jene Verfügungen Pauls, mit denen er, gleichsam die Toten überlistend, den Aufstieg Katharinas II. ins historische Zwielicht zu setzen glaubte. Die Gebeine Peters III. wurden mit allen Insignien der kaiserlichen Macht geschmückt, ein Spruchband über den Särgen der beiden Verstorbenen trug die ziemlich makabre Inschrift: »Im Leben getrennt – im Tode vereint.« In einer Art Sühnezeremoniell sollten die Überlebenden des Komplotts von 1762 dem von ihnen ermordeten Zaren die letzte Ehre erweisen. Der neunundfünfzigjährige Alexej Orlow mußte an der Spitze des Leichenzuges auf einem Kissen die Krone seines einstigen Opfers tragen. Pjotr Passek und Fürst Fjodor Barjatinski, kurz zuvor noch Oberhofmarschall, mußten das Bahrtuch Peters III. halten. In der Peter-Pauls-Kathedrale wurde Katharina neben ihrem ermordeten Ehemann beigesetzt. So verfolgte der Schatten des unglücklichen Zaren aus Holstein seine Gemahlin noch über den Tod hinaus.

Nur einmal ließ Paul erkennen, daß ihm am guten Ruf seiner Mutter gelegen war. Als am 20. November 1796 die Papiere der verstorbenen Zarin durchgesehen wurden, entdeckte Graf Besborodko das Schreiben Alexej Orlows von 1762, in dem er Katharina den Mord an Peter III. gestand. »Das Papier war ein grauer, unsauberer Bogen«, erinnerte sich Fjodor Rostoptschin. »Der Stil kennzeichnet die Seelenverfassung dieses Bösewichts, er beweist klar, daß die Mörder den Zorn der Kaiserin fürchteten, und stellt die Verleumdung ins rechte Licht, die auf das Leben und Andenken dieser großen Kaiserin gefallen ist.« Paul dankte dem Himmel für diesen Unschuldsbeweis, ließ den Brief kopieren und das Original verbrennen, was er später sehr bedauerte.

Für Platon Subow dachte sich Paul eine subtile Überraschung aus. Zu aller Erstaunen behandelte er ihn höchst freundschaftlich, schenkte ihm sogar ein wertvolles Schloß samt Inventar und Dienerschaft. Das Kaiserpaar besuchte ihn dort, gab sich versöhnlich und generös. Während Subow sich in seinem unerwarteten Glück sonnte, traf ihn Mitte 1797 die Ungnade des Zaren. Er wurde aller Ämter enthoben, sein Vermögen konfisziert. Paul befahl ihm, Rußland zu verlassen. Weshalb er Subow nicht gefangennahm, bleibt ein Rätsel, ebenso, warum man ihn schon wenige Monate später wieder nach Petersburg zurückholen ließ. So bekam Subow die Gelegenheit, sich 1801 der Pahlen-Verschwörung gegen den verhaßten Kaiser anzuschließen.

Pauls weitere Politik war sprunghaft und voll unkontrollierter Affekte. Im Inneren herrschten polizeiliche Willkür, schärfste Zensurbestimmungen, Ausreiseverbote. Hinzu kamen an Grausamkeiten reiche Disziplinarmaßnahmen in Heer und Verwaltung. Das geringste Zeichen von Mißbilligung der kaiserlichen Allüren hatte Verbannung zur Folge. Um nach Sibirien zu kommen, genügte es schon, lange Hosen zu tragen, weil Paul diese in der Französischen Revolution aufgekommene Mode haßte! In seinem launenhaften Cäsarenwahnsinn forderte Paul allen Ernstes, daß jedermann, egal welchen Standes, am Straßenrand niederzuknien habe, wenn er vorbeifuhr. Bald hielt es kein halbwegs ehrlicher Mensch mehr in seiner Nähe aus. Was seine Mutter immer klug vermieden hatte, einen militärischen Konflikt mit Frankreich, brach der Zar mutwillig vom Zaun. 1799 führte Suworow einen ebenso überflüssigen wie letztlich erfolglosen

und verlustreichen Feldzug gegen die französische Republik. Nur ein Jahr danach wechselte Paul abrupt die Fronten und verbündete sich mit dem Ersten Konsul Napoleon Bonaparte, dem er anbot, gemeinsam den Briten Indien zu entreißen!

Seit Katharinas Tod begann der Zar, Frau und Söhne zu mißhandeln und zu demütigen; er wollte den jungen Neffen seiner Gemahlin, Prinz Eugen von Württemberg, adoptieren und zum Thronfolger ernennen sowie Alexander und Konstantin verhaften lassen. Zu seiner Mätresse, der Fürstin Gagarina, sagte er: »In kurzem werde ich mich genötigt sehen, Köpfe rollen zu lassen, die mir einst lieb waren.« Dieser niederträchtige Plan nebst seiner despotischen Regierungsweise brach Paul I. schließlich im wahrsten Sinne das Genick. Gegen ihn bildete sich eine Verschwörung, an deren Spitze neben dem einstigen Favoriten Platon Subow und dessen Brüdern Graf Peter Ludwig von der Pahlen sowie die Generale Lewin August von Bennigsen und Fjodor Uwarow standen. Auch Großfürst Alexander, vom Vater an Leib und Ehre bedroht, wußte von den geheimen Vorgängen. In der Nacht des 23. März 1801 sollte Paul im Michailowski-Palais zur Abdankung gezwungen werden. Als er sich weigerte, widerfuhr ihm dasselbe wie seinem Vater: Er wurde von einem Fürsten (in diesem Fall war es Pjotr Jaschwil) erdrosselt, während Bennigsen mit gezogenem Säbel dafür sorgte, daß niemand dem sich verzweifelt wehrenden Zaren zu Hilfe eilte. Damit erfüllten sich die Prophezeiungen Friedrichs des Großen von 1776. In den amtlichen Verlautbarungen hieß es, Paul I. sei an einem Schlaganfall gestorben. Sein Sohn bestieg als Alexander I. den russischen Kaiserthron.

Die schrankenlose Despotie des Zaren Paul trug zweifellos dazu bei, die vorhergehende Herrschaft Katharinas II. in einem milderen, freundlicheren Licht erscheinen zu lassen. Noch in ihrem Todesjahr hatte der liberale Rigaer Publizist Garlieb Merkel grundlegende Veränderungen des Leibeigenschaftssystems nicht von den Grundbesitzern, sondern von Katharina selbst erwartet, die er als aufgeklärte Monarchin pries. Er hoffte, sie werde, sobald sie nur Kenntnis von den wahren Zuständen in ihrem Reich erhielte, sogleich »ganze Nationen in die Gerechtsame, die sie ein halbes Jahrhundert entbehrten, wieder einsetzen«. Die Fürstin Daschkowa, von Paul aller Ämter enthoben, äußerte: »Der Tod Katharinas war ein tiefer überwältigender Schmerz. Ich war wie erstarrt von dem elenden Wechsel der Verhältnisse und von dem Schrecken, der die ganze Nation getroffen zu haben schien.« Als man dem Fürsten de Ligne den Tod der Monarchin meldete, rief er aus: »Katharina *der* Große – und ich hoffe, Europa wird den Namen, den ich ihr gab, bestätigen – ist nicht mehr! Das sind schreckliche Worte ... Der glänzendste Stern in unserer Hemisphäre ist untergegangen!« Derartiges Lob hätte der Kaiserin gewiß gefallen.

Dennoch, es gab in ihrem Leben auch selbstkritische Momente. Erinnerte man sich noch ihrer Worte anläßlich der Eröffnung der Großen Kommission 1767, als Marschall Bibikow sie mit dem Titel »Katharina die Große, weiseste Mutter des Vaterlandes« ehren wollte? »Groß – ich überlasse es der Nachwelt, unvoreingenommen über meine Werke zu urteilen. Weise – so kann ich mich nicht nennen, weil Gott allein weise ist. Und Mutter des Vaterlandes – ich halte es für eine Pflicht meines Amtes, die mir von Gott gegebenen Untertanen zu lieben.« Als Grimm sie in einem seiner Briefe 1788 Katharina die Große nannte, antwortete sie: »Ich bin Katharina die Zweite.«

Die zweite Hälfte des 18. Jahrhunderts – ohne Übertreibung kann man sie für Rußland als Epoche Katharinas II. bezeichnen – war zumindest bis 1789 eine Zeit des aufgeklärten Absolutismus, ein Zeitraum, der vom Bestreben der Autokratin geprägt wurde, traditionelle Methoden der Herrschaft mit fortschrittlichen Ideen der philosophischen Aufklärung in Einklang zu bringen. Die »Europäischen Annalen« von 1795 äußern sehr treffend über die Kaiserin: »Lange gab sie Europa ein seltsames Schauspiel, indem sie auf einen despotischen Thron Philosophie und Vernunft erhob.«

Über Wesen und Besonderheiten des russischen Absolutismus gehen die Meinungen in der Forschung weit auseinander. Unumstritten ist, daß Katharinas Regierung eine aktive Rolle im Zuge der Erneuerung des kulturellen und politischen Lebens des Landes spielte. Sie leitete den Übergang zur modernen bürgerlichen Gesellschaftsordnung für Rußland ein und erschloß dem öffentlichen Bewußtsein neue Horizonte. Außenpolitisch erfolgte unter Katharina II. der Aufstieg Rußlands zur Weltmacht. Materielle Grundlagen dieses »goldenen Zeitalters« der Adelsklasse blieb stets die Arbeit von Leibeigenen, ihre rücksichtslose Unterdrückung, für die das vollständige Fehlen politischer Rechte kennzeichnend war. Trotz aller Bekenntnisse der Zarin zu Humanität und Gerechtigkeit verschärfte sich gerade unter ihrem Zepter die Lage der Leibeigenen erheblich.

Zwei Stimmen beleuchten den Widerspruch zwischen dem subjektiven Wollen einer Fürstin und der objektiven Realität. In ihrer Instruktion für den Generalprokurator Fürst Wjasemski von 1764 erklärte Katharina: »Sie werden finden, daß ich keine andere Absicht habe, als das Glück, das Gedeihen und den Ruhm des Vaterlandes zu fördern, daß ich nur das Wohlergehen der Untertanen, welchen Standes sie auch seien, im Auge habe; all mein Sinnen und Trachten ist darauf gerichtet, sowohl nach innen als nach außen Ruhe und Frieden zu haben.«

Eigentlich hatte sie jedoch fast nur das Wohlergehen des Adels im Sinn. Dies erklärte Alexander Herzen 1858 in seiner Vorrede zur Erstausgabe der Memoiren Katharinas II. so: »Welches Interesse konnte die junge deutsche Prinzessin an diesem magnum ignotum [großen Unbekannten], diesem außer Betracht stehenden, halbwilden Volk nehmen, welches sich in seinen Dörfern, hinter Schnee und schlechten Wegen verbarg und nur wie ein fremder Paria, mit seinem verfolgten Bart, seiner verbotenen Kleidung in den Straßen von Petersburg erschien – nur aus Verachtung geduldet wurde!«

Es bleibt noch der Blick auf persönliche Verdienste und Versäumnisse Katharinas II. Auch wer sich gründlich mit ihrem Leben beschäftigt, erstaunt immer wieder darüber, wie es einer unbedeutenden deutschen Prinzessin durch Mut und Entschlossenheit, unter Einsatz von Intelligenz und Charme gelang, Schiedsrichterin in Fragen europäischer Politik zu werden. Schon als Zweiundzwanzigjährige erklärte sie ihrer platonischen Jugendliebe Sachar Tschernyschow: »Mein Kopf ist aus Eisen und sehr widerstandsfähig. Sie mögen vielleicht gegen den Willen anderer etwas erreichen, aber nicht gegen den meinen.« Hier offenbarte sich ein starker Machttrieb, der später durch erhebliches Organisationstalent ergänzt wurde. Sie gehörte zu den sogenannten Willensmenschen, aber ihr Durchsetzungsvermögen zeigte sich nur selten kalt oder unmenschlich, vielmehr blieb Katharina oft im Rahmen traditionsgebundener Weiblichkeit – kritiklose Hingabe an den jeweiligen Liebhaber, großmütterliche Empfindungen, Tränen bei politischen Niederlagen belegen diese Einschätzung. »Ich habe mich immer sehr geneigt gefühlt, mich von Leuten leiten zu lassen, die etwas besser verstehen als ich«, schrieb sie Grimm 1776. »Nur dürfen sie es mich nicht merken lassen, daß sie es absichtlich tun, denn dann laufe ich schleunigst davon.«

Katharina war keine originäre Denkerin, aber sie besaß einen soliden Verstand, erfaßte rasch das Wesentliche eines

Denkmal Katharinas II. im Park von Zarskoje Selo

Sachverhalts und handelte mit viel Pragmatismus. Vor allem vermochte sie es, sich Ideen oder Theorien anderer zielgerichtet anzueignen. Diese Fähigkeit, man könnte sie auch als Instinkt bezeichnen, erlaubte ihr, in allen entscheidenden Fragen mit einiger Sachkenntnis zu entscheiden. Inwieweit sie am Ende den Lobeshymnen ihrer Schmeichler erlag, ist schwer zu sagen. Denn soviel und ausgiebig Katharina in ihren Briefen plauderte (zuweilen auch schwätzte), sosehr sie darin sich selbst beschrieb und analysierte – immer muß man den Verdacht hegen, sie verschweige etwas Wesentliches. Die Empfänger ihrer Post sollten einen ganz bestimmten Eindruck bekommen: Sie sei die unerschütterliche Katharina, schrieb sie mehrfach an de Ligne. Dabei wird man aus ihrer Feder niemals, um ein Beispiel zu nennen, etwas über ihr Verhältnis zu Peter III. und dessen Ermordung lesen – keine Rechtfertigung, keine Erklärung, keinen Stimmungsbericht. Es herrschte darüber staatlich verordnetes Schweigen, so daß noch dreißig Jahre nach Peters Tod ein Rußlandbesucher einschätzte: »Unter den Gegenständen, die am gefährlichsten sind, seine Meinung darüber öffentlich zu sagen oder auch nur in Privatgesellschaften zu äußern, gehört die Geschichte der Thronveränderung Peters III.«

Wie viele starke, zum Diktatorischen neigende Charaktere schuf die Kaiserin um ihre Person eine Aura der Alleinverantwortung. Sie ließ neben sich niemanden emporkommen und ermutigte selten jemand zur Entfaltung all seiner Fähigkeiten. Potjomkin mag als Ausnahme von der Regel gelten. Die Biografin Zoë Oldenbourg meinte, Katharina sei intelligent, aber nicht genial, gefühlvoll, aber nicht wirklich gut gewesen; sie sei einer Leidenschaft, aber nicht zur Selbstaufgabe fähig, sei mehr aus Vernunft denn aus Edelmut weder grausam noch niederträchtig aufgetreten.

Man mag selbst entscheiden, inwieweit dieses Urteil mit jener 1778 von der Zarin für sich selbst entworfenen Grabinschrift übereinstimmt:

»Auf den Thron Rußlands gelangt, wollte sie das Gute
und trachtete ihren Untertanen Glück,
Freiheit und Wohlstand zu verschaffen.
Sie verzieh leicht und haßte niemanden.
Sie war nachsichtig, machte sich das Leben nicht schwer,
war von heiterem Naturell,
hatte eine republikanische Seele
und ein gutes Herz.
Sie besaß Freunde.
Die Arbeit fiel ihr leicht, Geselligkeit
und Künste machten ihr Freude.«

Dies war der Nachruf einer Frau, die in ihrer Testamentsverfügung vom August 1792 verlangt hatte: »Nach meinem Tode soll man ein halbes Jahr Trauer tragen, aber nicht länger, und je kürzer desto besser.«

Katharinas Regierungsepoche kennzeichneten vor allem große äußere Erfolge und Gebietserweiterungen, die das Selbstbewußtsein der russischen Nation wachsen ließen. Einer Nation, welche wenige Jahrzehnte zuvor überhaupt erst begonnen hatte, ihre Stimme im europäischen Konzert zu erheben und nun in allen internationalen Angelegenheiten ein gewichtiges Wort mitreden konnte. Objektiv förderte Katharinas Politik den Freiheitskampf der Balkanvölker gegen türkische Unterdrückung ebenso wie den Unabhängigkeitskrieg in Nordamerika. Ihre Reformen auf den Gebieten der Verwaltung und Gesetzgebung blieben vielfach unverbindliche Deklarationen oder im Versuchsstadium. Dennoch gaben sie genügend Anlaß für spätere Fortschritte, lenkten sie auch das gesellschaftliche Bewußtsein in neue Bahnen. Erich Boehme, der 1913 erstmals die Gesamtausgabe der Memoiren Katharinas II. in deutscher Sprache herausgab, fällte ein sehr ausgewogenes Urteil: »Man sah, daß unter der Herrschaft der charakterstarken, arbeitsamen, gebildeten Frau Rußland eine Großmacht geworden war und daß ihre volksbeglückenden Pläne, die auf dem Papier geblieben waren, doch Gedankengänge geweckt hatten, die nicht vergeblich geblieben sind.«

So hat es gute Gründe, wenn sich das Denkmal dieser außergewöhnlichen Frau noch heute in Leningrad zwischen Newski-Prospekt und Ostrowskiplatz erhebt.

Anhang

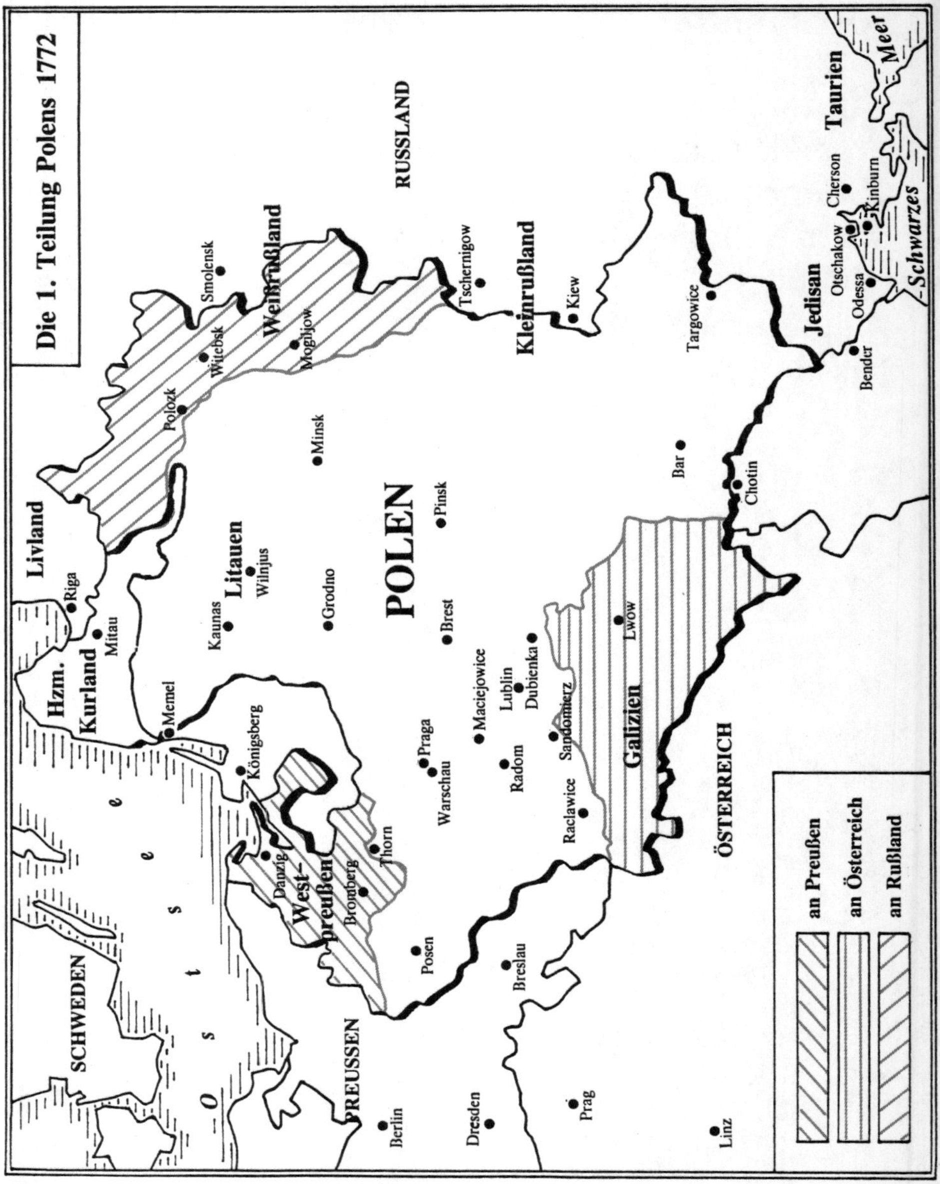

Die 1. Teilung Polens 1772

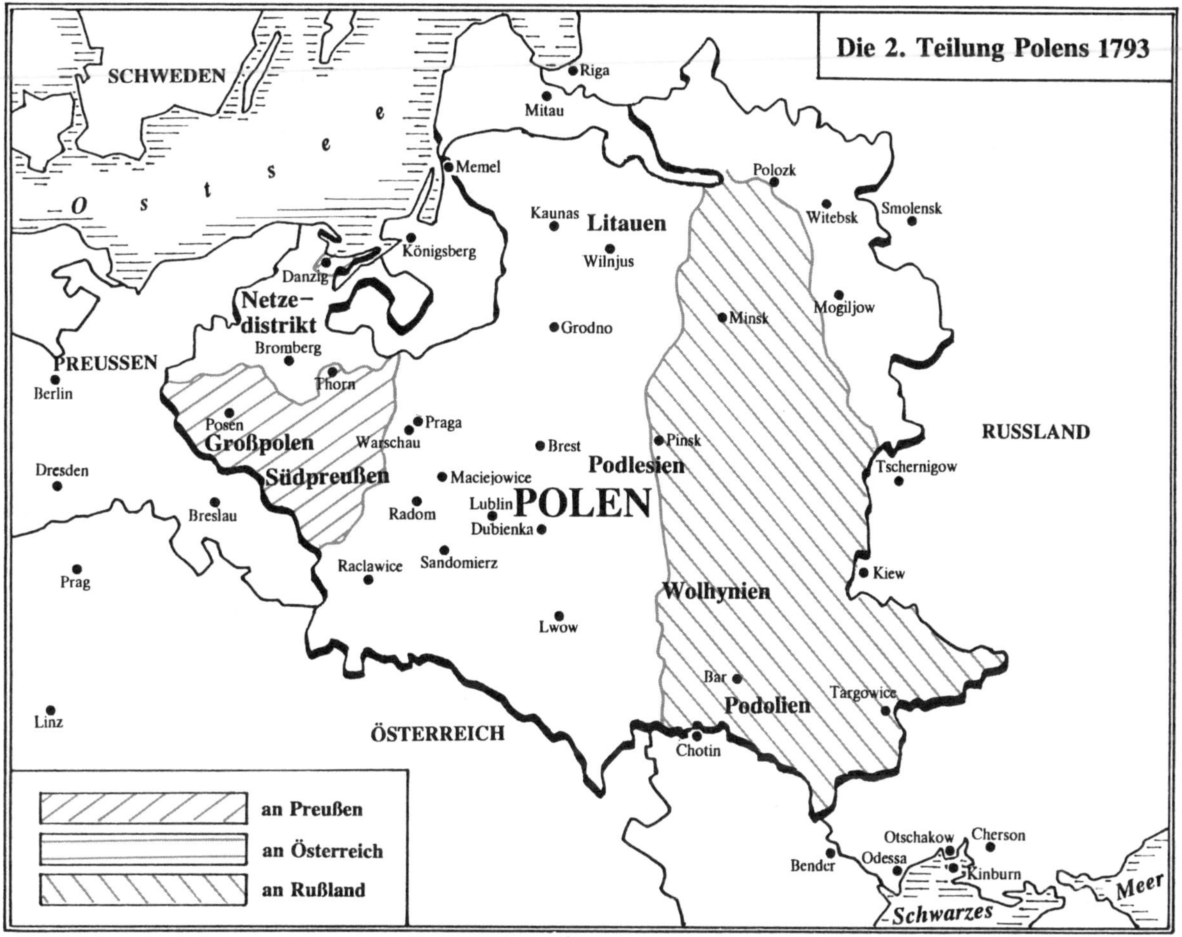
Die 2. Teilung Polens 1793
SCHWEDEN
O s t s e e
Riga
Mitau
Memel
Königsberg
Danzig
Netze-
distrikt
Bromberg
Thorn
PREUSSEN
Berlin
Posen
Großpolen
Südpreußen
Warschau
Praga
Dresden
Breslau
Prag
Linz
Radom
Maciejowice
Raclawice
Sandomierz
Lublin
POLEN
Dubienka
Kaunas
Litauen
Wilnjus
Grodno
Brest
Podlesien
Pinsk
Lwow
ÖSTERREICH
Polozk
Witebsk
Smolensk
Minsk
Mogiljow
RUSSLAND
Tschernigow
Kiew
Wolhynien
Bar
Podolien
Targowice
Chotin
Bender
Odessa
Otschakow
Cherson
Kinburn
Schwarzes
Meer
an Preußen
an Österreich
an Rußland

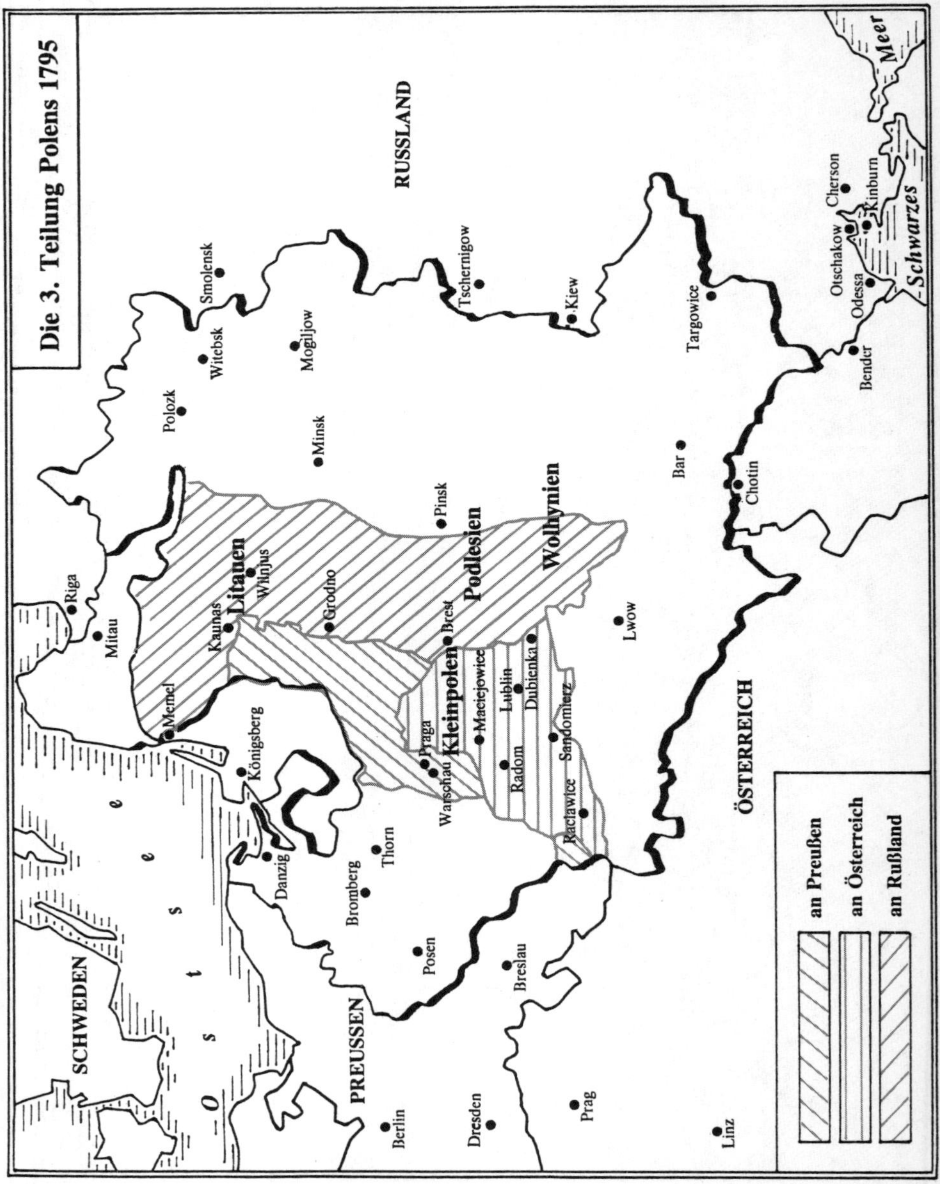
Die 3. Teilung Polens 1795
RUSSLAND
SCHWEDEN
PREUSSEN
ÖSTERREICH
O s t s e e
Schwarzes Meer
Litauen
Podlesien
Wolhynien
Kleinpolen
Riga
Mitau
Memel
Kaunas
Wilnjus
Königsberg
Danzig
Thorn
Bromberg
Posen
Breslau
Berlin
Dresden
Prag
Linz
Grodno
Brest
Pinsk
Minsk
Polozk
Witebsk
Smolensk
Mogiljow
Tschernigow
Kiew
Targowice
Bar
Chotin
Bender
Odessa
Otschakow
Kinburn
Cherson
Lwow
Praga
Warschau
Maciejowice
Radom
Lublin
Dubienka
Sandomierz
Raclawice
an Preußen
an Österreich
an Rußland

Die russischen Gouvernements unter Katharina II. nach der Verordnung von 1775

Sankt Petersburg
Moskau
Mogiljow
Twer
Smolensk
Polozk
Kaluga
Nowgorod
Pskow
Tula
Jaroslawl
Kostroma
Wladimir
Orjol
Rjasan
Nishni Nowgorod
Kursk
Woronesh
Tambow
Kolywan
Charkow
Wologda
Wjatka
Pensa
Simbirsk
Saratow
Kasan
Ufa
Perm
Kiew
Tschernigow
Nowgorod-Sewerski
Tobolsk
Jekaterinoslaw
Irkutsk
Taurien (Krim) seit 1784
Archangelsk
Olonez
Wiborg (Finnland)
Riga (Livland)
Reval (Estland)
Kaukasien

seit 1793:
Minsk
Braclaw

seit 1795:
Wosnessensk
Podolien
Wolhynien
Wilna (Litauen)
Slonim
Kurland

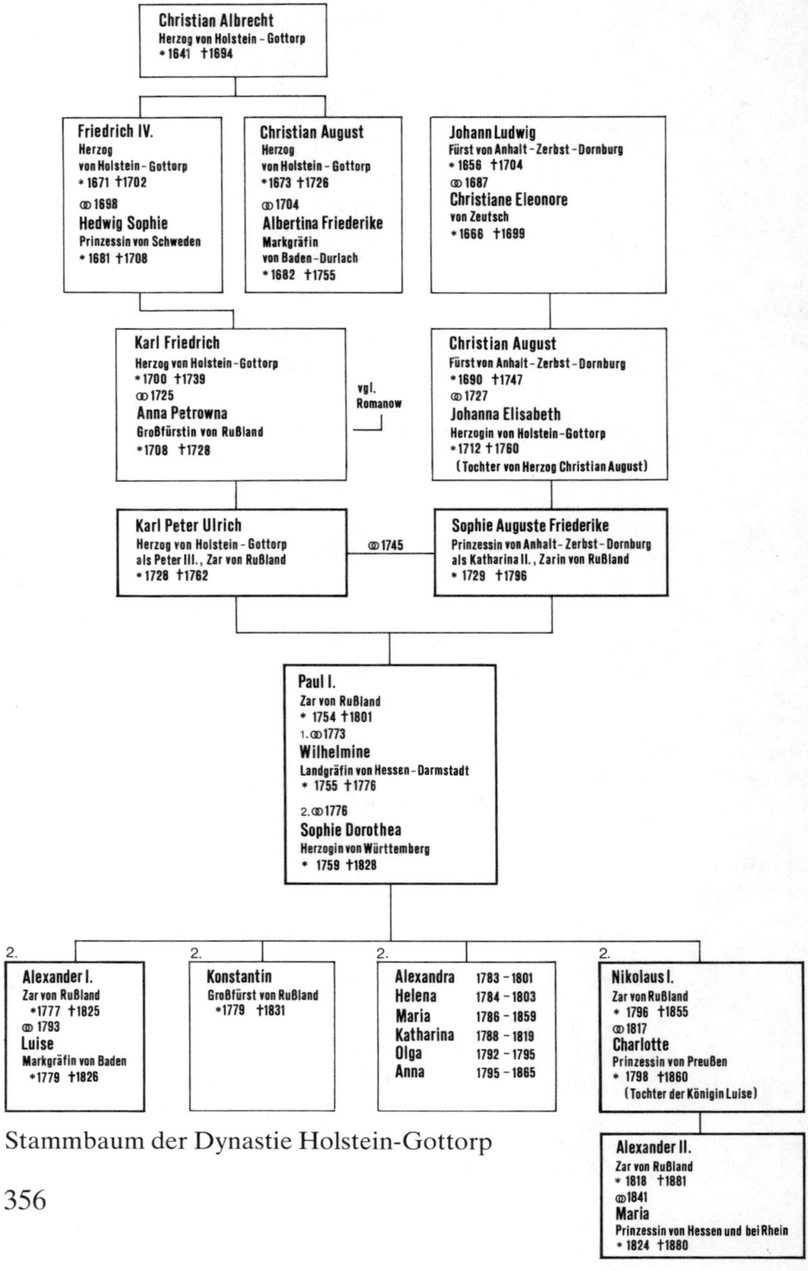

Stammbaum der Dynastie Holstein-Gottorp

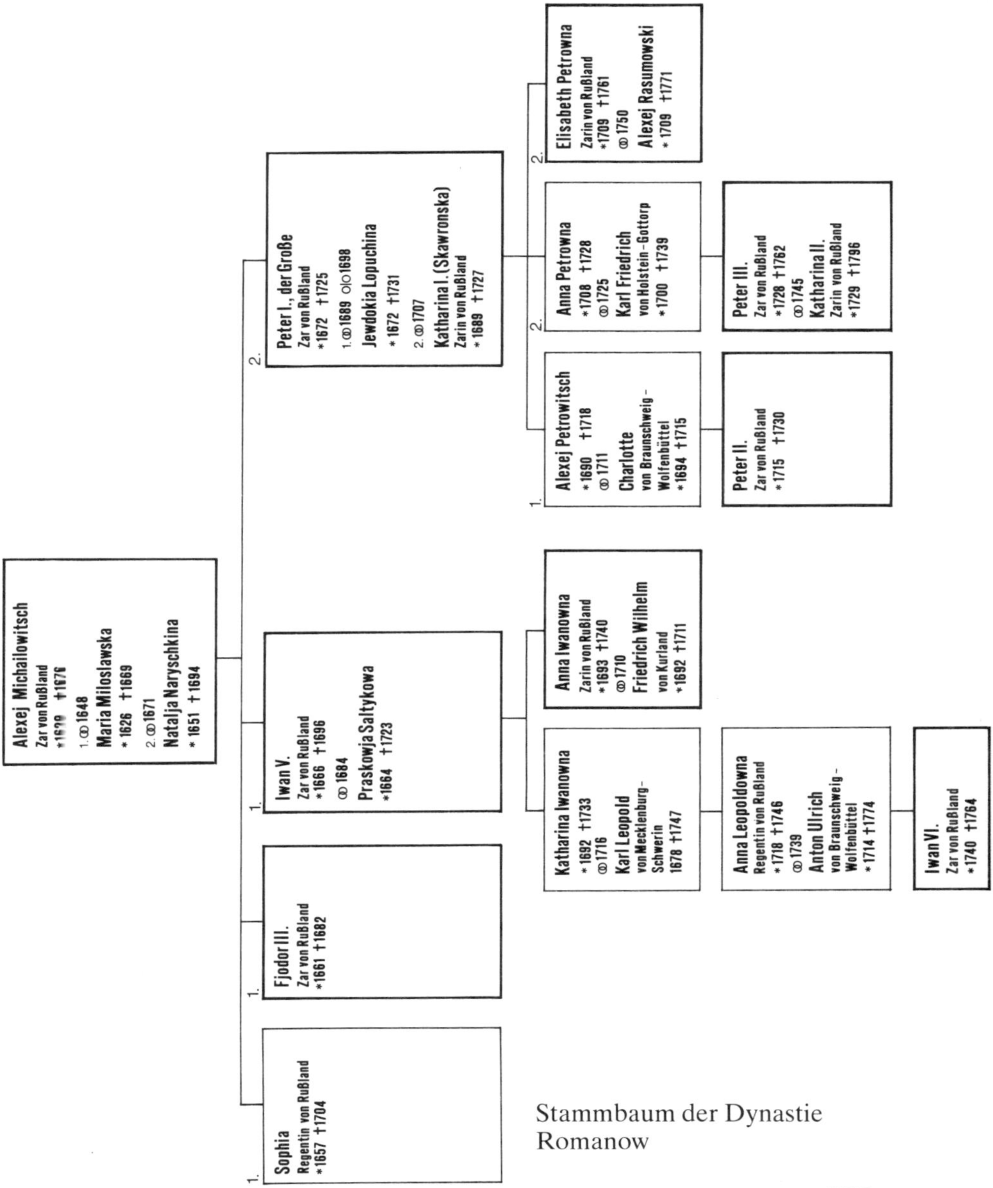

Stammbaum der Dynastie Romanow

Zeittafel

1728 21. Februar: Peter III. (Karl Peter Ulrich von Holstein-Gottorp) geboren
1729 2. Mai: Katharina II. (Sophie von Anhalt-Zerbst-Dornburg) geboren
1741 6. Dezember: Elisabeth wird Zarin von Rußland
1742 Dezember: Katharinas Familie siedelt nach Zerbst über
1744 1. Januar: Einladung nach Rußland
20. Februar: Katharina und ihre Mutter treffen in Moskau ein
März: Schwere Erkrankung Katharinas
9. Juli: Katharina legt das orthodoxe Glaubensbekenntnis ab
15. Juli: Bestushew wird russischer Kanzler
1745 1. September: Hochzeit Katharinas mit Peter
9. Oktober: Katharinas Mutter muß Rußland verlassen
1746 6. Juni: Die Tschoglokows werden Oberhofmeister des Thronfolgerpaares (bis 1754)
1747 16. März: Katharinas Vater Christian August gestorben
1748 24. November: Lestocq wird verhaftet
1750 Mai: Iwan Schuwalow Favorit der Zarin Elisabeth
September: Lew Naryshkin wird Katharinas Kammerherr
1752 Herbst: Liebesaffäre Katharinas mit Sergej Saltykow
1754 1. Oktober: Katharinas Sohn Paul geboren
1755 Juni: Hanbury-Williams wird britischer Botschafter in Rußland
Beziehung Katharinas mit Stanislaw Poniatowski
1756 14. August: Katharina bietet sich an, für Hanbury-Williams zu spionieren
29. August: Beginn des Siebenjährigen Krieges
1757 11. Januar: Rußland tritt der antipreußischen Allianz bei
30. August: Schlacht der Russen gegen Preußen bei Großjägersdorf
September: Hanbury-Williams muß Petersburg verlassen
20. Dezember: Katharinas Tochter Anna (von Poniatowski) geboren
1758 25. Februar: Bestushew verhaftet
24. April: Katharina muß sich vor der Zarin rechtfertigen (zum zweitenmal am 3. Juni)
25. August: Niederlage der Russen bei Zorndorf gegen Friedrich den Großen

1759	19. März: Tod der Tochter Anna
	12. August: Russen und Österreicher siegen bei Kunersdorf über die Preußen
1760	April: Bekanntschaft Katharinas mit Grigori Orlow
	Nikita Panin wird Erzieher des Großfürsten Paul
1761	16. Dezember: Die Russen erobern Kolberg
1762	5. Januar: Tod der Zarin Elisabeth, Nachfolger wird Peter III.
	1. März: Peter III. schafft die Dienstpflicht des Adels ab
	22. April: Katharinas Sohn Alexej Bobrinski (von Grigori Orlow) geboren
	5. Mai: Frieden zu Petersburg zwischen Rußland und Preußen
	19. Juni: Russisch-preußischer Allianzvertrag
	9./10. Juli: Staatsstreich. Katharina II. wird zur Zarin ausgerufen, Peter III. verhaftet
	17. Juli: Peter III. in Ropscha ermordet
	3. Oktober: Katharina II. in Moskau gekrönt
1763	15. Februar: Ende des Siebenjährigen Krieges
	27. März: Bischof Arseni Mazejewitsch abgesetzt
	Mai: Ökonomiekollegium gegründet
	22. Juni: Katharina installiert ihren Anhänger Biron als Herzog von Kurland
	2. August: Manifest über Kolonisation und Einwanderung
	Beginn des Briefwechsels mit Voltaire
1764	11. April: Bündnis Rußland–Preußen
	15. Juli: Ermordung Iwans VI.
	17. September: Stanislaw Poniatowski wird König von Polen
	6. November: Manifest über die Säkularisation des Kirchenbesitzes
	Höhepunkt der deutschen Einwanderung nach Rußland
1765	11. November: Katharina bestätigt die Gründung der Freien Ökonomischen Gesellschaft
1766	25. Dezember: Manifest über die »Große Kommission«
1767	Katharina veröffentlicht ihre Große Instruktion (Nakas)
	10. August: Eröffnung der »Großen Kommission« in Moskau (ab 1. März 1768 in Petersburg)
1768	14. Juli: Instruktion Katharinas an den Generalprokurator Wjasemski
	17. Oktober: Kriegserklärung der Türkei an Rußland
	24. Oktober: Katharina läßt sich gegen die Pocken impfen
1769	23. Januar: Letzte Tagung der »Großen Kommission«
1769	Sommer: Kontroverse Katharinas mit Nowikow
	28. September: Festung Chotin von den Russen erobert
1770	24. Juni: Russischer Sieg bei Tschesme über die türkische Flotte

25. September: Rumjanzew erobert Bender
12. Oktober: Prinz Heinrich von Preußen in Petersburg (bis 30. Januar 1771)
Oktober: Österreich besetzt die Zips
1771 Herbst: Pest in Moskau
1772 5. August: Vertrag Rußland–Österreich–Preußen über die erste Teilung Polens
Oktober: Entlassung Grigori Orlows
1773 29. Juni: Sieg Rumjanzews bei Silistra
27. September: Erster Aufruf Pugatschows an die Kosaken
9. Oktober: Diderot bei Katharina (bis 5. März 1774)
10. Oktober: Heirat des Großfürsten Paul mit Wilhelmine von Hessen-Darmstadt
24. November: Pugatschow siegt vor Orenburg über Truppen der Zarin
1774 März: Grigori Potjomkin wird Katharinas Favorit
2./3. April: Niederlage Pugatschows bei Tatischtschewa
April: Beginn des Briefwechsels mit Grimm
21. Juli: Frieden Rußland–Türkei zu Kütschük-Kainardshi
27. Juli: Pugatschow erobert Kasan
9. August: Pjotr Panin erhält den Oberbefehl gegen die Aufständischen
4. September: Entscheidende Niederlage Pugatschows bei Sarepta
25. September: Pugatschow wird von seinen Leuten ausgeliefert
1775 21. Januar: Hinrichtung Pugatschows
18. November: Gouvernementsordnung verkündet
1776 7. Oktober: Zweite Heirat des Großfürsten Paul mit Sophie Dorothea von Württemberg
1777 16. Juni: Begegnung Katharinas mit König Gustav III. von Schweden
5. Dezember: Letzter Brief Voltaires an Katharina
23. Dezember: Der spätere Zar Alexander I. geboren
1778 5. Juli: Beginn des Bayerischen Erbfolgekrieges
1779 8. Mai: Großfürst Konstantin geboren
13. Mai: Frieden zu Teschen zwischen Österreich und Preußen
1780 11. März: Katharinas Deklaration der bewaffneten Neutralität
4. Juni: Treffen der Zarin mit Kaiser Joseph II. (bis 27. Juli)
29. November: Tod der Kaiserin Maria Theresia
1781 Dezember: Memorandum Potjomkins über Annexion der Krim
1782 4. Oktober: Stiftung des Sankt-Wladimir-Ordens
1783 19. April: Angliederung der Krim
24. April: Grigori Orlow gestorben

Juni: Polemik Katharinas mit Fonwisin
Juli: Zweites Treffen der Zarin mit Gustav III.

1784 6. Juli: Katharinas Favorit Alexander Lanskoi gestorben
Heeresreform Potjomkins

1785 28. Januar: Beginn von Katharinas Briefwechsel mit Zimmermann
21. April: Erlaß der Städteordnung
2. Mai: Gnadenurkunde für den Adel

1786 17. August: Friedrich der Große gestorben

1787 6. Januar: Beginn der großen Krimreise (bis 1. August)
20. Februar: Katharina in Kiew
18. Mai: Treffen mit Joseph II. und Fürst de Ligne
3. Juni: Flottenparade vor Sewastopol
18. August: Kriegserklärung der Türkei an Rußland
12. Oktober: Sieg Suworows bei Kinburn

1788 Juni: Schweden erklärt Rußland den Krieg; Panik in Petersburg
12. Dezember: Russen erstürmen Otschakow

1789 April: Platon Subow wird Katharinas Favorit
14. Juli: Bastillesturm in Paris
1. August: Sieg über die Türken bei Focsani

1790 20. Februar: Kaiser Joseph II. gestorben
Juli: Katharina liest Radistschews »Reise von Petersburg nach Moskau«
9./10. Juli: Russische Niederlage gegen die schwedische Flotte im Svensk-Sund
4. August: Radistschew zum Tode verurteilt
14. August: Frieden Rußland–Schweden zu Werelä
22. Dezember: Eroberung von Ismail durch die Russen

1791 8./9. Mai: Potjomkins Abschiedsfest für Katharina in Petersburg
16. Oktober: Tod Grigori Potjomkins

1792 9. Januar: Frieden zu Jassy zwischen Rußland und der Türkei
29. März: Gustav III. stirbt an den Folgen eines Attentats
20. April: Kriegserklärung Frankreichs an Österreich
27. Juni: Preußen erklärt Frankreich den Krieg
Juli: Unruhen in Polen
13. August: Verurteilung des Schriftstellers Nowikow
20. September: Kanonade von Valmy (Sieg der französischen Revolutionstruppen)
21. September: Frankreich wird Republik

1793 21. Januar: König Ludwig XVI. hingerichtet
19. Februar: Rußland bricht die diplomatischen Beziehungen mit Frankreich ab
17. Juli: Zweite Teilung Polens zwischen Rußland und Preußen

	9. Oktober: Katharinas Enkel Alexander heiratet Luise von Baden
	16. Oktober: Königin Marie Antoinette in Paris hingerichtet
1794	März: Beginn des Kościusko-Aufstandes in Polen
	4. April: Russische Niederlage bei Raclawice gegen die Polen
	17. April: Antirussischer Aufstand in Warschau
	27. Juli: Sturz der Jakobinerdiktatur in Frankreich
	8. November: Suworow läßt Warschau erstürmen
1795	18. März: Kurland unterwirft sich Rußlands Oberhoheit
	24. Oktober: Preußen tritt dem russisch-österreichischen Geheimvertrag vom 3. Januar zur dritten Teilung Polens bei
	25. November: Stanislaw Poniatowski dankt als König von Polen ab
1796	27. März: Napoleon Bonaparte übernimmt den Oberbefehl in Italien
	6. Juli: Katharinas Enkel Nikolaus (ab 1825 Zar) geboren
	August/September: Besuch König Gustavs IV. von Schweden in Petersburg
	31. Oktober: Letzter Brief Katharinas an Zimmermann
	17. November: Tod der Zarin in Petersburg
	18. November: Aufbahrung Katharinas in der Peter-Pauls-Kathedrale neben dem Sarg Peters III.

Literaturauswahl

I. Quellen und Memoiren

Katharina II.: Memoiren. Herausgegeben von Annelies Graßhoff. Leipzig 1986

Katharina II.: Erzählungen und Gespräche. Berlin/Stettin 1784

Katharina II.: Aufsätze betreffend die russische Geschichte. Riga 1787

Katharina der Zweiten Instruction für die zur Verfertigung des Entwurfs zu einem neuen Gesetzbuche verordnete Commißion. Riga/Mitau 1786

Ihro Kaiserlichen Majestät Catharina der Zweiten Verordnungen zur Verwaltung der Gouvernements des Rußischen Reiches. St. Petersburg 1776

Sbornik imperatorskowo russkowo istoritscheskowo obschtschestwa. (Sammelwerk der kaiserlich russischen historischen Gesellschaft) Bände 1 bis 23. Petersburg 1867–1878

Correspondance de Falconet avec Cathérine II. Paris 1921

Voltaires Briefwechsel mit Friedrich dem Großen und Katharina II. Herausgegeben von Walter Mönch. Berlin 1944

Um eine deutsche Prinzessin. Ein Briefwechsel Friedrichs des Großen, der Landgräfin Karoline von Hessen-Darmstadt und Katharina II. Herausgegeben von Alexandrine Gräfin Keyserling. Hamburg 1935

Correspondence of Catherine the Great when Grand-Duchess with Sir Charles Hanbury-Williams. London 1930

Briefwechsel zwischen Heinrich Prinz von Preußen und Katharina II. Herausgegeben von Richard Krauel. Berlin 1903

Joseph II. und Katharina von Rußland – ihr Briefwechsel. Herausgegeben von Alfred Ritter von Arneth. Wien 1869

Les Lettres de Cathérine II au Prince de Ligne. Brüssel/Paris 1924

Der Briefwechsel zwischen der Kaiserin Katharina II. von Rußland und Johann Georg Zimmermann. Herausgegeben von Eduard Bodemann. Hannover/Leipzig 1906

Am Zarenhofe. Memoiren der Fürstin Daschkoff. München 1918

Die Werke Friedrichs des Großen. Band 4 (Geschichte des Siebenjährigen Krieges). Berlin 1913

Denkwürdigkeiten der Gräfin Korowin geb. Denissow. Herausgegeben von Reinhold Ortmann. Berlin 1931

Alexander Radistschew. Reise von Petersburg nach Moskau. Berlin 1952

Aus den Papieren Jacob von Stählins. Herausgegeben von Karl Stählin. Berlin 1926
Die Memoiren des letzten Königs von Polen Stanislaw August Poniatowski. München 1917
Hans Jessen (Herausgeber): Katharina II. von Rußland im Spiegel der Zeitgenossen. Düsseldorf 1970

II. Darstellungen zur russischen Geschichte

Geschichte der UdSSR. Von den Anfängen bis zur Gegenwart. Berlin 1978
Erik Amburger: Geschichte der Behördenorganisation Rußlands von Peter dem Großen bis 1917. Leiden 1966
Wassili Bilbassow: Katharina II., Kaiserin von Rußland, im Urteil der Weltliteratur. Berlin 1897
Alexander Brückner: Geschichte Rußlands bis zum Ende des 18. Jahrhunderts. Gotha 1913
Magnus v. Crusenstolpe: Russische Hofgeschichten. Unter Benutzung zeitgenössischer Originaldokumente bearbeitet von Joachim Delbrück. München 1917
Erich Donnert: Politische Ideologie der russischen Gesellschaft zu Beginn der Regierungszeit Katharinas II. Berlin 1976
Erich Donnert: Rußland im Zeitalter der Aufklärung. Wien/Köln/Graz 1984
Erich Donnert (Herausgeber): Gesellschaft und Kultur Rußlands in der zweiten Hälfte des 18. Jahrhunderts. Halle 1982
Hedwig Fleischhacker: Mit Feder und Zepter – Katharina II. als Autorin. Stuttgart 1978
Valentin Gitermann: Geschichte Rußlands. Frankfurt/Main 1952
Dorothea Peters: Politische und gesellschaftliche Vorstellungen in der Aufstandsbewegung unter Pugatschow. Berlin (West) 1973

III. Biografien

R. Nisbet Bain: Peter III., Emperor of Russia – The story of a crisis and a crime. Westminster 1902
Alexander Brückner: Katharina die Zweite. Berlin 1883
Robert Coughlan: Frauen auf dem Zarenthron. Elisabeth und Katharina. Düsseldorf 1980

Vincent Cronin: Katharina die Große – eine Biografie. Düsseldorf 1978
Peter Hoffmann: Alexander Suworow. Berlin 1986
Reinhold Neumann-Hoditz: Katharina II., die Große. Reinbek 1988
Zoë Oldenborg: Katharina die Große – Die Deutsche auf dem Zarenthron. München 1966
George Soloweychik: Potemkin. Soldat, Staatsmann, Liebhaber. Zürich 1951

Bildnachweis

ADN-Zentralbild (10)
Deutsche Staatsbibliothek, Berlin (32)
Sächsische Landesbibliothek, Deutsche Fotothek, Dresden (2)
Staatliche Museen zu Berlin (1)
Archiv des Autors (27)
Karten von Thomas Börold

Inhaltsverzeichnis